中国企業成長調査研究報告

最新版

中国人民大学副学長
伊志宏 主編

RCCIC 編著

日中翻訳学院
森永洋花 訳

日本僑報社

まえがき

　リスクとチャンスがせめぎ合う今日の社会、インターネットやビッグデータの溢れかえるこの時代にあって、多くの企業は存在感を失い常に消滅や吸収合併の危機にさらされている。一方で、新たな技術やビジネスモデルを駆使して一躍業界の新星となり、かつてない大きな潜在力を発揮して発展している企業もある。今日の企業は、生存をかけた戦術や戦略の調整と転換を強いられているのだ。国内で株価が激しく上下し社会経済が調整と転換を繰り返す新たな時代背景の下で、企業はこれからの発展の道を明確にする必要に迫られている。同様にまた学術界も経営管理実践の発展という命題に熱い視線を送っている。学術界は、独りよがりに陥ることなく企業経営の管理・実践に鋭くメスを入れ、目下我が国の企業経営がいかなる管理状況にあり、どのような苦境を乗り切らなければならないか、そして経営管理の戦略と戦術をいかに調整すべきかなどに答えを見出さねばならない。これらの問題に取り組むために、中国人民大学商学院は「企業イノベーション・競争力研究センター」を設立し、2012年に中国企業追跡調査プロジェクトを立ち上げると共に、研究・分析に活用できる企業のダイナミック・データベースを構築してきた。

　2014年の企業調査は、「企業イノベーション・競争力研究センター」が中国企業調査プロジェクトを立ち上げてから三年目の企業調査となる。2013年の統計では126社が調査に参加しており、2014年には184社にまで増え、2015年の今年、参加企業は193社にのぼった（有効回答は153社）。アンケート総数は計2500件、企業の中堅・上級経営陣から一般従業員に至るまで、アンケート協力者は全面的に網羅されている。参加企業は農業、林業、牧蓄業、魚業、製造業、情報サービス業などさまざまな業界にわたり、発展段階もそれぞれ異なることから、収集サンプルは極めて代表的かつ典型的だと言え、研究から得られた結論と発見は注目に値する。今回の研究調査報告は企業内外の環境はもとより、企業の管理哲学や理念の明確化、さらには当時代を背景とした企業のイノベーション状況にまで考察を広げ、各企業が臨機応変かつ適時適切にイノベーションを行うことにより健全な発展を遂げるべきだと述べている。本報告では以下企業の基本情報に基づき、企業の内部管理、企業の管理哲学、企業の外部ネットワーク運営、

及びインターネット時代における企業イノベーションという四部構成で詳細に論述していく。

　中国人民大学「企業イノベーション・競争力研究センター」の任務は、中国人民大学、国内外の関連R&D部門及び産業チェーンに関連する優れたリソースを整理して、企業イノベーションと競争力をメインテーマとする研究、企業データベースの構築、デシジョン・コンサルティング及び学術交流などの活動を展開してハイレベルな学術成果を生み出し、中国の企業管理・対策への応用によって長期的な発展を促すことにある。本センターが志向するのは、純理論的モデルや定量的研究ではなく、理論と実践を結びつけることによって実践の中に存在する問題を導き出し、質の高い科学研究を大胆に提唱していくことであり、有意義かつ価値のある管理思想・方法を企業に提供することを目標としている。『中国企業追跡調査』は、同研究センターが中国国有資産監督管理委員会（国資委）研究センター及び北京青年商会とともに展開している重要な研究プロジェクトである。同プロジェクトでは「中国企業の発展及びコア・コンピタンスの向上」をメインテーマとし、発展し続ける企業競争力に関する理論を参考に、企業の競争力に影響を与える運営管理及び経営環境に関する一次的、二次的情報の調査・設計を行って、企業研究者にデータ・プラットフォームを提供する。また同時に内外要因による中国企業競争力の変化の法則を探求し、「中国的特色」をもつ企業理論を描き出そうとするものである。これは中国独自の現地化理論を発展させるために大変有益だと考える。本センターはさらに「追跡調査＋成果のフィードバック＋深い研究討論と協力」という手法を通して、中国企業経営管理の実践と研究に、発展へと向かう良い循環がもたらされるよう望んでいる。

　本報告の出版に際して、われわれの研究を支援し関心を注いで下さった各業界の方々、特に追跡調査に率先して参加して下さった企業家や中堅・上級経営陣、そして多くの従業員の方々に感謝を申し上げたい。これらの方々の積極的な参加がなければ、われわれの研究は源のない水、根のない木でしかなかったろう。もちろん今後、より多くの企業がこのプロジェクトに参加されることで調査の幅が広がり、それにより研究成果の正確性、信頼性が向上していくことを切に望む。また今回、『中国企業追跡調査』において力を注いで下さった陣思潔、郭一蓉、何潔、劉超、劉露、陸露、孫雨晴、温明超、武守強など各研究員の方々にも感謝したい。皆さんの努力が遠くない未来において必ずや実を結ぶことを信じている。なお、中国人民大学出版社の同志である于波氏、編集の熊鮮菊氏などの方々

が本報告のために心血を注いで下さったことに感謝の意を示したい。最後に、中国人民大学研究基金（中央高等教育基礎研究運営費特別資金調達）（プロジェクト承認番号：12XNP005）の資金援助に感謝する。

中国企業ダイナミック・データベースは、たゆまぬ努力によって、社会各界の支持の下で徐々に改善され完成されていくと信じる。同時に、世界各国の研究者の力も借りながら、中国企業が直面している切実な問題を焦点に、よりハイレベルな学術研究を展開し実践指導への力とすれば、中国企業管理研究は必ずより充実した成果を収めることができると信じる。中国企業の競争力強化及び経営国際化の加速化が進めば、中国式企業管理の知識も全世界へと還元できる日が来るであろう。

2015年8月
伊志宏

目　次

まえがき………………………………………………………………………… 3

調査対象企業の基本情報分析……………………………………………………… 9

第一部　企業の内部管理編……………………………………………………… 39

第一章　企業管理における従業員の幸福度………………………………… 40

第一節　従業員の幸福度及び理論基礎………………………………… 41

第二節　企業における従業員の幸福度の現状………………………… 47

第三節　従業員の幸福度が組織管理に及ぼす影響…………………… 51

第四節　従業員の幸福度の向上に対する戦略的対策………………… 55

第二章　国有企業と古参社員………………………………………………… 63

第一節　企業成長と古参社員の関連性………………………………… 63

第二節　企業成長の阻害要因…………………………………………… 65

第三節　問題解決のための対策………………………………………… 68

第三章　企業内部の「仕組み」：外部拡張より内部安定…………………… 74

第一節　我が国の企業管理構造に存在する問題……………………… 75

第二節　我が国の企業管理構造を改善するための対策……………… 86

第四章　多様化する企業管理形態：「パートナーシップ」制度………… 90

第一節　アリババの「パートナーシップ」制度……………………… 90

第二節　不動産企業の「パートナーシップ」制度…………………… 95

第二部　企業管理哲学編…………………………………………………… 105

第五章　ニーチェの「力への意志」――ウーバーの企業管理哲学… 106

第一節　ニーチェの「力への意志」…………………………………… 106

第二節　ウーバー――勝たなければ同化される…………………… 109

第三節　ウーバーの「グローバル封殺」の経緯……………………… 110

第四節　ウーバーの抵抗………………………………………………… 113

第五節　ウーバー成功の理由…………………………………………… 115

第六節　ウーバーの「力への意志」……………………………… 117

第六章　知識は権利なり: 滴滴快的による『業界基準』………… 121

第一節　知識と権力…………………………………………… 121

第二節　商学院(ビジネススクール)の認定システム ………… 124

第三節　滴滴快的の『業界基準』…………………………… 127

第七章　ローカル企業の変革:

リーニンの苦境から見る企業変革の挫折……………… 133

第一節　ローカル企業リーニンの全貌…………………… 133

第二節　リーニンの誤った企業管理……………………… 134

第三節　ローカル企業に対するアドバイス……………… 143

第三部　企業の外部ネットワーク運営編………………………… 147

第八章　海外M&A: お金がすべてではない …………… 148

第一節　国際政治障壁の誤り:ファーウェイの3リーフ買収 … 149

第二節　法律・法規を軽視した誤り:CITICパシフィック、

西オーストラリア鉄鋼業への投資……………………… 152

第三節　内部統合と文化融合における誤り:

上海汽車集団による韓国・双龍自動車の買収………… 157

第九章　中国におけるサプライチェーン・ファイナンスの

三大モデル…………………………………………… 163

第一節　サプライチェーン・ファイナンスとは……………… 164

第二節　自己構築ネットワーク融資プラットフォーム………… 169

第三節　「eコマース＋P2P」モデル ……………………… 173

第四部　インターネット時代における企業イノベーション編……… 179

第十章　企業採用活動の新たな枠組み: ソーシャルリクルーティング 180

第一節　ソーシャルリクルーティングの優位性……………… 181

第二節　ソーシャルリクルーティングの問題点と対策……… 184

第十一章　「インターネット＋」の本質…………………… 188

第一節　深セン市創捷サプライチェーン…………………… 189

第二節　栄昌の「e袋洗(edaixi.com)」……………………… 195

第三節　ハイアールの「U＋スマートライフ」……………… 198

第十二章　産業イノベーションと企業戦略の選択:
　　　　　ネットワーク化産業チェーンの集大成……………… 201
　　第一節　産業イノベーションの関連概念………………… 202
　　第二節　産業チェーンに関する理論……………………… 204
　　第三節　ネットワーク化された産業チェーンの集大成……… 205
　　第四節　事例分析: 陝西鼓風機(集団)有限公司 ……………… 207

第十三章　企業イノベーションの新ルート:
　　　　　組織モジュール化及び社内ベンチャーに基づく統合モデル
　　　　　…………………………………………………… 212
　　第一節　モジュール化と企業イノベーション……………… 213
　　第二節　社内ベンチャー…………………………………… 217
　　第三節　事例分析………………………………………… 221

調査対象企業の基本情報分析

一. 調査対象企業の基本情報

(一)企業の年齢及び地域

今回の「中国企業追跡調査」に参加した企業（以下、「調査対象企業」）は計193社（有効サンプル153社）となっている。そのうち、会社設立が最も早かったのは1962年、最も遅かったのは2013年と、企業設立年次の幅が大きいが、創業から百年を超える老舗企業は含まれていない。

企業年齢をみると、調査対象企業の平均は創業14.6年で、そのうち企業存続期間が10年以上である企業が84社、20年以上が25社となっている。これは、前年（2013年）調査対象企業の状況とほぼ一致する。企業年齢の分布は、6—10年が28％、11—15年が29％といずれも20％を超えており、20年以上の企業が前年より増えているが、全体としてはサンプルの約82％の企業は存続期間が20年以下である。

調査対象企業の分布は、北京、上海、広東、湖北、河南、江蘇及び山東など14の地域に及び、主に華中、華東及び華北地区に集中しており、前年（2013年）の分布比率とほぼ一致する。企業分布について、華中、華東及び華北地区はいずれも20％を超えているが、東北、華南、西北及び西南地域は依然として少ない。今後の調査では、サンプルのバランスや典型性及び代表性を向上させるためにも東北、華南、西北及び西南地域の企業をより多く取り込めるよう望むところである。

表1　企業の地域分布

地域分布	企業数	占有比率
華中	61	39.90%
華東	47	30.70%
華北	35	22.90%
東北	2	1.30%
華南	5	3.30%
西北	2	1.30%
西南	1	0.70%
統計	153	100%

(二)企業の性質

　調査対象企業の性質はそれぞれ大きく異なる。今回の調査では企業形態、すなわちハイテク産業、同族企業、または上場企業などに区分して分析する。また、民営企業が調査対象企業の70％を占めており、次に合弁企業と国有企業がいずれも10％を越え、集体企業[1]と外資独資企業の数は比較的少ない。さらに企業類型をみると、非同族企業が54.4％、非ハイテク企業が56.5％を占めており、ほとんどの企業が上場しておらず、上場企業はわずか10.9％であった。また、84.8％の企業が労働組合を設立している。

(三)企業の所属業界

　調査対象企業を主な業務形態による業界分類は製造業、建築業、鉱業及びコンピュータサービス・ソフトウェア業などを含み、そのうち製造業がサンプル全体の36％を占め、卸売業と小売業、建築業と情報転送業、コンピュータサービス業とソフトウェア業はそれぞれ10％、10％、8％を占めている。

(四)企業の発展段階

　今回の研究では調査対象企業の発展段階を創設期、発展期、維持期及び衰退期に分けて分析している。企業の各段階における目標はそれぞれ異なっており、創設期には「生き残る」ために、発展期には「次のステージへと大きく発展する」ために奮闘し、維持期には既存の戦略の下で最大パフォーマンスの獲得を、衰退期には新業務の開拓や組織変革など、生まれ変わるための突破口を模索している。分析によると、調査対象企業のうち、大部分（80社）の企業が発展期にあり、創設期及び維持期の企業はそれぞれ12社、54社である。

(五)企業の規模

　企業規模については、調査対象企業を従業員総数により小規模企業（1―100人）、中規模企業（100―500人）、大規模企業（500人以上）の三つに分類している。そのうち、中規模企業がサンプルの50.7％と半分以上を占め、大規模企業と小規模企業はそれぞれ27.4％と21.9％を占めている。

(六)企業の高新技術産業開発区（ハイテク産業開発地区）レベル

　調査対象企業のうち、41.3％が異なるレベルのハイテク産業開発地区に属し

ており、そのうちの19.6％が国家レベル、8.7％が省レベル、13％が市レベルの
ハイテク産業開発地区に属している。

二. 企業の内部・外部環境及び戦略制定

(一)経済環境に関する感知度

　企業の経済環境に対する感知度及び自社の経営資源の限界に対する掌握度は戦
略決定の参考点となる。今回の追跡調査では国のマクロ経済状況及び経済成長率
に対する企業CEOの判断と予測を調査することで、マーケティング環境に対する
企業の判断状況を明らかにしている。経済状況の感知度の面においては、調査
対象企業のうち、63％の企業が2014年の全体的なマクロ経済状況はやや低調で
あると判断しており、25％の企業はマクロ経済状況が正常であると判断してい
る。全体的に見て、調査対象企業は2014年のマクロ経済状況についてネガティ
ブな判断をしている。

　具体的に言えば、ここではマクロ経済状況のなかでも企業CEOの固定資産の投
資需要（政府投資及び民間投資を含む）、消費需要及び対外貿易輸出の需要など
に対する感知度について具体的な分析を行った。この三つの需要に対するCEOの
感知度の調査結果については、マクロ的需要に対する感知度の平均が100点満点
中33.1点であるのに対し、消費の需要に対する感知度の平均は最高37点に達し
ているものの、依然として50点という合格ラインに到達していない。

　2014年のマクロ経済状況に対する判断は消極的な結果になっているが、
企業のここ数年間のGDP成長率に対する判断はまだ楽観的である（2013年は
7.7％）。2015年のGDP成長率については、96％の調査対象企業がGDPは6.5％
以上であろうと予測しており、これは前年の予測に比べ約2.74％増加してい
る。

図1　マクロ経済状況に対する企業全体の感知度

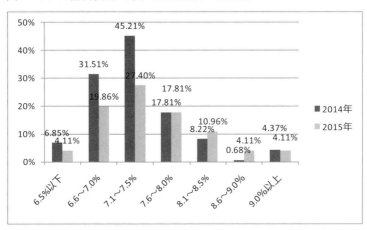

(二)資源の豊かさ

　企業は一連の資源による集合体であり、資源の豊かさとその質により企業成長の潜在力と競争力が決定するといえる。今回の調査は有形資源（資金、専門技術者及び原材料供給など）及び無形資源（管理能力及び知識財産）の面で分析を行う。

　調査データによると、調査対象企業の資源の豊かさは100点満点中67.9点であることから、企業の資源ストックは豊かであるといえる。具体的な資源分類からみると、原材料供給や管理能力及び知識の面では資源が豊かで、それぞれの平均得点は69点、71.2点及び68.2点となっており、資金や技術者の面での平均得点はそれぞれ64.8点、66.4点と資源がやや乏しい。去年の調査結果から見て多少の変化があり、そのうちの知識資源が増加していることから、企業の学習能力が向上しており、自主的学習意識や知識の記録・保存能力も強化されつつあるといえよう。

(三)人的資源の基本情報

　ここでは主に企業内部の人的資源の精神・肉体状況に対して、従業員のストレス及び健康状況の両面から分析を行う。

　職場におけるプレッシャーは管理する必要があり、適度なプレッシャーは企業

を運営するための潤滑剤になるが、過度なプレッシャーは従業員の精神的、身体的障害を起こしうる。データによると、調査対象企業における従業員のストレスを受ける程度の平均得点は100点満点中60.2点で、従業員はしばしばストレスを感じており、これは組織の中でストレスが常態化していることを意味する。さらに、男性従業員のストレス指標は60.3と女性の60.1よりやや高いが、その差は大きくない。ストレスは従業員にマイナスの影響を与えて仕事に対する消極的な態度を引き起こし、彼らの仕事効率と生産性を低下させるため、企業は慎重に対処すべきである。

　基本的に従業員の仕事効率は健康状態によって保証される。調査の結果によると、調査対象企業の従業員健康状態の平均得点は100点満点中63.2点で、健康状態は一般的であり、また22.4％の従業員は「非常に不健康」または「準健康」状態にあることを示している。性別分類でいえば、男性の健康指数は77.9点で女性の76.7点より高い。

(四)企業のコスト管理

　コスト管理はどのような企業も避けて通れないテーマであり、企業繁栄のためのカギでもある。コスト管理に対する学術界での研究はすでに戦略的コスト管理、つまりコストと経営戦略を結合してコスト管理の視点から戦略を駆動するというレベルに引き上げられている。例えば、マイケル・ポーターの「バリューチェーン管理」、ハーバード・A・サイモンの「コストの長期的性格」のいずれも戦略的コスト管理の理念を含んでいる。コスト管理は企業内部のコスト管理、企業を取り巻く外部環境も含めて「組織を跨いだ」コスト管理を行う必要がある。企業ネットワークまたは戦略提携の角度から見て、企業の製品・サービスの生産、運輸、在庫管理及び販売などに対してコストの最小化または価値の最大化を実現することがコスト管理の基本思想である。また、人的資源とビッグデータやクラウドなどの情報技術が高度に発展している現代において、企業は実践の中で戦略的コスト管理の基礎を固めることができる。今回の調査研究では、戦略的コスト管理の視点から人的コスト管理、ネット運営コスト管理（主には物流コスト管理）、マーケティング投入などに関して企業のコスト管理を分析する。

　人的資源は企業にとって不可欠であり、特に今日の知識経済の時代において人的コストの投入と管理は企業の生存にかかわる問題である。人的資源のコスト管理は人件費及び人材育成コストなどを含み、アンケート調査の結果によると、

過去一年で調査対象企業の全体コストに占める人件費の割合は25.5％を占めると回答しており、かつ2014年には85％の企業が企業の人件費が上がったと回答し、その平均上昇率は10.3％である。そのうち、給与にかかるコストが人件費の34.5％で、従業員教育費は営業収入の7.37％と投資が大きい。また、企業のマーケティングの広告投資の営業収入に対する割合は企業全体の平均が10.7％で、かつ企業のマーケティング資源については主に4P行為、顧客の個人的関係及び市場ネットワークの構築に投資されている。

　企業のネットワーク運営に対するコスト管理は、企業ネットワーク運営（主に物流）関連費用についての計画、調整と管理であり、主に管理計画、報告体系及びサポート体系の三つに現れる。管理計画とは、企業が投資するネットワーク運営のコスト管理体系に対する長期的な改善計画や措置の有無を指し、報告体系とは、企業のコスト管理体系におけるシステムの透明度や定期的な物流コスト報告などの固定的制度による措置の有無を指し、サポート体系とは、企業が投入したネットワーク運営コスト管理システムが、職員の専門性、システムの情報化、会計システムの透明度及びコスト管理サポートの設置レベルに関して十分であるかどうかを指している。今回の調査の結果によれば、100点満点中、管理計画、報告体系及びサポート体系の全体の平均得点はそれぞれ67点、69点及び71点とやや高めの得点であるが、今後まだ伸びる余地が大きい。

　ネットワーク運営コストは企業自体のコスト管理だけでなく、盟友または戦略的協力パートナーのコスト管理も含まれており、それは戦略的コスト管理の一側面である。戦略的コストには同じく消費者コストまたはその他利益関係者のコストも含まれており、これらのコストは企業の製品サービスが生産、運輸、消費及びアフターサービスの過程で各サイドにもたらすコストである。企業はこれらのコストを戦略的コスト管理のレベルに引き上げ、企業のコスト管理に全体性、長期性、協調性及び高い価値性を持たせる必要がある。

(五)企業家的志向
　企業家的志向（entrepreneurial orientation）は企業戦略の策定に影響を及ぼすもう一つの特質である。企業家的志向とは、問題を解決して環境の変化に対応する企業の一連の活動が、企業管理実務において具体的に現れたものである。企業家的志向の強い企業は市場に対して敏感であり、積極的に製品のニッチポイントを模索し、成長型モデルをより採用しやすい。さらに企業家的志向の強い企業

は、製品市場でのイノベーションに積極的に関与し、ある程度のリスクを伴う先取的なイノベーションを行うことで競争相手を撃退する。イノベーション的姿勢（innovativeness）、先取的姿勢（proactive）とリスク・テイク（risk taking）は企業の企業家的志向における三つの要素である。そのうち、イノベーション的姿勢とは、企業が独創性のある解決ルートにより直面する問題に挑戦することであり、製品・サービスの発展または強化、新たな技術または管理テクニックを含み、大きく製品市場のイノベーションと技術イノベーションの二つに分類できる。先取的姿勢とは、企業が未来の需要変化がもたらすであろうチャンスを予期して、率先して行動を行う傾向を指し、例えば、同業者の新製品またはサービスの投入に先立って新しい科学技術を導入したり、または戦略的に成熟期や衰退期にさしかかった事業から手を引くことをいう。リスク・テイクとは、企業管理者が大量の資源を不確実な事業に投入する意欲を指す。

　今回の調査研究では、これら三つの要素に基づいて調査対象企業の企業家的志向を調査・分析しているが、調査結果によると、調査対象企業の企業家的志向レベルの平均スコアは百点満点中68.5点で、前年の調査結果とほぼ一致している。全体として比較的高いといえるが、今日の激しい競争の絶えない環境の下で企業の向上意識はまだ保守的であり、イノベーション的姿勢のスコアが平均71点で最も高いのに対し、先取的姿勢は平均65.5点でやや低めとなっている。

　現在の中国経済が「粗放」から「集約」へと転換していく中で、企業家的志向は企業パフォーマンスを向上させるのに有利である。企業は創業期からかなり長期にわたって製品とサービスの数量や規模に重点を置き、その品質や管理効率の向上をおろそかにしている。しかし、企業家的志向におけるイノベーション的姿勢は企業が現状と古い思想モデルを打ち破り、生産方式や業務プロセス及び管理モデルの革新を推し進める。他にも、高いリスク・テイクと先取的姿勢は業界の良好な成長環境を作るのに有利であるため、企業がイノベーションと現状突破を果敢に行うことは業界の繁栄をもたらすであろう。企業の自主的な先取的姿勢は、ある程度資源の欠乏や市場の不明確な正統性などの不利な要素の排除を加速させて、企業のハイレベルでハイスピードかつ安定した成長が実現できる。

　また研究によると、企業家的志向と企業パフォーマンスの関係性は外部・内部環境の要因にも影響される。例えば、敵対的環境はイノベーション性とリスク・テイクの要素の企業パフォーマンスに対する影響を拡大させ、また、動的環境はイノベーション的姿勢と先取的姿勢の要素の企業パフォーマンスに対する影響を

拡大させることができる。そのため、企業は直面しているさまざまな市場環境に応じて企業家的志向の各要素を企業戦略において臨機応変に組み合わせるべきである。同時に、企業家的志向の企業パフォーマンスに対するプラス効果は企業の柔軟な能力、組織学習能力、企業文化及び上級幹部の特性などの要因と密接不可分な関係であるため、企業は企業家的志向を向上させると同時に内部資源の整合及び能力の創出向上にも着目すべきであり、企業の特性に応じて企業家的志向の各要素を企業パフォーマンスへと転換させる効果的なルートを選択して、対応する各要素の能力に指向性をもって発展させるべきである。

(六) 情報システムの構築

　現代の工業文明はある意味情報化された文明であり、企業は情報システムの構築を通してデータの取り出し、加工及び価値あるデータの生成を行い企業管理者に提供している。このような情報化システムにより企業管理者は市場情報の迅速な把握、企業資源の合理的な配置、業務プロセスの最適化及び社内従業員への知識の迅速な共有を行い、これらはより敏感なビジネスモデルを構築するために有利であり、また企業は経済効果と競争力を向上させるために適時に変革を行うことができる。中国共産党第十八回全国代表大会でも情報化を強調しており、かつ「情報化と工業化を深く融合させる」ことを強く主張している。企業の情報化は大勢の赴くところであり、特に組織が大きく成長しているときの情報システムの構築は企業自身にとっても利点が大きい。『全国中小企業の情報化の調査報告』では、80.4％の中小企業にインターネットへの接続能力があり、そのうちの44.2％の企業がすでにインターネットを企業情報化に用いていると指摘しているが、現状を見る限り企業情報化の過程はたやすいものではないし、特に憂慮すべきところでもある。多くの企業は情報化を推進する過程で諸問題に直面し表面的で口先だけの情報化にとどまり、それを形式的な、または正統性を得るための言い訳としている。現在よく見られる問題は企業のIT基礎施設の水準、データの質及び管理支援の程度などであり、本調査では主にこの三つの面について報告する。

　IT基礎施設と応用システムの技術程度、安全管理水準、互換性の程度、拡張性の程度及び企業内部と企業間のカバー率ならびに各応用モジュールの完全性などの五つの面において考察する。全体の調査データによると、パフォーマンスが最も良いIT基礎施設と応用システムの安全管理水準の得点は68.2点で、最も低い得

点でも64点ある。基礎施設の水準は基本的に合格ラインに達しているが、優秀であると言えるにはまだ距離がある。

表2　企業のIT基礎施設のレベル

技術の程度	安全管理水準	互換性の程度	拡張性の程度	モジュールの完全性
64	68.2	66.6	65	67

　データは企業がIT技術を応用して効果的な管理を行う基礎であるため、データの質はIT応用の品質に影響を及ぼす。企業データの質は信憑性、完全性、精密性、エンコードの統一性及びデータ採集の適時性から考察することができる。データによれば、企業情報化の推進においてデータの信憑性の得点は76.2点と良好であるが、データのエンコードの統一性と精密性の得点はそれぞれ65.9点と69.3点とやや低い。これは、データの二次的応用または整合性が比較的低く、向上させる必要があることを示している。

表3　企業情報化の推進のデータの質

信憑性	完全性	精密性	エンコードの統一性	データ採集の適時性
76.2	71.8	69.3	65.9	73.6

　管理支援の程度とは、企業がITと応用システムなどの情報技術を用いて業務管理、行政管理の水準を改善することへのサポートレベルを指す。データによれば、企業情報化の推進は、業務管理の精密化における平均得点が71.4点とやや高めであり、その他の面でも差が大きくない。

表4　企業情報化の推進に対する管理支援の程度

行政の簡素化	行政の最適化及び深化	行政の精密化	業務の簡素化	業務の最適化及び深化	業務の精密化	柔軟な分析
67.7	68.7	68.5	69.6	66.7	71.4	66.8

その他に、調査対象企業の情報部門における責任者の教育レベルは、やや低めという現象が現れている。専門大卒以下の責任者の割合が36.6％近くとなっているが、去年より8.4％減で多少改善されている。修士以上の学歴の責任者はわずか9.8％で、情報部門における責任者の教育レベルは大学卒レベルに集中しており、その割合は53.6％である。学歴で企業の情報化推進の成功を判断するのは少々妥当でない気もするが、情報科学技術の特徴からみて、学歴が依然として従業員の素質を判断する最も重要な基準の一つとなると考えられる。良好な教育を受けた従業員は情報化推進に利益をもたらしやすい。本研究では、企業の情報化部門の人材素質がやや低めであることは、我が国の企業の情報化過程において早急に解決すべき問題の一つであることを示している。

(七)　環境特性

企業環境の分析では外部環境の基本特徴も考慮しており、環境の包容性と不確実性といった2つの面を含む。環境の包容性は、企業経営環境の中で、企業の発展に必要な資源の充足度及びこれらの資源の獲得における難易度を指しており、企業が身を置く環境の発展に対する支援の程度を反映している。環境の包容性が高いとき、企業は外部から資源を得やすくなり、逆に低いとき企業は資源を獲得しにくくなるかコストが高くなる。

環境の不確実性は、企業が身を置く環境が動的及び予知不可能な状態であることを表しており、具体的には需要の不確実性、技術変動及び競争強度の三つの次元に分けられる。そのうち、需要の不確実性は顧客の嗜好と希望の多様性及び潜在的顧客群の識別における難易度に現れており、技術変動は主に業界内の技術の急速な変革及び発展により起こり、また、競争強度は企業が直面する市場競争の激しさを反映する。

表5　企業が直面する環境の特徴

環境の特徴		平均値
環境の包容性		62
環境の不確実性	需要の不確実性	61.4
	技術変動	65.8
	競争強度	78.8

調査対象企業の環境の不確実性と包容性を比較した結果、環境の不確実性が

68.7点とやや高く、環境の包容性は62点と相対的に低いことが分かった。具体的にいえば、環境の不確実性を三つの次元から考察したところ、調査対象企業が競争強度の面で得点が78.8点と最も高く、技術変動と需要の不確実性での得点はそれぞれ65.8点と61.4点で、やや低めとなっている。2014年の調査と基本的に一致していることから、市場競争の激しさは依然として企業環境の不確実性の重要な要因となっていると考えられる。このような激しい競争環境から抜け出すためには、企業はコア・コンピタンスと競争優位を培う必要がある。

　環境の包容性が高い場合、企業にはミスを許容する空間が大きく、管理リスクも少ない。このような環境は、企業が市場での地位を獲得するために突破口を探索し成長型戦略をとるのに適している。不確実性の高い環境の場合、企業にはミスを許容する空間が小さく、「一歩間違えれば一巻の終わり」となる局面が現れやすく、ひいては破産に至る場合すらありえる。このような環境で企業は漸進的なイノベーションを行い、変化し続ける消費者のニーズに応えるために、また外部環境の変化に対応するために、技術革新活動を絶え間なく推し進め、かつ自己の知識と能力を蓄え向上させる必要がある。さらに不確実性の高い環境では、能動的に出撃し失敗して受動的な立場にならないために、安定型戦略または縮小型戦略をとるのが妥当である。包容性が高い環境では資源が充足しているため、企業が複雑な競争環境に適応するために戦略調整を速やかに行うのに有利である。さらに、余剰資源は企業がより良いイノベーション活動を展開し、環境変化による脅威を最小限に抑えるのに有利である。そのため、企業は一方で自己のダイナミック・ケイパビリティ（Dynamic capabilities）を構築し、戦略の柔軟性を培うことで環境の変化に対応し、もう一方で、資源獲得ルートを拡張して内部・外部資源を高効率で統合し、かつ資源の合理的な配置を行うことにより資源の利用効率を高め、十分な資源を蓄えることにより企業のイノベーション戦略の実施を保証する必要がある。

(八)組織正統性

　「正統性」は組織制度理論における核心的概念で、組織正統性という言葉は、組織社会学の新制度主義学派が提起した観点である。組織正統性とは、組織活動に体現される価値及び社会システム行為規則の一致性の統合であり、組織が政府や公衆に熟知され理解され認知された程度を反映している。正統性のメカニズムとは、組織がある特定の環境の中で要求される正統な行為モデルを知らず知らず

受け入れていくメカニズムを指す。その行動モデルには、正式な組織構造や環境による組織行動の採用などを含む。今回の調査では政治的正統性、市場正統性及び政治関連といった組織正統性の三つの次元から評価を行っており、調査対象企業の得点はそれぞれ72.3点、76.2点及び73.2点で、政治的正統性と市場正統性が前年の調査より得点が向上している。現代企業の組織正統性は総じて高く、調査対象企業は市場における同業者、顧客、サプライヤー及び販売業者などからの認知度または受け入れの程度をより重視しているといえる。

　一組織が正式な構造または社会行動の中に社会から認められた「理性的要素」を融合すれば、組織自身の正統性が向上し、資源獲得能力と生存能力が高まる。全体的に言えば、組織正統性は企業が発展に必要な戦略的コア資源（例えば、人的資源、技術など）を獲得するのに有利であり、企業パフォーマンスに対しても顕著なプラスの効果をもたらす。さらに、企業が組織正統性を確立させる過程は企業が企業イメージを確立して社会から良い印象を獲得し、かつステークホルダーとの良好な関係を維持するのに有利である。例えば、組織正統性が高いと企業は生産性や製品の改善計画の面で政府からの支援を得て、生産される製品も顧客からの信頼を得ることができ、投資者を引きつけることができる。

　中国の経済転換を背景に、政府は企業にとって最も重要なステークホルダーである。政府との関係を適切に処理することは企業が組織正統性を獲得する主なルートである。政治的正統性がやや低い現状に鑑みれば、政府からの良好な支援と保護を受けて競争優位を構築するためには、企業が政府官僚との関係や上級経営陣の社会的資本などの向上といった政治的戦略の実施を重視すべきである。それと同時にサプライヤー、顧客、銀行、大学のほかR&D機関、監査機関、マスコミ、非政府的ステークホルダー、専門的社団、認証機関、業界協会などとのネットワークを構築して正統性の水準を高める必要がある。

(九)全体的戦略

　企業戦略とは、企業が内部・外部環境に基づいて既存の資源制限の下で未来の経営計画などを行うことである。一般的に企業は発展段階に応じて異なる戦略をとっており、同じ発展段階であってもCEOの特性や企業文化の違いにより戦略面で差異が生じる。企業の全体的戦略には主に安定型戦略、成長型戦略、縮小型戦略の三つが含まれる。

　安定型戦略とは、企業が内部・外部環境の制限の下で資源配分と経営業績水準

の現状を維持する戦略である。この戦略の下で企業は経営方向、コア・コンピタンス、製品と市場の領域、企業規模及び市場での地位などをほぼ変えないか、または変更の幅をやや広げるか狭めることになる。安定型戦略はリスクが少なく、それには企業の一部の管理思想が暗黙のうちに内包されている。つまり、顧客の需要を把握しにくいといった市場の不確実性による投資リスクを考慮して、既存の業績に満足して主に精密化管理に軸を置いた戦略転換を行うことにより、粗放から集約への成長モデルを実現するのである。成長型戦略とは、企業が価値の向上を目的とする発展モデルを実現するために、戦略の協調と主導の下で資源配分と人員を集中させて積極的に研究開発の業務を展開しながら、企業と環境の動的最適化を模索していく戦略である。縮小型戦略とは、企業が現有の経営領域を縮小させるまたは領域から撤退する、従来の戦略の起点から大きくはずれた、相対的に消極的な戦略である。一般的に企業は短期的な縮小型戦略をとるが、それはある経営領域から撤退した後にその他企業の発展に有利な領域に方向転換することを目的とした、前進するために後退するという戦略である。

　アンケート調査の結果によると、過去一年間、大多数の調査対象企業が企業の全体戦略において安定型戦略をとり、その割合は65％を占めている。また、成長型戦略をとった企業は24％で、縮小型戦略をとった企業はわずか11％となっている。

表6　各発展段階における企業の戦略分布

	安定型戦略	成長型戦略	縮小型戦略	企業の数
創設期	8	3	1	12
発展期	51	28	6	85
維持期	34	4	6	44
衰退期	6	3	3	12
企業の数	99	38	16	153

　さらに企業が身を置く発展段階を結合すれば、どの発展段階においても最も多く取った戦略が安定型戦略であるという結論にたどり着く。成長期では成長型戦略をとった企業が32.9％と多数みられ、一部維持期にある企業は縮小型戦略をとっている。また衰退期においてはやや多めの25％の割合で縮小型戦略をとっている。

　上記結果が示すように、我が国の企業の成長は総じて良好であり、かつ上昇の

趨勢にあり、ほとんどの企業が安定型または成長型戦略をとって市場での地位を維持し、企業価値の向上を実現している。このような趨勢は去年の調査結果と一致しており、この段階で企業成長の主導的戦略としての安定型戦略は、企業に内部プロセスの最適化と管理の向上を行うために有利な調整期を提供している。一定期間にわたって急速な発展を遂げた後、企業にはいずれも管理が規模拡張のスピードについていけないという問題が出現するが、もし「粗放」発展戦略を実施し続ければ経営リスクが高まることになる。安定型戦略は企業の内部管理水準、収益増加・支出削減、リスク低減及び製品の品質とコア・コンピタンスの育成力の向上を実現することにより、科学的管理や製品の競争力の向上を実現するのに有利である。この側面から言えば、安定型戦略は次の段階となる成長型戦略へ移行するための布石となっている。また、外部環境が相対的に安定的で上級経営陣は過去の経営業績に満足しており、戦略変更のリスクがやや高く、なおかつ企業内部の実力が制限を受けている状況の下で企業が安定的な発展を遂げるには、安定型戦略が有利である。だが外部環境の変化が速い状況で長期的に安定型戦略をとると企業の発展スピードが緩やかになるため、従来の競争の優位を維持するのに不利である。また、安定型戦略では企業が内部管理モデルへの過度の集中により外部発展のチャンスを見逃してしまうという結果をもたらしうる。もちろん、成長型戦略と縮小型戦略も企業が考慮すべき必須戦略である。一般的に企業は創設期に成長型戦略をとることにより自己の市場での地位とイメージアップを図る場合が多く、さらにこのような成長型戦略は「存続」を目的としており、今回の調査では66.7％の企業が創設期に同戦略をとっていることが分かった。縮小型戦略は一般的に企業のメイン業務、コア製品・サービスの衰退期に現れており、この時市場において商品がすでに飽和状態にあるか消費者の需要が変化しているため、企業は製品の革新または業務戦略の転換を通して新たな突破口を目指して次の成長型戦略を模索する必要がある。衰退期において、企業が縮小型戦略をとる割合は25％となっている。

　目下の市場環境において、企業が管理スタイルの改善や業務プロセスの効率を向上させるなどにより市場地位を固め競争優位を維持するためには安定型戦略をとるのが有利である。同戦略を実施すると同時に、企業のCEO及び上層幹部は成長型戦略へと適時転換して企業の発展を促進すべく、企業家志向の特性を維持しながら常に企業の長期的利益を目指す必要があり、また外部環境の変化に気を配ることでチャンスが到来した際に内部資源の構造調整を積極的に行い、さらに外

部の利用価値のある資源の配置を通してチャンスをつかみ、かつ拡大していくべきである。

三. 企業イノベーション

企業イノベーションは企業戦略の管理における重要な部分であり、それは企業成長に絶え間ない動力をもたらす。製品またはサービスが製品のライフサイクルの末端にあるか企業が衰退期にある際、企業イノベーションは敗勢を挽回し第二次爆発点を創出して持続的発展を後押しすることができる。今回の調査では、企業のイノベーション投入の程度や機運、効果、能力及び開放度などの面から全面的に考察する。

(一)イノベーション投入とイノベーション機運

イノベーション投入については、企業の科学技術研究開発人員数、R&D機関及び研究開発投入により評価する。

153社の調査対象企業のうち、65％の企業は研究員数が20人以内である（そのうち、0～5人が25％、6～10人が22％、11～20人が18％を占め、前年の調査とほぼ一致している）。また、11％の調査対象企業が100人以上の研究員を有している。

R&D機関の建設においては、調査対象企業の12％が全く備えておらず、48％の企業が1つ備えており、また29％の企業が2～5つ備えており、10％の企業が5つ以上備えている。

さらに調査結果によると、調査対象企業の研究開発への投資が総売上高に占める割合には顕著な差が表れていることが分かった。具体的には、研究開発への投資が総売上高に占める割合が最も高い企業は80％にまで達しているのに対し、最も低い企業は0％で、平均では16.80％となっている。イノベーションパフォーマンスの面では、新製品の売り上げがシェア総額に占める割合は平均22.89％で、そのうちの最も高い割合は89％、最も低い割合は0％となっている。

今回の調査ではハード面の研究開発投入だけでなく、企業文化の中でイノベーションの強調、動機づけの程度についても調査している。調査データによると、調査対象企業の平均得点は100点満点中69.5点で、これは企業におけるイノベー

ション機運が総じて良好であることを示している。企業ごとに備えているR&D機関の数からみて、2～5つ備えた企業のイノベーション機運が最も良く、まったく備えていない企業のそれが最も悪い。また、R&D機関を5つ以上備えている企業は1～5つ備えている企業よりイノベーション機運が悪いことが分かった。このような結果は、R&D機関の数とイノベーション機運の間には確実な正比例の関係とはなっておらず、むしろ逆U字の関係をもつ可能性すらあることを示唆している。これについてはさらに厳密な実証を行う必要がある。

(二)イノベーションの効果

　調査対象企業の製品イノベーションの水準を評価するために、われわれは企業の過去一年における実際の効果をもって評価を行った。新たに展開した業務や新製品（またはサービス）、改良製品（またはサービス）、新たな工程と技術、管理の改善にかかわる新しい施策の項目数といった五つの次元から統計を行っている。調査結果によると、過去一年で製品や工程、技術の面でイノベーション・プロジェクト及び管理改善にかかわった新しい施策プロジェクトは平均7項目前後で、改良製品またはサービスは平均8項目となっている。また、新たに展開している業務数は平均10項目となっているが、これは去年の調査結果の20項目にははるかに及ばない。

(三)ビジネスモデルのイノベーション

　ビジネスモデルの概念体系は学術界と理論界で未だに共通認識がなされていないが、企業戦略におけるビジネスモデルの重大な価値は疑いの余地がないものである。営利モデルや運営管理を強調したモデルから戦略に注目し、さらに進んでシステムを強調するモデルまで、ビジネスモデル理論はさまざまな変遷の段階を経ている。現在の主流研究では、ビジネスモデルは企業の営利、運営及び戦略などの側面を統合した一つのシステムであると考えられている。ビジネスモデルは企業が競争の優位を獲得するために、運営構造や戦略方針及び利益獲得のロジックなどの複数の既存ソースと可変ソースをいかに統合していくかを表しているといえる。ビジネスモデルとは、企業が価値を創造するために設計した取引活動の組み合わせ方式である。変化が激しい環境の中で、企業が市場でのチャンスをつかんで顧客とパートナーのためにより多くの価値を創造するためには、既存の委縮し続けているビジネスモデルを破壊して新しいモデルを設計していく必要があ

る。ビジネスモデルの概念は抽象的で把握しにくいと思われるが、そのシステムをさまざまな要素に分解すれば、それは企業界がビジネスモデルを管理するための利便性を提供してくれる。

　今回の調査では、主流研究の趨勢の延長線上でビジネスモデルを企業の価値の主張、資源と能力、取引方式、営利方式の四つの方面と、コスト構造や収入源、取引方式、協力ネットワーク、マーケティングモデル、使用技術、コア・コンピタンス、パートナー、目標となる顧客または市場、製品またはサービスといった十要素を含む概念であるという仮説をたてた上で調査を行っている。調査の結果、調査対象企業のイノベーションの十要素のうち、コア・コンピタンスの平均得点が100点満点中69.2点とイノベーション効果が最も高く、コスト構造と取引方式がいずれも最も低い65.6点となっている。最低値を示したこの二項目が企業イノベーションの突破口または難点であると考えられる。

　企業イノベーションについてさらに研究を進めるべく、われわれは企業イノベーションの十要素を価値の主張、資源と能力、取引方式および営利方式の四つのモジュールに統合して、それぞれモジュールにおける調査対象企業のイノベーションのレベルを考察した。調査の結果、資源と能力（パートナー、コア・コンピタンス、技術を含む）、価値の主張（製品またはサービス、目標となる顧客または市場）の面におけるイノベーションのレベルが高く、平均点はそれぞれ67.9点、67.5点と前年の調査とほぼ一致している。また、取引方式（マーケティングモデル、協力ネットワークおよび取引方式を含む）での平均点は66.3点と一般的で、営利方式（収入源、コスト構造を含む）の面では65.7点とイノベーションのレベルがもっとも低い結果となっている。

　先行研究では、ビジネスモデルのイノベーションは企業戦略、企業パフォーマンスと密接な関係を有するとしている。ビジネスモデルのイノベーションは企業が実現していない戦略であり、言い換えると、戦略はビジネスモデルのイノベーションの指針であるといえる。ビジネスモデルに対してイノベーション管理を行うことは企業戦略を実現するにあたって避けて通れない道である。ビジネスモデルのイノベーションは従来の業界基準または経営モデルを覆すことができる。さらに、中国の経済転換期がダイナミックな変化に直面している市場環境にあっては、あらゆる創業チャンスを見逃さず効果的なビジネスモデルの変革を実現していくために、企業は常に価値の主張、資源と能力のイノベーション、取引方式のイノベーション及び営利方式に対して敏感に反応していく必要がある。

次に、企業が実施している戦略（成長型戦略、安定型戦略、縮小型戦略）を基に、企業の業績標準を高い業績、やや高い業績、やや低い業績の三つに分けて考察する。調査の結果、それぞれの業績標準におけるビジネスモデルのイノベーション効果が異なることが分かった（表7参照）。そのうち、業績が高い企業は価値の主張のモジュールで変化が大きく、さらにその他三つのモジュールでは、業績がさらに低い企業よりイノベーションのレベルが低い。これに対し、業績が低い企業は四つのモジュールにおいていずれもイノベーションが行われているが、企業の業績は相対的に低い。これは、「各ビジネスモデルのモジュールイノベーションのレベルが高いほど企業の業績が高い」という命題の誤りを間接的に反映している。ビジネスモデルのイノベーションにおいても効果を追求すべきであり、時として複数のモジュール上でイノベーションを行うより、ある一つのモジュールに限定して行う方がその効果が高い場合もある。

表7　過去一年間、それぞれの企業の業績標準におけるビジネスモデルの異なるモジュールのイノベーション程度

業績	価値の主張	資源と能力	取引方式	営利方式
やや高い	67.2	68.1	67	66.1
高い	67.5	65.8	62.7	62.2
やや低い	67.9	69	68.1	68.6

しかし管理実践を出発点として考えた場合、企業がビジネスチャンスを経営業績に転換させるためには、創設期、成長期及び成熟期のどの時期においてもビジネスチャンスを識別すると同時に、ビジネスモデルの変革を通してチャンスを開拓していくことにより注力すべきである。具体的に言えば、価値の主張の面では市場における需要を把握し顧客に対する敏感さを保ち、顧客に提供する製品またはサービスを最適化し、かつ適時に目標となる市場に対する戦略の変革を行う必要がある。資源と能力の面においては、企業は自己のさまざまな資源と能力を培い、資源を創造的に統合・配置し、自主的な創造・革新能力を高め、かつ合併や提携、ロビー活動、管理などの手段を通してビジネスモデルのイノベーションに必要なコア資源を獲得すべきである。取引方式において、企業は取引ルートのイノベーション、取引効率の向上などの方法を通して取引のコストとリスクを低減させることで、企業パフォーマンスをスムーズに向上させるべきである。営利方式において、企業は収入構造とコスト構造を絶え間なく最適化させてより高い価

値創出を目指すべきである。企業はそれぞれの実際の状況に応じて「コストパフォーマンス（価格性能比）」がより高いモジュールを選択してイノベーションを行う必要がある。

(四)自主的イノベーションと模倣的イノベーションの能力

　企業のイノベーション能力は主に自主的イノベーションと模倣的イノベーションの能力に現れる。自主的イノベーション能力は企業内部の技術と管理のイノベーション能力との有機的な結合であり、模倣的イノベーション能力は企業が模倣を通して成熟したイノベーション製品または工程、同業者の新技術に注意を払うこと、新しい業務と管理方法を参考に改良を行う能力である。自主的イノベーションは企業が自身の資源と能力だけを頼りに新しい製品またはサービスを開発する実践であり、企業内部から駆動されるイノベーションである。それに必要なのは企業内部の技術の蓄積と革新であり、企業の技術と資金に求められるレベルは高い。模倣的イノベーションは既存の市場、技術及び知識を加工してから、生産方式や管理プロセスの改善または顧客管理の質を向上させることにより既存の市場と顧客に同調することである。前者は企業内部の資源と能力を基とするのに対し、後者は主に外部環境を基にしており、かつ企業自身の技術と市場の敏感度を強調しているといえる。

　調査結果によると、調査対象企業の自主的イノベーションと模倣的イノベーションでの得点はそれぞれ71.5点と72.1点と差が大きくない。そのなかで模倣的イノベーション能力の面でやや優勢となっているが、企業が往々にして同業者の技術発展に関心を払い、それを手本としているところに主に現れる。相対的に言えば、模倣的イノベーションもコストやリスクが低い一種のイノベーション方法であり、資金や人的資源がやや乏しい中小企業が採用するのに適している。

　この二種類のイノベーションは企業がイノベーション活動を行う二つの大きな柱であり、両者の協調により企業パフォーマンスを効率よく向上させることができる。今回の調査ではさらに、創設期では自主的イノベーションの能力が高めで、維持期に二種類のイノベーション能力は共に最高値に達しており、さらに衰退期において企業は主に模倣的イノベーション能力に依存していることが分かった（図2参照）。

図2　異なる成長段階におけるイノベーション能力

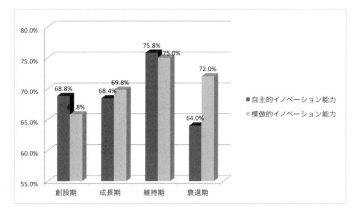

　企業は成長段階に応じてイノベーション能力の類にも注意を払うべきである。創設期以降の長い期間にわたっては模倣的イノベーションを採用しやすく、このような戦略は企業のイノベーションにおけるコストを低減させるだけでなく、即座に市場に淘汰されないよう保証してくれる。このとき、企業の競争力ダイナミズムを向上させるために企業は、外部と調和の取れた科学的で合理的な協力ネットワークを構築して、パートナーや競争相手とのインタラクションの中で戦略のイノベーションを行うべきである。同時に、成長につれて自主的能力の体系が整い市場を牽引できるようになるために企業は、内部資源を重視し、積極的にコア・コンピタンスや学習能力及び知識の記録・分析能力を培い、システム構築における自主的イノベーション能力の体系を構築して、自主的イノベーション水準を向上させるべきである。ここで企業は当然イノベーションの罠にはまらないように注意すべきである。企業はイノベーションを強調しがちだが、一番の目的は利益を上げ長期にわたり存続することである。

(五)オープン・イノベーションの開放度
　オープン・イノベーションは2003年、米・ハーバード大学のヘンリ・チェスブロウ教授により初めて提起されており、企業は組織の圏外でイノベーション活動を行うことができると指摘している。オープン・イノベーションでは、企業は内部・外部チャネルを通してイノベーションのリソースを獲得し、さらにそれを市場化させることができる。オープン・イノベーションのポイントはイノベー

ションのリソースを広げることでもある。つまり、企業の伝統的で閉鎖的なイノベーションモデルを対外（企業内部と外部を含む）開放して外部の革新的な思想と能力を引き入れるのである。企業イノベーションは一つのプロセスであるが、イノベーションのリソースを見極めることはこのプロセスの要であり、イノベーション成功の最も重要な前提である。企業のイノベーション思想は外部由来の場合もあれば内部由来の場合もある。一般的に内部からの場合、企業が調整と制御を行うことができる。従来の企業イノベーションは基本的に職能化で、その課題はR&D部門が担当するが、目下の複雑で変化が激しい環境にあってはこのような役割配置がすでに不適切なものとなっており、企業のイノベーションには全員が管理に参加する開放度が必須となる。

　調査データによると、調査対象企業のイノベーションにおける開放度は高く、イノベーション思想の元はCEO及び中・上級経営陣による割合がそれぞれ32％、38％と比較的高い。同時に、現代の企業イノベーションモデルは専門技術者と一般従業員にも開放しており、リソースとしての割合はそれぞれ16％、14％と低く、向上させる必要がある。企業イノベーションの内部開放度は総じて合理的である。

　イノベーション思想の外部リソースはその範囲が広い。調査結果によると、調査対象企業の過去一年間のオープン・イノベーションのレベルは63.8点と普通で、前年の調査よりやや高い。これは企業がイノベーションの外部開放度を注視しつつあることを示している。具体的には、調査対象企業が外部リソースによりオープン・イノベーションを行う際、エンドユーザーから獲得した資源による場合のイノベーションのレベルの得点が70点と最も高く、政府部門から獲得した資源による場合は50点と最も低い。政府主導の経済及び基準制定者の戦略的地位を考慮すれば、企業のイノベーションモデルの政府に向けた開放度を向上させる必要がある。

　先行研究によると、企業イノベーションの開放度が企業パフォーマンスに与える影響は複雑であって正比例の関係ではないという。その原因は、オープン・イノベーションが企業の情報獲得を保証しているため内部・外部からアイディアが得られ、それを用いた新しい技術情報の市場化、またはビジネスモデルや管理プロセスの改善などを行うことで競争力を高めやすいという点である。しかし他方で、過度に開放した場合は組織の精力が分散され、企業の取引や情報検索及び管理コストを増加させてしまいがちになり、かつ内部技術や知識または高効率な生

産方式の漏洩が起こって運営コストを増加させてしまう。総じて言えば、イノベーションの開放度は企業パフォーマンスと逆U字の関係にあり、開放度が低い場合はその増加により企業パフォーマンスが向上するが、閾値を超えると開放度が高まるほど企業パフォーマンスが低下する。

　我が国の企業のイノベーション活動における開放度は普遍的に低く、基本的にU字曲線の閾値に達していない。今回の調査でイノベーションの開放度とイノベーションパフォーマンスをマッチングさせて回帰分析を行った結果、調査対象企業の外部開放度と企業イノベーションのパフォーマンスは明らかな正相関（β ＝0.40、$p<0.01$）関係を示しており、開放度は閾値に達していないことが間接的に証明された。そのためオープン・イノベーションは、我が国の企業が情報を迅速にキャッチして知識分析を行い、迅速に反応する能力を向上させ、かつ市場と技術の不確実性がもたらすリスクを低減させるのに有利である。企業はエンドユーザー、サプライヤー、販売代理店、大学、政府部門と研究機関、ひいては競争相手と協力し合うことにより革新的な製品構想や生産技術または管理モデルを獲得することができる。

四．企業マネージメント効果

　企業のマネージメント効果は事業所得や市場シェアの増加だけでなく、内部・外部環境の改善及び組織正統性の向上にも現れる。マネージメント効果は企業が内に力、外に気概を見せる、企業イメージの表現であるといえる。それにとどまらず、企業の客観的でずば抜けたマネージメント効果は内部・外部環境のパフォーマンスの向上に起因する場合すらありうる。すなわち、組織の客観的パフォーマンスの向上は内部・外部環境のパフォーマンスを実現した上で成り立つ可能性があるということである。ウォルマートなどの世界トップ500の大手企業と彼らの内部・外部環境システムは、研究者たちに一つ一つの生きた分析事例を提供している。マネージメント効果は戦略適性を検証するためのツールであり、「効果」は企業成長を測るベンチマークであり、かつ企業が高度成長を遂げる基盤でもある。今回の調査では基本的な業績、内部環境に対する従業員の満足度、外部環境に対する顧客の満足度及び企業の社会責任といった四つの要素から考察する。

(一)業績

　調査対象企業の過去一年間の市場シェア、投資収益率の平均はそれぞれ
19.26％、22.73％で、業績が最も良い企業は95％、100％に達しており、前
年の調査より向上している。投資収益率、売上高の平均はそれぞれ19.57％、
12.09％で、最高値はそれぞれ90％、80％となっている。一部企業においては
成長スピードが緩やかで、売上高が-25％とマイナス成長にさえなっているが、
このような状況は前年の調査よりかなり落ち込むもので、市場競争の激しさを間
接的に反映している。

　今回の調査では異なる戦略を実施している企業のそれぞれの業績状況も考察
している（表8参照）。三つの戦略によってもたらされる効果は、成長型戦略が
最も高く、次に安定型戦略で、さらに縮小型戦略が最も低い。もちろん、この調
査結果は成長型戦略をとるだけで高い効果をもたらすことを示すわけではない。
確率論からみて、成長型戦略を実施している企業は有利なチャンスを発見し、内
部・外部資源の調整を行う確率がより高い。縮小型戦略を実施する企業は既存の
業務や製品またはサービスをあきらめているが、新たな突破口を探索していない
ため、業績の全体効果が低い。安定型戦略を実施すると企業の市場占有率などの
指標をある程度維持できるが、大きく発展を遂げるためには市場でのチャンスを
つかみ成長型戦略へと転換する必要がある。

表8　過去一年間、それぞれの戦略実施における企業の業績

	平均市場占有率	平均資産収益率	平均投資収益率	売上高成長率
安定型戦略	20.07%	19.67%	23.28%	11.58%
成長型戦略	20.77%	22.44%	25.25%	15.62%
縮小型戦略	13.54%	13.70%	14.92%	7%

　今回の調査では、同業者との競争において、調査対象企業の自身の業績効果を
どう評価しているかについても考察した（表9参照）。調査結果によると、多く
の企業が自身の生産能力での効果は競争相手より優れているが、投資収益率や純
利益などの財務指標での競争の効果は今後向上させる必要があると考えている。
去年の調査に比べて、企業の各指標での効果は低下しており、これは競争環境の
下で企業のパフォーマンスの予想は楽観を許さないことを示している。異なる戦

略を実施している企業からみて、成長型戦略を実施している企業は各方面での効果がいずれも高いのに対し、縮小型戦略を実施している企業は効果が低く、かつ売上と投資収益率はいずれも合格ラインに達しておらず、市場占有率と純利益も合格ラインぎりぎりである。他には、成長型戦略を実施している企業は生産能力が最も低く、縮小型戦略を実施している企業が最も高いことから、成長型戦略を実施する企業は生産能力が規模の拡張に追いついていないこと、縮小型戦略を実施する企業では遊休資源や浪費の問題が存在する可能性があることを示している。

表9　過去一年間、異なる戦略を実施している企業の業界における自己業績の評価水準

	売上増加	市場占有率	純利益	投資収益率	生産能力	新製品の普及	総資産収益率
安定型戦略	63.7	64.2	59.6	60.9	69.2	64	61.6
成長型戦略	69.4	67.1	65.9	66.5	68.8	65.9	67.1
縮小型戦略	53.8	60	60	51.3	70	63.8	58.8

(二)従業員満足度

　従業員満足度は、企業における従業員の幸福度指標の一つで、企業の管理水準を計るバロメーターである。それは従業員の企業の各方面における満足度レベル、つまり企業の各方面に対する彼らの総合的な実感と期待との間の距離を示しており、実感が期待値より高い場合満足度が高く、期待値より低い場合は満足度が低い。従業員満足度は企業が従業員の流出率を下げ、かつ従業員の業務環境、企業の経済パフォーマンスを向上させるのに有利である。

　調査データによると、調査対象企業の従業員満足度の平均得点は、100点満点中70.2点と満足度指標が高い。従業員は上司からの配慮、同僚との関係、仕事の自主性及び仕事環境に対しては満足しているが、給与や福利及び尊重される程度においては満足度が普通であり、今後向上させる必要がある。

34

表10　従業員の企業の各方面における満足度

	仕事の自主性	給与	仕事の挑戦性	福利	上司の配慮	同僚との関係	仕事環境	尊重される程度
平均	72.4	64.8	69.4	64.6	71.4	76.4	73.4	69
最大値	95	100	98.4	98.3	100	100	100	95
最小値	56.4	36.7	56.6	40	53.3	58.3	50	51.7

(三)顧客満足度

　顧客満足度とは、顧客の全体的な期待値と体験をマッチングさせたもので、体験値が希望値より高いと顧客満足度が高い。満足度は顧客の受入度を測る重要な尺度であり、企業が市場の正統性を得るための重要なチャネルである。同時に、顧客満足度を追跡することで従業員の顧客に対する敏感度を向上させることができ、企業は市場でのチャンスをつかみ競争相手より先に顧客のニーズに応えられる製品またはサービスを打ち出すことができる。調査データによると、調査対象企業の従業員満足度の平均得点は100点満点中77.2点で、これは調査対象企業の顧客満足度指標が総じて高いことを示している。さらに、顧客満足度が最高値の企業の得点は100点、最低値は40点と差が大きい。企業の顧客関係管理システムは顧客の製品またはサービスに対する満足度を向上させることができる。

　異なる戦略を実施しているそれぞれの企業からみて、安定型戦略をとっている企業の顧客満足度は78.9点と高く、縮小型戦略をとっている企業が78.6点と次に並び、成長型戦略が最も低い73.9点となっている。このことに対する可能な解釈としては、上で提起したように異なる戦略をとっているそれぞれの企業の注目点と行動は大いに異なるということである。安定型戦略を実施する企業は大規模拡張をやめ、内部生産と管理効率に主軸を置いて精密化管理を行えば製品またはサービス、管理において顧客により大きな快適さを提供でき、顧客満足度が相対的に高くなる。成長型戦略をとる企業は「量」的追求に目を向けて迅速な市場占有を目標とすることから管理効率とサービスがモジュールの成長に追いついていないため、顧客の満足度は相対的に低くなる。他にも、安定期と衰退期にある企業は製品またはサービスの販売量を大きく向上させることはできなくても管理に重心を置いて顧客の価値の向上に力を注ぐことができるため、顧客の満足度を高め顧客の忠誠心を勝ち取ることができる。この二つの戦略は市場でのリスクが大きいときにその価値がより高くなる。

五．おわりに

　今回調査した153社は、全国14地域と7大行政区に分布し、製造業、金融業、不動産業、コンピュータサービス業及びソフトウェア業などを含む重要業界を網羅している。企業形態においても民営企業、合弁企業、国有企業、集体企業[1] 及び外資独資企業などを幅広くカバーしており、中でも主に民営企業に焦点を当てている。調査対象企業のうち、同族企業もあれば非同族企業もあり、実力ある上場企業もあれば勢いよく発展している非上場企業、さらに、創設期の新企業もあれば長い歴史をもつ老舗企業もある。ただ、今回の調査対象となったサンプル企業には、残念ながら創業百年以上の企業がなかったものの、全体としては多元性、多様性及び典型性といった調査要求を満たしている。

　調査対象企業の管理の有効性については、各企業間の事業実績の面で差がやや大きい。売上収益の増加率が80％に達する企業もあればマイナス成長の企業もあり、市場シェアにも幅がある。調査結果によれば、戦略実施において成長型戦略、安定型戦略、縮小型戦略の三つのうち、業務実績にもたらす効果が一番高かったのは成長型戦略で、次に安定型戦略、効果が最も低いのは縮小型戦略である。さらに従業員満足度、顧客満足度、企業の社会責任も千差万別であることが明らかになった。企業管理効果の差異は企業の資源配分やイノベーション及び戦略などの内部要因と、外部環境の特徴などの外部要因との相乗効果により決まるといえよう。企業の内部要因に関しては、資源が豊富で管理能力と知識資源も充実しているが、企業の資金や技術者などのハード資源が乏しい。このような資源構造は企業の戦略選択において大きなブレーキとなり、有利な創業チャンスに出会ったとしても資源のバックアップが追い付かずあきらめざるを得なくなる。企業はいち早く自身の資源構造を調整して、最低でも基礎資源の充実度を確保すべきである。同時に、企業内部の人的資源状況は一般的で、従業員はプレッシャーが大きく、かつ健康指数も一般的で、女性の健康指数が男性より低い。さらに、企業内部では、コスト管理と情報システム建設がいずれも合格ラインにとどまり（ほとんどの企業が70点に達しない）、企業の戦略や実績によるバックアップが弱いなどの問題はいずれも強化すべき部分である。企業管理のパフォーマンスを向上させるには、資源構造の調整と内部資源管理の改善を突破口とすることができるといえよう。また、言及に値することといえば、調査対象企業は組織の正

統性が高いことである（いずれも70点を超えている）。つまり、社会に受け入れられているか賛同を得ていることが、企業の成長に必要な戦略的コア資源を獲得するために利便性をもたらしている。外部環境に関していえば、企業CEOのマクロ経済動向に対する感度はやや落ち込んでおり、投資への熱意が低く、さらに各企業の成長型戦略の失敗に伴うリスクを負いにくいため、安定型戦略をとる企業が多く見られる。調査データによれば、半数以上の企業が安定型戦略をとっており、成長型戦略をとった企業はわずか2割しかない。安定型戦略の実施は企業が管理能力を調整し向上させて競争の優位性を維持するのに有利であるが、企業の持続的な繁栄を築きあげるためには、内部管理と資源だけでなく、外へ向かう成長を目指す戦略転換が不可欠となる。

　企業のイノベーションについては、前回の調査時より企業の関心が高くイノベーション意識が企業内部まで浸透しており、企業において従業員全体がイノベーション管理に参与しつつあることが調査により明らかになった。さらに、R&D部門の数は一定の限度内において企業のイノベーション意欲を高めることができるものの、その限度を超えるとプラス効果は期待できなくなることも明らかになっている。ビジネスモデルの革新については、ハイパフォーマンスの企業ほど企業価値を主張する面でイノベーションを進めており、かつ、異なるモジュールに投じるイノベーションのレベルはまちまちである。調査結果が示唆していることは、実情に鑑み「コストパフォーマンス」がより高いモジュールを選択してイノベーションを行うべきだということである。但しわれわれが気づいた問題は、例えば、企業内部のイノベーション思想は主にCEOと中・上級経営陣に集中しており、一般従業員や技術職員はイノベーションに貢献しようとする意欲が低いという点である。しかし、一般従業員や技術職員は顧客や生産・管理に直接携わっていることが多いため、経営陣より早く管理の問題またはイノベーションのチャンスに気づく可能性がある。将来的には一般従業員のイノベーション貢献度を強化する必要がある。

　イノベーションの外部開放性において、企業は大学やR&D部門及び政府部門との協力が少ない。政府は往々にして法律や基準の制定者であり、その政策志向は業界の発展を左右する。企業は常に政府とコンタクトをとりながら、政府の業界基準の制定過程に参与すべきである。それにより企業に大きな発展の潜在力がもたらされる。また、大学とR&D部門の研究特性から見て、その理論と技術でのイノベーションは最先端であることは疑いの余地のない事実である。そのた

め、それらの先進的技術や知識は企業の次なる成長のティッピングポイントとなる可能性は極めて高い。ゆえに、大学やR&D部門との協力を怠ることは企業が「ポストファーウェイ」となるチャンスを失うのに等しい。今後の発展の中で、企業は常にオープンなイノベーションを続け、積極的に企業の関係ネットワークの構築に努めると同時に、イノベーション思想の効果を確保することにより、企業の持続的発展の原動力を創出すべきである。

　外部環境の特徴から見て、調査対象企業の環境の包容性は一般的で、企業が戦略実施に必要なコア資源を獲得するためには一定のリスクを伴う。また、環境の不確実性が大きい上に企業の直面するマーケティング競争も激しい。このような環境的特徴はこの時代においては長期的な特徴となりかねず、企業がこの環境に立脚するためには、環境に適応するか環境を変えるかによって環境の牽引者となるしかない。企業が良好で持続的な発展を遂げるためには、抜本的な対策を講じて企業の内部・外部環境を考察することから始めて、自身の管理哲学または理念を見直すべきである。また、時代背景の下で適度なイノベーションを行い、適時に高価値の製品またはサービスを提供するとともに、各利害関係者のニーズに応えることにより、健全な発展を促すべきである。以下、企業の内部管理、企業管理哲学、企業の外部ネットワーク運営及びインターネット時代における企業イノベーションという四部構成で企業管理について論述する。

【注】

　1)集体企業：集体所有制単位(Collective owned Units)。社会主義社会において、一部労働大衆が一つの集団の範囲で生産資料と労働成果を平等に共有し、独立経営を実現して損益を自ら負担する一種の社会主義公有制企業。

第一部
企業の内部管理編

第一章
企業管理における従業員の幸福度

はじめに

　中国の転換経済を背景にインターネット経済の衝撃とマーケティング競争が異様な激しさを見せる中で、多くの企業は針のむしろに座っているような不安を抱えたまま競争の「レッド・オーシャン」に陥り、頻繁に戦略の変革を行っていき、管理は混乱する一方である。さらに、企業が管理実践において重視すべき一連の問題が浮上している。多くの組織の中で従業員はさまざまな任務とプロジェクトに駆け回っており、強い時間圧力や残業及び低賃金・低福利の生活が常態化している。誇張して言えば、一部企業では多くの従業員が常に「仕事で駆け回っているか、勤務時間外でも仕事が頭から離れない」状態が続いている。このような状況では従業員は疲労感、抑圧感、不安感、ひいては精神疾患のような精神的または心理的な問題を引き起こしかねない。また、従業員の肉体的・心理的健康を害し、さらには「過労死」、「老衰族(過度な仕事により疲弊している人達)」などの現象も現れうる。これらは従業員の積極性を大きく減衰させ、従業員の幸福度を著しく低下させている。かつて英才聯網(300job.com)は中国経済週刊及び中国経済研究院と共同で一万人以上を対象に「従業員の幸福度」調査を行ったが、その結果によれば、64％の人は給与収入やキャリアアップなどの面で職場に不満を感じており、そのうえ生活面でのストレスが大きく、幸福度が欠けているという。人材募集サイト「前程無憂(www.51job.com)」も「働いてなお幸せですか」をテーマにネットアンケート(有効アンケート数は5005件)を行ったところ、過半数の対象者が「時々幸せを感じる」と答え、27.07％は「幸せを感じたのはもう何年も前のこと」と答え、さらに9.39％の人が「一度も幸せを感じたことがない」と悲観的な回答をしたという結果となった。このように、中国企業における従業員の幸福度の欠乏は普遍的な現象となっている。組織管理において従業員の幸福度の欠乏が企業に対してマイナスの影響を及ぼす可能性、従業員の幸福度を改善するためにコストをかけて計画や政策及び対策を講ずる必要性などについて、企業はよく考えるべきである。

　従業員の幸福度は企業にとって利益こそあれ害があるものではない。ある研究

によれば、従業員の幸福度はまず、心理的な快楽と享受をもたらし、このような状態にある従業員は仕事への集中力が高まり、パフォーマンスもより高くなる。次に、肉体的健康をもたらし、従業員は精力的に仕事をこなすようになる。さらに、積極的な体験の中では思考力と認知力が上がるため、幸福で快楽であると感じる従業員の方がイノベーションにおけるパフォーマンスと知識のアウトプット力がより高くなると指摘している。また、高い職務遂行能力は幸福度を満たすという良循環を形成しうるため、幸福度の高い従業員は仕事熱心でハイパフォーマンスな「企業戦士」となるであろう。さらに、幸福度の高い企業は社会から精鋭たちを引き付ける力を持っているだけでなく、「人類のために福祉を追求する企業であって、単なる金を稼ぐ機械ではない」という社会的信頼を得ることで、組織正統性を得ることができるであろう。

　今回の調査では科学的なアンケート調査方法により大量の典型的サンプルを抽出し、さまざまな管理段階や職務における従業員の幸福度の状況を分析するとともに、幸福度の各構成要因に対する従業員の感想と体験について討論することで、各従業員の幸福度についてアドバイスできることを期している。本章では幸福度の内在的意味、理論基礎、企業における従業員の幸福度の現状、従業員の幸福度が組織管理に及ぼす影響及び従業員の幸福度を向上させるためのアドバイスについて述べていく。

第一節　従業員の幸福度及び理論基礎

一．従業員の幸福度とは

　従業員の幸福度とは何か。簡単に言えば、一個体が組織の中で幸せや満足感を覚えるかどうかということである。幸福度は人類史上最も注目される話題の一つで、学術界や実践界がつねに追い求めてきたテーマでもある。実践界では「ビジョン賞(Leap Awards)」をもうけて従業員の幸福度で多大な努力をしてきた会社を奨励しており、学術界でも従業員の幸福度の研究における意欲がかなり高い。従業員の幸福度の研究は主に二つの流派に分かれており、一つは主観的幸福度、もう一つは心理的幸福度(心理的well-being)である。それぞれの背景にある理論基礎は異なっており、前者は、幸福は快楽の体験であり、快楽すなわち幸福であるという快楽説を基礎としているのに対し、後者は幸福と単純な快楽とは完全にイコールではなく、個人の潜在的能力が発揮されてこそ幸福であると強調し

ている。心理的幸福度の方が幸福度の意味をより全面的かつ具体的に理解できるため、現在研究の主流となっている。幸福度の内在的意味を二つのキーワードで表すとすれば、happiness(快楽)とWell-being(心の安らかさ及び幸せ)といえる。

　近年、中国でも従業員の幸福度の研究が注目の話題となっている。われわれは中華人民大学中文学術資源発展プラットフォーム上で「従業員の幸福度」をキーワードに検索した結果、同テーマの学術刊行物での掲載数が年々増えていることが分かった。これは、多くの中国企業が従業員の幸福度に関心を払っていることを示している。収入水準が日増しに向上していく状況で、従業員の幸福度が欠乏している問題が徐々に顕在化しており、それは企業パフォーマンス、ひいては企業の生存問題にも影響を及ぼしている。従業員の幸福度がクローズアップされていくと同時に、われわれはその背後に隠されている仮説にも注意を払うべきである。

　幸福度研究の発展において、学者たちはその概念体系の発展にさまざまな努力をしてきた。現在の学術界ではリーフ及びキーズ(1995)[1]によって尺度化された六次元モデル――人格的成長(Personal Growth)、自律性(Automomy)、人生における目的(Purpose in Life)、積極的な他者関係(Positive Relationships with Others)、自己受容(Self-Acceptance)及び環境制御力(Environmental Mastery)を用いた心理的幸福度の測定が行われている。このモデルは従業員の幸福度の本質を捉えているが、このような幸福度の分類は、より多くは個人主義の文化に基づいてその内在的意味が定義されているため、異文化の挑戦に遭遇することになる。それに対して、東洋のような集産主義が盛んな社会において幸福度は、他者との積極的な関わりまたは相互関係の中でより多く生まれると考えられており、さらに人間関係や家庭関係などが幸福度に占める割合が大きいと考えられている。そのため、従業員の幸福度を理解するにあたってはより「現地化」された幸福度を尺度に測定を行うべきである。

　従業員の幸福度には三つの特徴がある。まず、幸福度の感知は現象論的イベント(Phenomenological Event)、すなわち、従業員が主観的に幸福であると感じた時に、彼らは幸福度が備わった状態にあるということであり、次に、幸福度は情緒に影響され、従業員は幸福度を感じている時により積極性を示す傾向があるということであり、最後に、従業員の幸福度は全体的な評価であり、その決定的要素はさまざまな側面にまで及んでいるということである。先行研究をベースにすると、従業員の幸福度の決定要素は主に、個体の積極性、労働環境、仕事の特

徴、仕事と家庭のバランス、社会関係及びキャリア・マネジメントなどの要素を含むと考えられる。ところが測定の面から考えると、調査で以上のすべてを網羅するにはエネルギーを大きく消耗してしまうばかりか、状況によってはアンケート結果と真値の間にもズレが生じることになる。今回の調査においては単一項目の測定により従業員の幸福度を測っており、このような測定は理論と操作が可能でかつ効果的である。例えば、Wanousなど(1997)[2]の研究によると、時には単一の項目測定のほうがより高い測定効果を得ることができ、特に概念が及ぶ範囲が広い場合や抽象的な場合は測定効果が高い。今回の調査項目においては、幸福度の概念の中で注目されている「快楽」と「個体の潜在的能力」を網羅して、従業員の幸福度の状況を全体的に評価している。

　幸福度に対する研究は実践において重要な意義をもつ。実践の角度から見て、従業員の幸福度を向上させることは従業員の心理的及び精神的な問題をうまく解決することができ、これによりさらに従業員の心理的な焦慮や抑うつ感及び緊張感を解消し、ひいては過労死、老衰族、自殺などの現実問題を防ぐことができる。さらに、従業員の幸福度は企業にとってコア・コンピタンスとなり、会社独自の「ハピネス・アドバンテージ(幸福度優位性)」が現れることで、企業戦略の制定、実施、制御及び調整の効率を大幅に向上させることができる。

二.　従業員の幸福度の理論基礎

　従業員の幸福度は抽象的で漠然とした概念であるが、一方で深い理論基礎がある。従業員の幸福度の現象にかかわる理論には主に自己決定理論、社会的比較理論、目標設定理論、人間関係理論及び適応のバランス理論を含む。

1.　自己決定理論

　自己決定理論(Self-Determination Theory, SDT)は、アメリカの学者デシ及びリャン(2000)[3]により提起された人類の自己決定行為の動機過程理論であり、人類の三つの基本的な心理的需要は自主的需要、能力的需要及び帰属的需要であると提起している。同理論では、自己決定は能力であるだけでなく、より多くはある種の需要であると強調している。この三つの需要を満たす社会的イベントは、いずれも個体行為の内在的動機を促し、従業員の自己決定に影響を与えることができる。内在的動機とは、人の行為による表現の内在的駆動力であり、人々が内面から、自主的に、何かをしたいということである。内在的動機により駆動され

た行為は個体がやりたいことであり、これらの行為は行動主体に極めて大きい心理的満足と享受を与えることができる。三つの基本的需要は人の心理的健康における最低要求であるとともに、従業員の幸福度の前提条件でもある。

　幸福度は自己実現の基に構築され、満足感に満たされたという精神的体験である。三つの需要が満たされた時、従業員の内在的動機がレベルアップして幸福度が増す。逆に三つの需要が脅威にさらされるか満たされなければ、企業従業員の内在的動機が弱まり幸福度も下がる。従業員は職場生活の中でこの基本的需要が満たされてこそ持続的に幸福感を体験することができる。職場の社会環境において自主的、能力的、帰属的という三つの基本的な心理的需要を満たせてこそ人の内在的動機を強め、従業員の健康で幸せな成長を保障できる。

　2．社会的比較理論
　従業員が幸せで満たされているか否かは、彼らが社会的比較(Social-Comparison)を行った結果に大きく左右される。人は常に社会環境に置かれ、職場生活の中では常に人と関わりをもつため、自然と他者との社会的比較に汲々とすることになる。フェスティンガー(1954)[4]は、人は他者との比較を通じて自身の社会的特徴(例えば、収入、知力、能力、関係網など)を確定すると指摘している。社会的比較行為は組織社会で普遍的な行為であり、社会的比較を通じて従業員は意図的または無意識に自身の行為を変えている。従業員が社会的比較を行う対象は自身であってもよいし、同僚または上司など任意の組織的個体であってもよい。社会的比較の行為にはまず比較対象を選択すること、次に社会情報の獲得または社会情報を分析し比較すること、そして最後に分析結果から情感や認知及び行為の面で反応を引き起こすといった三つの過程が含まれる。

　社会的比較理論は、企業において上方との比較では従業員の幸福度が低下しやすく、下方との比較では幸福度が上昇し、平行方向での比較では幸福度が普通であることを示している。さらに、経営陣は従業員の社会的比較を合理的に導き、オープンで公平かつ公正な労働環境を創造して、企業内部の各種手続きや配分及び対話の公平性を保障する必要があると提示している。同時に、企業の状況を改善し、同じ業界の中で手本または先導的地位を目指すことはいずれも従業員の幸福度を向上させることができることも示唆している。

　3．目標設定理論

従業員の幸福度の重要な要素の一つは生活または職場における目標である。目標は個体が自身の行為を設定する最終目的であり、動機付けと誘導の効果をもつ。ロック及びレイサム(1990)[5]は、目標自体に動機付けの効果があり、個体が設定の目標を努力により達成した後、期待どおりの報酬または奨励を得られたときに満足感と幸せを感じており、特に設定した目標に一定の挑戦性があるときに従業員の幸福度は急増すると指摘している。目標設定理論の先行研究では、従業員が設定した目標、完成効果及び報酬により幸福度が決まり、さらに設定した目標の難易度が高く、完成効果が高く、及び予想以上の報酬を得られたときに従業員は幸福度に満たされると考えられていた。もちろん、もし既定の目標を達成すること、または他人に自身の能力を示すこと、目標を達成するための努力が単に自己実現のための需要であり報酬を考慮しないことが従業員の価値志向である場合、単なる挑戦性の目標であれ高い効率で達成した目標であれ、いずれも幸福度をもたらすことができる。逆に達成効果が設定目標より低いか目標達成後に得られる報酬が期待より少ない場合、その幸福度はいずれも低下する。

4．人間関係理論

人間関係は従業員が職場で常に直面せざるを得ない問題であると同時に、従業員の幸福度の重要な構成部分でもある。人間関係は人と人の交流過程における協調性、親密性及び融和性を反映している。社会心理学者アルフレッド・シュッツが提唱した人との交流過程における需要の三次元理論では、人は他者との交流過程で包容的需要、支配的需要及び情感的需要の三つの需要があるとしている。包容的需要とは、個体が他者との接触や交際を望み、かつ受け入れられる需要をいう。支配的需要とは、個体が他者をコントロールまたは他者にコントロールされる需要であり、一定の権利関係において他者との間に築いた、互いに満たされる需要である。情感的需要は個体が他者を愛し、または他者に愛される需要で、個体が職場生活の中で他者と親密な関係を築きたいという需要である。

需要がそれぞれ違う従業員が職場で同一の労働環境に向き合えば、仕事に対する感覚もそれぞれ異なってくる。具体的には、情感的需要がある従業員は平和で親密な人間関係を望み、職場に「モラル・ハラスメント」や競争対抗が満ちていれば幸福度が下がる一方である。他方で、組織が相応の環境を整えてあげれば、包容的及び支配的需要がある従業員の幸福度を高めることもできる。求人サイトCareerBliss.comの調査によれば、グーグルの人的資源の幸福度指数が高いこと

46

が示されている。グーグルの従業員は良好な人間関係または同僚の支持(情感的支持、技術的支持など)を得られるからである。

5．適応のバランス理論

適応のバランス理論は海外の学者ブリックマン及びキャンベル(1971)[6]の『特徴相対理論及び良い社会の設計』により提唱されており、幸福度には基準点があり、収入や富または名声の増加に伴い幸福度が増加するが、これは短期的効果に過ぎず、時間の推移と共に、人々の幸福度はまた基準点に戻ることを強調している。このような理論は、まるで企業がいかに努力しても従業員の幸福度は原点に戻ってしまい、企業は従業員の幸福度を向上させるために悩む必要はなく、やらなければよいと暗に示しているようにも思える。しかしその後の研究でこれらの観点が修正され、人にはそれぞれ異なる基準点があり、また、個体自身に多重基準点がある可能性、その基準点の偏移の可能性が提起された。研究によれば、幸福度は三つの要素により決定され、従業員の能動的認知活動が4割、外部環境が1割、そして遺伝的要素は5割を占めることが明らかになっている。そのため、企業は必要な対策を講ずることにより従業員の幸福度を大きく向上させることができると考えられる。

6．まとめ

従業員の幸福度は従業員の快楽(happiness)に対する主観的感覚であり、本質的にはある種の心理的体験である。それに影響を及ぼす要因は幅広く、作用メカニズムは複雑である。しかし関連理論によれば、従業員の幸福度が保障されるための共通点は個体の需要が満たされることであり、需要に直接かかわる自己決定理論や人間関係理論であれ、もしくは目標理論や適応のバランス理論であれ、それらはいずれも需要が実現されること、快楽が増加することを強調している。つまるところ、従業員の幸福度のメカニズムの中で従業員の需要はコア要素であり、あるいは幸福度の達成は経過による仲介が必要であるということである。そのため、企業が従業員の幸福度を向上させるためには差別化の需要を満たすことがカギとなる。当然ながら、コスト制限を考慮すれば企業が従業員の普遍的な需要を満たすべきであると提案したい。

第二節　企業における従業員の幸福度の現状

　従業員の積極的情緒(幸福度)は企業の重要な資源であり、この資源の豊かさは企業の生存問題に直結する。近年、我が国の国民収入が大幅に上昇しているが、幸福度は停滞している。世界の幸福指標データによれば、1997―2012年の中国国民の幸福度は10点満点中5点前後で、世界でやや低めの水準にとどまっている。さらに、中国共産党第18期中央委員会第4回全体会議(「四中全会」)では、法制による社会建設の改善を抜本的な出発点とすることは人民の福祉を促進することであり、国民の幸福度を向上させることは党の基本責務であると示している。2014年、「人民大学企業イノベーション・競争力研究センター」は企業内部の従業員の幸福度について全面的な調査を行っている。調査では、チーフマネージャーから人的資源部門、IT部門、製品運営部門、マーケティング部門のマネージャー、及び一般従業員まで網羅している。これにより、中国企業の組織における幸福度状況を描き出せるよう努めると同時に、特に企業の各階層における従業員の幸福度を向上させるためにアドバイスを提示できるよう尽力している。

　仕事効率への幸福度の影響と作用メカニズムは従業員によって異なる。企業の中で各従業員の職務がそれぞれ違うため、向き合う内部・外部環境も異なり、担当責任もそれぞれ違う。CEOの幸福度問題を解決することは企業の今後十年の発展に影響を与えうる。また、中堅管理職の幸福度は企業戦略・政策を上下に伝達する有効性を、一般従業員は幸福度により具体的な作業効率を左右しうる。そのため、各階層から着手して幸福度の調査を行うことは、企業が各階層の職級または部門における従業員の幸福度の状況を整理して、政策の制定の参考となるアドバイスを提示するのに役立つ。

一．CEOの幸福度

　調査によると、調査対象企業のCEO幸福度の平均得点は100点満点中80.7点である。具体的には、調査対象企業の83％のCEOが「非常に幸福である」または「幸福である」と感じており、わずか1％のCEOだけが「幸福でない」または「非常に幸福でない」と感じている。調査対象企業のCEOの幸福度レベルは総じて高い。

　各企業形態における企業のCEOについては、国有企業のCEOの幸福度の平均得

点が87.5点と最も高く、次に合弁企業と外資独資企業で、その次に民営企業となり、集体企業のCEOの幸福度が最も低い。国有企業のCEOの幸福度が高いのは仕事の安定性、権力優位に関係すると考えられる。

CEOの性別別では、女性CEOの幸福度は平均86点で、男性CEOの79.3点より高い。さらに、男性CEOのうち16.5％は幸福度が「普通である」、63.5％が「幸福である」と感じており、「非常に幸福である」と感じるCEOは20％に達している。一方、女性CEOのうち43.3％が「非常に幸福である」、46.7％が「幸福である」と感じており、「普通である」と感じるCEOは6.7％であり、さらに3.3％のCEOが「非常に幸福でない」と感じている。全体的に女性CEOの幸福度指標は男性より高いが、男性には「幸福でない」と感じるCEOがいないのに対し、女性CEOには極めて幸福でないと感じる個体が現れている。

二．マネージャーの幸福度

マネージャーは企業の中堅経営陣であり組織管理の精鋭でもある。往々にしてより大きな権力と期待と共に、より大きな責任と義務をも担っている。一般的に、マネージャーは上司だけでなく部下に対しても責任をとる必要があるため、他の従業員よりプレッシャーが大きい。2014年11月、『Fortune』(中国版)は北京易普コンサルティング有限責任公司と共同で、全国のシニアマネージャーのプレッシャーに対する調査を行った結果、シニアマネージャーの感じるプレッシャーは2014年が2013年より下がっているものの徐々に上昇する傾向にあり、男性マネージャーがより多くの消極的情緒を体験していることが分かった。マネージャーの幸福度は早急に引き上げる必要がある。

今回の調査によれば、2014年、調査対象企業のマネージャー(製品経営部門、IT部門、人的資源部門及びマーケティング部門のマネージャーを含む)の幸福度における平均得点は80点であり、これはマネージャーの幸福度が比較的高く、CEOよりやや低い水準にあることを示している。具体的には、調査対象企業のうち77％のマネージャーは「非常に幸福である」または「幸福である」と感じ、「あまり幸福でない」または「非常に幸福でない」と感じるマネージャーはわずか2％で、幸福度が「普通である」と感じるマネージャーは21％を占めている。調査対象企業のマネージャーは全体的に幸福度が高い。

職種別では、人的資源部門のマネージャーの幸福度が 81.7点で相対的に高く、マーケティング部門と運営部門は平均 80点で、ＩＴ部門が 79.6点で最も低

い。さらに、調査対象企業の部門別での調査では、「非常に幸福である」または「比較的幸福である」と感じているマネージャーが人的資源管理部門で 85％、IT部門で72％、製品運営部門で74％、及びマーケティング部門で76％となっている。マネージャーの幸福度は総じて良好である。

　各部門における性別別調査では、女性マネージャーの幸福度は人的資源部門で平均 84.3 点と男性の 81.7 点より高く、IT部門で83.4点と男性の79.3点より高い。さらに、製品運営部門では平均 82.1点と男性の79.5点より高く、マーケティング部門では78.6点で男性の80.4点より低い。マネージャーという職級では、女性の幸福度指標が男性より総じて高い。しかし、さらに市場経営部門まで範囲を広げてみると、女性の幸福度指標が低くなっている。これは、市場経営部門のマネージャーの労働環境と関係していると考えられ、直接接客する必要性や実績指標や一定のプレッシャーがある環境において、女性のプレッシャーに対す抵抗力は男性より低いため消極的な影響がより多く、幸福度指標が男性より低くなっていると考えられる。

　教育レベルの違いからの調査では、マネージャーの教育レベルが中学以下の場合幸福度の平均得点が最も低い72.9点となっており、大学卒や専門学校卒の場合には幸福度指標がやや高い。一方で、教育レベルが修士や博士のレベルの場合は幸福度指標が73.3点とかえって低い。高い学力のマネージャーは自身の才能が完全に発揮できておらず、現在の評価やポストが期待と一致しないと感じているため幸福度指標が低いと考えられる。調査結果は、企業が高い学力のマネージャーの潜在的能力を完全に開発・利用できていないことを示している。企業は企業管理パフォーマンスを高めるために、高学歴のマネージャーの生産力を最大限発揮させ、彼らの幸福度指標を向上させることを考慮すべきである。

三．一般従業員の幸福度

　企業内部の人は一般従業員の割合が過半数を占めており、企業の正常な運行は末端の従業員と切り離すことはできない。一般従業員の幸福度は現代企業が注目すべき課題であり、彼らの幸福度問題を解決しないことには企業が壊滅の道をたどる可能性すらある。

　調査によれば、調査対象企業における一般従業員の幸福度の平均得点は100点満点中78.2点で、「普通」か「良好」かで言えば後者寄りであるが、マネージャーの幸福度水準よりやや低めである。性別別では、調査対象企業の一般従

業員のうち、67.8％の男性が「非常に幸福である」または「比較的幸福である」と感じており、「あまり幸福でない」または「非常に幸福でない」はわずか3.9％で、「幸福度が普通である」は28.3％となっている。女性の一般従業員に関しては、75.2％が「非常に幸福である」または「比較的幸福である」と感じており、「あまり幸福でない」または「非常に幸福でない」はわずか0.8％で、「幸福度が普通である」は24％である。

　今回われわれは、昇進回数が従業員の幸福度に与える影響についても調査している。その結果、従業員の性別、年齢、教育レベル及び勤続年数を制限した場合、昇進回数は従業員の幸福度に対し顕著なプラスの影響($\beta = 0.21$，$p < 0.001$)をもたらすことが分かった。これは、従業員の幸福度はある程度キャリアの進展からもたらされることを意味する。教育レベルの違いから見ても、一般従業員の教育レベルが中学以下である場合、幸福度の平均得点が85.8点で最も高い。また、教育レベルが大学、専門学校、技術高校及び高校の場合、一般従業員の幸福度指標は中間層にあり、逆に教育レベルが修士や博士の場合は幸福度指標が最も低く、そのうち博士号をもつ一般従業員の幸福度指標はわずか50点で、合格ライン(60点)よりも低い。これらの数字は、一般従業員の教育レベルが高いほど幸福度指標はより低いという現象を示している。学歴が一般従業員に与える「マイナス」効果は社会的比較理論を通じて理解することができる。つまり、一般従業員のスタートポイントは低く、従業員の仕事待遇、享受する資源及び社会の支持が同等でかつ一般的である。学歴が高い人にとって、水平方向または上方との比較ではどちらも「不公平」、「不合理」であるという結論にたどり着くため、高学歴の従業員はより消極的な情緒反応が出ると考えられる。

　勤続年数別の調査においては、勤続年数が20—30年の従業員の幸福度指標はいずれも増加しているが、30年以上では下がっていくことが明らかになっている。これは、一般従業員の組織での勤続年数と幸福度とは単一の線形関係ではないことを暗に示している(回帰分析により実証済である)。つまり、組織での勤続年数が長いほど従業員の幸福度が高くなるわけではなく、一定の段階を超えた後には幸福度が低くなる。当然ながら、これは単に概略的な分類による分析結果に過ぎない。今回の調査では、勤続年数と従業員の幸福度の関係を厳密に調査するために勤続年数の二次項の回帰分析を行っているが、その結果、従業員の性別や年齢及び教育レベルの面で制限を掛けた後の勤続年数とその二次項はいずれも従業員の幸福度に対する影響が顕著で、かつ、二次項の係数がマイナス値になって

いることから、勤続年数と従業員の幸福度の関係は逆U字形曲線である可能性が高いことが明らかになった。

　さらに、このような逆U字の関係に対する理論的解説を試みた。一つの可能性としては、入社したての従業員が全く新しい環境で新しい同僚と向き合う場合、人間関係の悩みだけでなく業績のプレッシャーもあるため、プレッシャーが大きいことで幸福体験が低くなることが考えられる。しかし、企業研修や組織社会化を経て、新米従業員は徐々に職務や同僚などを含む周囲の環境に慣れていき、上司や同僚にサポートされ、業績及び人間関係の需要の面で満たされることで、幸福度が向上する。しかし、組織での年数が長くなるにつれてキャリアが「停滞」して全く向上しないと焦りや不満の情緒が生まれ、幸福度は徐々に低くなる。当然ながら、企業はこれより遥かに複雑でメカニズムもより難解であるが、ここでは企業がさまざまな勤続年数の従業員に関心を払う必要性について説明したい。彼らの体験や関心のポイントがそれぞれ違うため、勤続年数によって相応の措置をとって幸福度を向上させる必要がある。

第三節　従業員の幸福度が組織管理に及ぼす影響

　従業員の幸福度は組織において重大な意義をもつ。研究者の指摘によると、幸福度は満足度より企業パフォーマンスの予測に適した変量であるという(ライト及びクロパザノ，2000)[7]。多くの企業家もまた幸福度を「ハピネス・アドバンテージ」として組織と個人に変革をもたらすことができると暗に示している。グーグルはまさに従業員の幸福度に特に力を入れている企業であり、すでにフォーブスの中国版サイト「ベストエンプロイヤー、2015」まで三年間一位となっている。同社は「従業員の幸福度こそが会社の成長や仕事効率を保障する根幹である」を理念としており、その贅沢な人的資源対策は他の企業が到底足元にも及ばないものである。そのうちの方策の一つは、従業員が雇用期間内に死亡した場合、配偶者または同居する伴侶はその後の十年間、従業員の給料の50％に相当する小切手を受け取ることができ、基本的に勤続年数を問わずすべてのグーグル従業員がこの待遇を受けられるというものである。グーグルが従業員の幸福度の向上に尽力した施策も報われて、従業員の生産性は同業界のその他企業よりはるかに高い上に、会社は良好な成長体制を維持しており、さらに極めて高い名声を得ている。格力電器の董明珠氏も従業員の幸福度の向上に力を注いでいる企

業家である。彼女は従業員に幸福度を創造してあげることが企業の社会的責任であり、従業員の核心的素質を育てることは彼らにスキルの向上による幸福感を与えるだけでなく、彼らの競争力も向上させていると考えている。ハーバード大学の心理学者であるショーン・エイカー氏の大標本に対する調査分析によれば、従業員の幸福度は組織の生産性を平均31％向上させることができ、CEOの効率を平均15％、企業の顧客満足度を平均12％向上させることができるという。今回の調査ではCEO、マネージャー及び一般従業員の三つの側面から従業員の幸福度が組織管理に及ぼす影響を考察する。

一．CEOの幸福度と企業戦略、創業の特性

　本節では、CEOのさまざまな幸福体験が戦略制定及び創業の特性に影響を及ぼすか否かについて、幸福度を「幸福でない(あまり幸福でない、非常に幸福でないを含める)」「幸福度が普通である」「幸福である(比較的幸福である、非常に幸福であるを含める)」に分けて調査を行っている。調査によると、調査対象企業のCEOの幸福度体験が強いほど創業の特性が高く、上記分類におけるCEOの創業の特性の平均得点はそれぞれ69.6点、65.3点及び60点である。他に、幸福であるCEOのうち66.1％が安定型戦略を、23.7％が成長型戦略を、10.1％が縮小型戦略をとっている。「幸福度が普通である」と答えたCEOのうち62.5％が安定型戦略を、25％が成長型戦略を、12.5％が縮小型戦略をとっている。「幸福でない」と答えたCEOは基本的に安定型戦略をとっている。以上から見て、幸福度がCEOの戦略制定に影響を及ぼすか否かについてははっきりと結論をつけ難く、戦略制定と幸福度間の関連性はそれほど大きくないと考えられる。しかし「幸福でない」と答えたCEOは基本的に成長型戦略をとっておらず、その戦略制定における能動性が相対的に低いことは確かである。

二．マネージャーの幸福度と部門間連携

　マネージャーの部門間連携とは、企業マネージャーが共同目標(あるいは生産、研究開発、セールスなど)のために「部門間の壁」を壊し、皆の力を集中させて組織またはその他目標を完成させることを指す。その内在的意味は主に、企業の各部門が顧客の需要を満足させることを指針として全体意識及び協力意識を樹立し、戦略目標を実現することである。部門間連携指標の測定内容には、企業のすべての部門が一体となってターゲット市場の顧客の需要を満足させること、

すべての部門が一体となって真剣に問題を解決すること、及び各部門間でさまざまな成功・失敗の経験に関する情報を自由討論することを含む。部門間連携は第三者による評価(企業のCEOによる評価)であるため、同じ間違いを繰り返す問題を避けられる。

　一と同様、本節ではマネージャーの平均幸福度を「幸福でない」「幸福度が普通である」「幸福である」の三つに分けて分析する。調査によれば、調査対象企業におけるマネージャーの幸福度体験の平均得点が高いほど部門間連携が行われる傾向がみられる。それぞれの分類におけるマネージャーの部門間連携指標は73.7点、66.8点及び50.7点であり、回帰分析でもマネージャーの幸福度の部門間連携に対するプラスの影響は顕著である($\beta = 2.05$，　$p < 0.05$)ことが実証されている。このように、幸福度がマネージャーの能動的行動に対する影響は大きい。もちろん企業の多部門協力指標が低い場合、企業は従業員の幸福度を向上させるほかにも組織構造や協力的企業文化の構築、良好な情報共有システム、部門間連携を実績評価に取り入れるなど、さまざまな対策を講じて改善を図ることもできる。状況によってはどの方法もその企業に適したベストな方法になりうるため、企業は実際の状況に応じて選択すべきである。

三.　一般従業員と組織市民行動、組織一体化、離職意向との関係

　一般従業員は幸福度指標により職場での態度及び行動表現にも影響を及ぼす。先行研究では、従業員の幸福度は組織市民行動を著しく向上させ、従業員の組織市民行動を向上させ、また離職意向を低下させることができると指摘している。組織市民行動(Organizational Citizenship Behavior, OCB)とは、従業員が自分の職務範囲外の仕事をする「役割外行動」であり、その内容は組織パフォーマンスの向上に有利である。組織一体化(Organizational Identification, OI)とは、アイデンティティに対する認識を基礎としており、従業員が組織の一員としての帰属意識をもって行動範囲や価値観などの諸方面で所属する組織と一体感を有することを指す。離職意向(Intention To Leave, ITO)とは、従業員が一定の期間内に仕事の可能性と傾向を変えることをいう。本節では一般従業員の幸福度が組織市民行動、組織一体化及び離職意向などの三つの方面に及ぼす影響を考察する(100点を満点とし、0点は指標が非常に低いことを示し、100点は指標が非常に高いことを示す)。

54

表1-1　従業員の幸福度とOCB、OI及びITOとの関係

	OCB	OI	ITO
非常に幸福でない	56	52.9	62.9
あまり幸福でない	64.5	64.8	62.2
幸福度が普通である	70.1	70.3	57.1
比較的幸福である	74.8	75	51.9
非常に幸福である	78.4	76.2	52.7

注: 表中の数値はそれぞれの幸福度の状態における平均指標である

　組織市民行動は一種の役割外行動であり、職務の範囲外の内容であって、従業員が履行すべき義務ではない。一定の組織市民行動は企業雰囲気の改善、企業運営効率を向上させることができる。今回の調査結果によると、「非常に幸福である」と答えた従業員の組織市民行動が平均78.4点と最も高く、幸福度の低下につれて従業員の組織市民行動も低下しており、さらに回帰分析でも一般従業員の幸福度が従業員の組織市民行動に対して著しいプラスの影響を及ぼす関係が検証されている。

　組織一体化の高い従業員は、通常、自身の組織的アイデンティティを第一に考え、社会的アイデンティティを定義する際には「私」ではなく「私たち」を用いるのが一般的である。組織一体化の高い一般従業員は態度及び行動表現において組織の利益をすべての基準にしており、かつ全身全霊を組織の建設に捧げ、時として自身の利益をも犠牲にする。彼らは組織の考えや行動に従い、組織が必要としている時にはいつでも献身的になる。データ分析では、従業員の幸福度とその組織一体化の密接な関係を示しており、幸福度の高い従業員は組織一体化指標も高く、回帰分析でも両者間のプラス志向の関係が実証されている。具体的には、「非常に幸福である」と答えた従業員の組織一体化は平均76.2点に達しており、「比較的幸福である」は平均75点となっている。また、「幸福度が普通である」は平均64.3点、「非常に幸福でない」は平均52.9点と、組織一体化が非常に低い。

　離職は多くの企業にとって大きな難問であり、従業員の離職は企業管理に多大なリスクをもたらす。一般従業員の離職は仕事の「予定通りの引継ぎ」に影響を及ぼし、プロジェクトの進捗を遅延させるだけでなく、従業員教育に投じたコストも無駄にしてしまう。特にコアポジションにいる従業員の離職により機密情報やコア技術が持ち去られ、企業戦略はライバルのターゲットとなってしまう。さ

らに、従業員の離職率が高いと会社の名声やイメージに消極的な影響を及ぼし、会社は不安定になりライバルがそれに便乗するチャンスを与えることになりかねず、ひいては企業が吸収合併される可能性すら生じうる。データ分析によると、調査対象企業の一般従業員は幸福度指標と離職意向が反比例しており、従業員の幸福度が高いほど離職意向が低い。ところが、「非常に幸福である」と答えた従業員の離職意向の指標は52.6点にものぼる、つまり、いずれも離職意向が高めで忠誠度が低めとなっている。この点について企業は注意すべきである。

第四節　従業員の幸福度の向上に対する戦略的対策

　従業員の幸福度を向上させるためには、まず従業員の幸福度の根源とそれに影響を及ぼす要因を分析して、さらに従業員が幸福でないまたは不満の要因を抑制・回避することで幸福度と満足度を強化する措置をとる必要がある。つまりそれは、マイナス情感体験を減少及び回避し、プラス情感体験を増加及び強化するということである。以下、この二つの部分について述べる。

一．従業員の不満要素を回避、減少させる

　従業員の幸福でない情緒に直結する要因は消極的情緒の体験であり、その中でも仕事のプレッシャー(時間的プレッシャーも含む)が最も重要な要因であり、マネージャーだけでなく一般従業員も重苦しい圧迫感を感じている。また、従業員の職種によってプレッシャーの根源はさまざまである。上層管理職の要望は多元化しており、主に権力や成果に対する要望があるほか、仕事や生活に対する要望も比較的高く、一般的に自身または他人が基準に達せなかった時に不安や焦りを感じて幸福度が低下する。組織の中で中堅管理職が受けるプレッシャーの根源となる範囲も広範である。上司からの命令や政策である場合もあれば、部下からの愚痴や不満の場合もある。一般従業員は常に職務の時間的プレッシャーや実績のプレッシャーだけでなく、現代の社会では肉体的、心理的な健康問題にも直面しているが、このような状況は従業員の幸福度の低下に直結する。

　そのため、従業員の幸福度を向上させる第一歩は、不満要素を回避及び減少させ(主にプレッシャーと健康状態)、さらにそれを無くすことである。われわれはプレッシャーとなる源を完全に除去するという現実的でないことは提唱しない。「プレッシャーあって動力あり(有圧力、就有動力)」という言葉もあるように、

時としてプレッシャーがある状況で従業員はより高い想像力と効率を発揮することもある。これに関しては、すでに学術界による実証を得ている。ところがプレッシャーにも限度があり、各々のプレッシャーに対する耐性は違うため、打たれ弱い人に対してはマイナスの情緒を発散できるように、企業がプレッシャーを合理的に管理し緩和させる必要がある。例えば、企業内部にマイナスの情緒を吐き出せる部室を設けることや、従業員の健康に関しては、企業が医療救助計画を提供して、従業員の金銭面及び情緒面での負担を分担することや、さらにグーグルのように、会社に医師を常駐させて従業員の心身健康を保障することが考えられる。

二. 従業員の幸福要素に対する管理の強化

学術研究において、幸福度を決める要素はさまざまであるが、理論上では組織がこれらの要素を満たせばいいということに、われわれは気付いた。しかし、研究での結論をそのまま丸写しするとすれば企業は理論的指導へ巨額の管理コストを費やすことになり、幸福度を向上させる措置は帳尻が合わない結果に終わる。場合によっては企業が基本的なところを競合企業より整えるだけで従業員は社会比較の中で幸福感を得られることもある。第一節で、従業員の幸福度には積極的特性、労働環境、仕事特徴、仕事と家庭のバランス、社会関係及びキャリア・マネジメントなどを挙げているが、以下、これらについて述べる。

1. 教育・研修を行い、従業員個人の積極性を向上させる

従業員の個体の特性は幸福度体験に影響を及ぼすもので、個体の外向性は従業員の幸福度にプラスの影響を与えることができるが、神経質という特性はマイナスの影響を与える(陳燦鋭など、2012)[8]。一般論として、外向的な人は他人との交流を好み、エネルギッシュで楽観的で友好的かつ自信に満ちている。また、積極的情緒体験がより高いため幸福度も高い。神経質な人は情緒敏感型ともいえるが、焦りや不安、恐怖、悲しみなどの情緒をより感じやすくその変化が速い。そのため、神経質な人はおおかた消極的情緒を体験し、一時的に幸福度が高くてもすぐに変化しやすい。神経質な従業員の特性は変えるのが容易ではないかもしれないが、企業には彼らの幸福度を改善するための対策を講ずる余地はある。

最も確実な改善方法は、マインドトレーニングである。研修では積極的に向上する企業文化、健康と幸福の話題を多く宣伝・討論して、積極性という側面か

ら、神経質という特性が従業員の幸福度に及ぼす影響を徐々に低下または弱体化させることができる。ひいては研修で事例分析を共有することにより「感謝」という従業員個人の特性を増加させることもできる。「感謝」は現在ポジティブ心理学において重要なテーマとなっており、それは一種の性格特性である。われわれは感謝を通じて他人の善意の行為または恩恵にお返しをすることで積極的な経験または結果を得るのである。研究ではすでに感謝が従業員の幸福度にプラスの影響を与えること、さらに神経質という特性によるマイナスの影響を大きく減少させられることが明らかになっている。

2．合理的な職務特性モデルを構築し、従業員の幸福感に対する需要を満足させる

　従業員は自己実現を必要とする。仕事上では誰しも平均的な基準を超えた活躍を望んでいる。もし企業が従業員の自己実現の需要を満足させることができれば、幸福度を向上させることもできる。そのため、企業は仕事の設計において従業員が職務に身を入れるよう、また職務の価値を認識できるよう手助けする必要がある。このとき企業は仕事に対する分析を行い、その完全性、技能の多様性、任務の重要性とフィードバック及び能動性を設計して、従業員の自主的な需要を満足させることができる。このような職務特性モデルに基づいた分析は、従業員に「仕事の意義を感じる」「上司のフィードバックを理解する」などを含めた積極的な心理状態をもたらすことができる。一方で、自己決定理論によると、彼らには一般的にワークフローと任務の実行を自身が決定したいという願望があるため、仕事に対する十分な権限を与えるべきである。従業員は職務を全うするにあたっての自己決定、管理決定作業への十分な参加により自己価値を見出し、かつ仕事上の達成感と幸福度を体験することができる。職務特性を設計するにあたっても、各階級にある従業員のさまざまな需要を考慮する必要があり、CEOやマネージャーまたは一般従業員の仕事に対する合理的な要求をマニュアル上で満足させるだけでなく、それぞれの希望する報酬または見返りを提供すべきである。

3．労働環境の改善

　労働環境は従業員の労働の「ハード環境」と「ソフト環境」からなる。労働の「ハード環境」には設備の新しさと安定性、面積的な広さやプライバシーの保護及び空気の質などを含む。労働の「ソフト環境」は職場文化をいう。英才網

(300job.com)の調査によると、2割を超える従業員が幸福度への影響を与える重要な要因として、給与条件の次に労働環境を挙げるほど労働環境は従業員の幸福度に影響を及ぼす。「ハード環境」は従業員の仕事に対する基本的な要求を保障する必要があり、空気の質だけでなく環境が整っていて清潔であることで、従業員は楽しさ、心地よさを体験する。一方で、幸福度への「ソフト環境」の影響も大きく、職場の平和で「家庭的」な文化はいずれも従業員の憧れである。組織文化がかつてのエンロン社のように結果志向で手段を問わず、互いに反目しあう状態となっては従業員も幸福感を感じられない。他にも、企業は仕事の「ソフト環境」の中で尊重の文化を提唱する必要があるが、これも平和的文化の固有の要件である。職場で従業員は年齢や性別、教育レベル、人種、職務階級または出身地を問わず組織の一員として尊重され、同等の待遇を享受することで従業員のプライドが守られることにより幸福度も向上される。さらに、企業は制度文化の中で互いに尊重される民主的な雰囲気を企業全体に浸透させることを考慮すべきである。

4. 仕事と家庭のバランスがとれた管理実践

　幸福度の研究では文化の違う国の従業員の幸福度体験はそれぞれ違うことを前提に文化的要素も考慮すべきである。例えば、欧米諸国では個人主義をメインとし、個人の成長及び成果の実現を強調している。ところが中国は集産主義の国であり、従業員は社会的ネットワークを重視し、団体や組織及び家庭の調和をより重んじる。これらの要因はいずれも従業員の幸福度に対する認識に影響を及ぼすため、方針を定める際は従業員それぞれの文化的背景を考慮すべきである。欧米の幸福度研究では従業員の家庭状況に注意を払っていない学者たちが多い。中国と欧米の文化には差異があるため、中国において従業員の幸福度の構成は家庭状況と人間関係、特に家庭は重要な位置を占めている。

　職場のネットワークにおける調査では、仕事と家庭生活とのバランスが従業員の幸福度を決める重要な要因の一つであることが明らかになっている。現在の普遍的現象の一つとして、従業員は仕事と家庭生活の切り替えができなくなり両者が混じり合うことがよくある。従業員はしばしば仕事を家に持ち帰って家庭でも職場生活の話を話題にし、さらに女性職員は育児と仕事を両立させる必要がある。従業員の仕事―家庭のバランスをとる必要性が日々高まる状況下で、企業は人にやさしい人的資源管理システムを構築して、従業員に企業の心遣いを感じさ

せる必要がある。選択しうる措置として、フレキシブルなワーク・メカニズムを制定して、従業員が仕事の時間や場所などを柔軟に選択できるようにすること、家族に相応の健康保険福利を提供すること、EAP(Employee Assistant Program)計画を実施して仕事と家庭の両立をサポートしバランス化を促すこと、従業員専用のヘルスケア・エリアを設けるなどが考えられる。当然ながら、企業は自社の実用に応じて適した人的資源管理を実施することで従業員が仕事と家庭生活の中で幸福感を体験できるようにしていくべきである。

5. ソーシャルサポート環境の改善

　中国の従業員は平和を好み、争いや騒ぎを起こさず愛し合う人間関係がある環境を好む。幸福な従業員は社会的支援を受けることを望んでおり、このようなソーシャルサポート(社会的支援)は従業員の健康や仕事効率及び安心感に影響を与える。ソーシャルサポートまたは対人関係は従業員に対し2つの利点がある。一つは、ツールサポート(道具的サポート)で、従業員が仕事をこなす過程で困難または挫折にあった時に周りの同僚に技術的サポートを求めることができる。もう一つは、エモーショナルサポート(心の支え)で、従業員の情緒が低下したり激しく消耗したりするような状況に陥った時に良好な人間関係は心配を除去し困難を解決する手助けとなる。ソーシャルサポートは良好で積極的かつ安定した対人環境を通して従業員の幸福度及び健康状態を向上させることができる。企業は従業員がいつでも同僚や部門マネージャー、チーフマネージャーなどからサポートを得られるソーシャルサポート型の文化を作ることで、負の感情を取り除くことができる。

6. キャリア・マネジメント・プログラムによる従業員のキャリアアップのサポート

　キャリア・マネジメントは従業員の自己実現に必要な重要なルートであり、明確なキャリアパスは従業員に満足感と幸福感を与えることができる。そのため、企業はキャリア・マネジメント・プログラムの実施により従業員の総合的な心理的幸福感を向上させることができる。企業の実践で明らかになっているように、企業がキャリアアップに有利な完全かつ明確なプログラムを提供できれば、従業員は報酬や賃金に拘らなくなる。ほとんどの従業員は自己改善と発展のために持続性のあるキャリアパスを望むため、企業が従業員のキャリア・マネジメント・

プログラムを実施することにはさまざまな利点がある。まず、企業に対しては、従業員をつなぎとめることで従業員の流動コストを低下させることができると同時に、個人の潜在的な能力と才能を最大限に発揮させることで「適材適所」を実現し、さらに人とポストがマッチした人的資源を見つけて求人や教育及び時間などにおけるコスト節約を実現できる。例えば、ロイヤル・ダッチ・シェル社の人的資源管理は、情報システムを利用した完全なスタッフの能力スクリーニングシステム、及び従業員個人に対するキャリア・マネジメントのためのカスタマイズプログラムを構築している。さらに、従業員がキャリアプログラムを共有し議論することで、一人一人の従業員は心から楽しくキャリアパスに向かうことができる。従業員個人にとって良いキャリア・マネジメント・プログラムは、個人の闘志をかき立て、士気を鼓舞させることができ、彼らを積極的で効率よく仕事をこなせるように仕向ける。

　幸福度と組織パフォーマンスを向上させるために企業は従業員の利益と密接に関連するキャリア・マネジメント・プログラムを構築して従業員と共に評価を行い、さらにキャリアカウンセリングを提供することにより、従業員個人の特性と企業の需要に応じてキャリア・マネジメント・プログラムを確定すべきである。

　総じて言えば、従業員の幸福度を満たすことは従業員個人だけでなく、組織、ひいては社会全体に対しても有利である。幸福度は従業員個人の喜びの心境とハピネス体験を向上させ、彼らの仕事効率を向上させる。さらに、全体幸福度が高い企業は、企業イメージが良く、人材にとっては魅力的なものである。企業が従業員の幸福度を改善することは、その社会的責任を履行している象徴であり、それは人類社会全体の利益を高める。ひいては企業のために「ハピネス・アドバンテージ(幸福優位性)」を創り出し、独自の競争優位をもたらすことができる。

【参考文献】

[1]Ryff C D, & Keyes C L M. (1995). The structure of psychological well-being revisited. Journal of Personality and Social Psychology, 69(4), 719-727.

[2]Wanous J P, Reichers A E, & Hudy M J. (1997). Overall job satisfaction: How good are single-item measures?.Journal of Applied Psychology, 82(2), 247-252.

[3]Ryan RM,& Deci E L. (2000). Self-determination theory and the facilitation of intrinsic motivation, social development, and well-being.American Psychologist, 55(1), 68-78.

[4]Festinger L. (1954). A theory of social comparison processes. Human Relations, 7(2), 117-140.

[5]Locke E A,& Latham G P. (1990). A theory of goal setting & task performance. NewJersey: Prentice-Hall, Inc.

[6]Brickman P., & Campbell, DT. (1971).Hedonic relativism and planning the good society. Adaptation-level Theory, 287-305.

[7]Wright T A,& Cropanzano R. (2000). Psychological well-being and job satisfaction as predictors of job performance. Journal of Occupational Health Psychology, 5(1), 84-94.

[8]陈灿锐、高艳红、申荷永. (2012). 主观幸福感与大三人格特征相关研究的元分析. 心理科学进展, 20(1), 19-26.

[9]BuunkBP, GibbonsF X, & Buunk A. (2013). Health, coping, and well-being: Perspectives from social comparison theory. London:Psychology Press.

[10]Deci E L, Ryan R M, Gagné M, Leone D R, Usunov J, & Kornazheva B P. (2001). Need satisfaction, motivation, and well-being in the work organizations of a former eastern bloc country: A cross-cultural study of self-determination. Personality and Social Psychology Bulletin, 27(8), 930-942.

[11]Diener E D, Emmons R A, Larsen R J, & Griffin S. (1985). The satisfaction with life scale. Journal of Personality Assessment, 49(1), 71-75.

[12]Larsen R J, DienerE D, & Emmons R A. (1985).An evaluation of subjective well-being measures.Social Indicators Research, 17(1), 1-17.

[13]Sheldon KM,& Elliot A J. (1999). Goal striving, need satisfaction, and longitudinal well-being: The self-concordance model. Journal of Personality and Social Psychology, 76(3), 482-497.

[14]Schutz W C. (1958). FIRO: A three-dimensional theory of interpersonal behavior.Oxford, England: Rinehart.

[15]王燕、李悦、金一波. (2010). 幸福感研究综述. 心理研究, 3(2), 14-19.

[16]王佳艺、胡安安. (2006). 主观工作幸福感研究述评. 外国经济与管理, 28(8), 49-55.

[17]张兴贵、郭扬. (2011). 企业员工人口学变量，工作特征与主观幸福感的关系:工作压力的作用. 心理科学, 34(5), 1151-1156.

第二章
国有企業と古参社員

第一節　企業成長と古参社員の関連性

一．事例

　アムウェイコーポレーションはアメリカ最大の日用消費財の生産・販売メーカーであり、高品質な商品、優れたブランド力とビジネスモデルで名高いが、事例から見る限り、管理面での蓄積とイノベーションの基礎もしっかりしている。1995年から中国市場に参入したアムウェイ(中国)は、その経営区域が中国全土の31の省と区域を網羅しており、イノベーション性では「直接販売＋取次販売＋店頭販売」という中国の特性に合わせたマルチ販売モデルを採用しており、相当規模の全国サービスネットワークを形成している。また、アムウェイ(中国)研究開発センターは、中国消費者のために「オーダーメイド」されたローカル化製品を全面的に打ち出しており、さらに従業員の保護とケアでも連年「ベストエンプロイヤー」賞を獲得している。

　「われわれは日用消費財の生産・販売を行う一企業であるだけでなく、さらにはイノベーション型の企業でもあり、製品や運営モデル及び人的資源などの面でもイノベーションによる発展に力を注いでいます」と、アムウェイ(中国)日用品有限公司・大中華区域人的資源部門の張玉珠・副総裁は語っている。さらに、「われわれは人的資源こそがイノベーションを実現する第一の駆動力であることを深く認識しており、そのため、われわれは従業員の革新力や創造力をかきたてて価値を実現することに、特に重点を置いています。われわれはエンプロイヤーブランドとして数々の表彰を頂いていますが、それは一つの結果と印に過ぎません。より重要なことは、われわれが従業員に切実な動機付け、成長及び思いやりを与えたことであります」と指摘している。

　どの企業にも一定の比率で古参社員を抱えており、業界や企業形態などの違いによりその割合にも差がある。古参社員(一つの企業での勤続年数が3年以上)の割合が従業員全体の6割以上であれば、「安定的」な企業といえる。関連調査データによれば、不動産建築業界が最も安定しており、続いて順に製造業、サー

ビス業及びIT業となっている。さらに企業形態別では、古参社員をメインとする企業が半数以上の国有企業/国内上場企業が最も安定しているが、外資系独資企業が最も活発で、「安定的」といえるのはそのうちの1割しかない。国有企業の「古参社員シンドローム」の普遍性と代表性を鑑みて本章では、国有企業での「古参社員」がはびこる現象を出発点として、古参社員の価値と彼らに対する動機付けを実現するための効果的な措置に焦点を当て、優秀な人的資源管理を実践している民営企業または外資企業を参考に、国有企業の古参社員管理に対して古今東西を通じた具体的なアドバイスを提示する。

　二．古参社員の役割
　経験により仕事効率は保証される。経験は企業にとって無形の財産であり、新入社員にとっては生きた教科書である。また、豊富な仕事経験は希少な資源であり、仕事の経験と環境の熟知を結合すれば代替のできない資源となりうる。それが従業員の募集や教育コストの節約となり、新しい環境で生じる不確実なリスクを回避できるからである。経験の重要性を鑑みて求人では「××の仕事経験」が必須条件となっており、さらには新入社員に対しても若干の実習経験があることが求められている。近年の日本では若い技術人材が欠乏していることで「シルバー族」を大幅に再雇用する現象が起きているが、これもまた経験の重要性を物語っている。
　新入社員にとって企業文化と古参社員はいずれも環境という面で仕事の展開に決定的な役割を果たしている。文化は組織の価値観と行動ルールを伝達している。もし文化が無形の力で従業員の行動を指導し規制しているとすれば、古参社員は新入社員の一挙一動に重要な規制をかけるという形あるデモンストレーションの役割を果たしているといえよう。企業文化の力は計り知れないほど大きいもので、その媒体は従業員である。つまり、企業の古参社員が身をもって企業文化を新入社員に伝授するのである。古参社員が欠乏している企業は文化の浸透が乏しく、必然的にさまざまな環境に対応するための知識と経験が欠け、いたるところに危機が潜む。多くの企業の浮き沈みはこの点について証明している。しかしそれは諸刃の剣であり、古参社員による文化伝播をうまく実現することは彼らの存在意義より重要なことである。古参社員の需要を切実に尊重し思いやり「古参社員シンドローム」の発生を防いでこそ彼らの文化伝承者としての役割を真に発揮させることができる。

第一部　企業の内部管理編　65

　古参社員の安定は企業に確実な安心感をもたらす。古参社員は良好な顧客関係を有しており、さまざまな顧客層と感情面での基礎がありコミュニケーションをスムーズにできる上に、接客において一定の業務協調能力を発揮する。時として顧客との人脈を利用して企業に有利な計らいもできる。企業も長年の交流で古参社員の性格や能力だけでなく欠点や家庭状況まで知り尽くしているため、相対的に安全係数も高く、信頼できる。交流があれば古参社員にも自然と企業に対する深い感情が蓄積されており、雇用主と従業員の間で仕事や生活を問わず個人的な援助を行う場合もしばしばある。例えば、従業員が雇い主のためにトラブルを解決することもあれば、雇い主もまた従業員のために縁組や両親の入院、子供の入学問題、ひいては資金面での援助を含めた住宅問題などをケアすることができる。企業と古参社員は一定の相互依存関係があるため、古参社員の企業に対する評価と責任感は強いものである。

　仕事の熟練度や企業文化の伝達、新入社員への模範的役割、企業に対する忠誠心、これらにより古参社員は企業の中で新入社員では代替できない重みをもつ。ところがその一方で、古参社員は新入社員が熟練度を上げていくという脅威に、企業は古参社員が機能しなくなる問題(あるいは価値の弱体化、すなわち「古参社員シンドローム」)に直面するため、古参社員の価値を明確にする必要が生じており、特に古参社員の価値実現を阻害する要因、脅威に直面した際の心理状態の調整、及び企業に対する情熱の維持などの問題の解決が最も重要である。

第二節　企業成長の阻害要因

一. イノベーション不足、職務怠慢

　古参社員は職務経歴が長くなるにつれて勤労スタイルや思考スタイルが固くなり、職務怠慢がある程度生じるのは避けがたい。また彼らは熟知している単調な仕事に対してはいい加減になり、新しい仕事に対する挑戦意欲も薄れている。現在国有企業の内部・外部環境は常に変化し続けているのに対して、古参社員の意識形態には「なるべく変化を起こさず」、「余計なお世話より控えめがよい」をモットーとすることがしばしばある。それに、加齢や家庭を持っていることなどによりすべてに安定を求める心情は、古参社員の日常生産労働に対する動力、情熱及び真心を欠落させている。これは古参社員の自己価値の発揮に影響を及ぼすだけでなく、若い社員にも悪影響を与えてしまう。

勤続年数が長くなり環境にも慣れてくるとさまざまな問題も出やすくなる。例えば、会社内で徒党を組み、向上心がなく、問題処理にあたっては思考が固い上に態度が傲慢でうぬぼれているなど、これらは古参社員、特に「先天的な優位」にある国有企業の古参社員に貼られがちなレッテルであり、これを総じて「古参社員シンドローム」と称する。多くの古参社員の年齢はそれほど高くない。ただ長年処している環境に慣れて、かつての新鮮味あふれる仕事をパターン化してしまい、日常的な業務における向上心や革新力は個人にとって有意義であると思えなくなり、新しいことへの挑戦や新しいモデルを学習して既存のモデルを変えようとする意欲がなくなる。つまり、自身のキャリア・マネジメントに人為的に障害を設定してしまうのである。企業が発展の過程で調整を必要とする時、一部の従業員は企業と共に自己調整し、企業のために未来を拓き、さらに自身の発展にも良い布石とすることができる。ところが企業の発展ペースについていけない古参社員は企業の合併症の重き病原となる。最も悩ましいことは、青春の活力にあふれ報酬が高い新入社員を前に、一部古参社員は自然と彼らを脅威ととらえて徒党を組んで蔑視し、抑圧し、また排斥しようとする点である。あるいは、企業の隅から隅まで精通している古参社員のみだりな評価により、内情を知らない新入社員は判断の基準を失い、積極性をなくしてしまうことである。このようなことが慢性的に続けば、古参社員が広める「企業文化」は必然的に企業の発展に長期的な悪影響を与える恐ろしい疾患となってしまう。

　では、かつての会社の中核であった古参社員を現在の問題児グループにならしめたのは一体何であろうか。数々の調査データが示すように、「成長の余地が制限されている」、「仕事にやりがいがない」、「給与待遇が低い」などの問題が「古参社員シンドローム」という慢性疾患を発生させた主な要因であろう。「光の見えない未来」、「過去と変わらない貧しい現在」、「すでに予期していた生活」などは、古参社員に「我慢して適当に過ごす」または「現実逃避」を選ばせている。

　このような状況では、古参社員一人ひとりの需要に焦点を当てた「インセンティブのシステム化」の実施、あるいは将来性及びビジョンがあるキャリアプランの制定、あるいは挑戦性がありながら彼らに適した仕事内容の提供、またあるいは目標に合わせた現実的な物質的奨励などを行うべきである。これらの措置を通じて従業員の心理状態を改善し、ひいては企業と従業員の良好な関係を長く維持させる必要がある。「すべては心情の問題である」「愛し方を知っている

人ほど仕事ができる」とあるHRも語っているように、愛と仕事はこんなにも似ている。もし企業が従業員の需要をうまくとらえて症状に応じた動機付けができれば、従業員も注目される安心感を得られて行動の突破口を見つけられるであろう。ホーソン実験に照らすと、それもまた有効な動機付けといえる。ここで有名なたとえ話をしよう。呉起は将軍であった頃、兵士と衣食を共にしていた。ある兵士が傷を負った際、呉起は口で膿を吸い出した。そのことを知った兵士の母親は泣き叫んだ。ある人が「兵士であるあなたの息子の傷口を将軍が自ら膿を吸い出しているのになぜ泣くのだ」と聞いたところ、母親は「過去に呉公は夫のためにも傷口の膿をお口で吸い出してくれたのですが、夫は本当に命を懸けて戦った末に戦死しました。今度は息子の傷口の膿を吸い出してくださいましたから、どこで命を懸けるかわかりません。そのために泣いているのです」と言った。人心掌握の威力が窺える。このような強い相互依存関係が長く続いてこそ、兵士は将軍のために戦争で命を懸け、従業員も企業の中でひたすら価値を創造するのである。

二．徒党を組み、年寄風を吹かせる

　国有企業の命取りは「鉄飯碗」──日本で言う親方日の丸的な雇用制度である。従業員はいったん就職すれば「寄らば大樹の陰」の気持ちでいられる。もっとも、国有企業に入れば月々の固定収入が保証されるだけでなく生老病死の四苦も企業が面倒みてくれるため、安心しきってしまい徒労感が芽生えることにより職務に対する怠慢や捨て鉢な態度、ひいては好き勝手にやってしまいたくなる気持ちを抑えることは難しい。

　国有企業には実権のない見掛け倒しのポストが多々ある。このようなポストにつく古参社員は、企業と共に戦ってきた往年の名誉と情を笠に着て、誰より高い給料をもらいながら新入社員の前で威張り、往年の業績を口癖にする。一部古参社員は互いに納得がいかないと徒党を組み、他の古参社員を無視するか先頭に立って言いがかりをつける。仕事に対する危機感はまるでないのである。

　仕事には消極的で怠慢なのにお高くとまって先輩ぶって威張る従業員に対して、企業は容赦情けを掛けず厳しく処罰すべきであろうか？上で言及した通り、古参社員も個人の成長や仕事の性質などの面に関心をもっている。このようになった根本的な原因は彼らが存在感の薄れを内心感じたことか、それとも企業の十分な配慮が足りないことにあるか。どっちにしろ、ウィン・ウィンの時代に社

会的互換の心理でみれば、思いやりこそがこのようなもがきから脱する方法かもしれない。夫婦(婚姻)でも一方が冷めたときはもう一方の温かい思いやりで溶かすのが最良の策ではないだろうか。

三.　昇進や給与に対する不満の増大

　企業にとって人員流動は避け難い問題であり、合理的な人員流動は企業の多様化の発展には有利である。しかし、企業が育て上げた古参社員を如何に引き止めるかはすべてのHRが頭を抱える問題である。仕事を黙々とこなしていく古参社員に対して、われわれは当たり前であると考え、彼らのそうする理由について理解しようとしないばかりか、究明しようともしていない。多くの場合、われわれは自身の角度で他人の意図を推し量り、彼らは居心地の良い職場から巣立ちしたくないのだと考えがちであるが事実はそうではない。古参社員が手放したくないのは慣れ切った仕事ではなく、まだ望めるキャリアアップの余地である。ある外資企業のHRが言うように、「実は従業員は子供のように満足しやすい。古参社員は自己価値が認められることを欲しており、ボスが気を配り、労わりの一言や何気ないほめ言葉をかけることによって彼らは自身の貢献が認められていると感じる」。自己価値が認められることは最も名誉を感じることである。

　しかし、ほとんどの古参社員はキャリアアップにおいて主に年齢制限と学歴問題という二つのボトルネックに直面している。企業は人材育成と最適化を考慮して、年齢の若い従業員をキャリアアップの推薦対象とする場合が多く、また古参社員の多くは高卒や技術専門学校卒で、高学歴の新入社員より劣るため、昇進のチャンスがなかなか回ってこない。他にも、古参社員は勤続年数が長くなるにつれて、昇給スピードは経験の蓄積スピードより緩やかになる。それに加えて、近年外資企業や民営企業のすさまじい発展に伴い就業チャンスが増え続けており、純収入面での対比が容易にできるようになったため、彼らに現在の給与に対する不満が芽生えてしまうのである。

第三節　問題解決のための対策

　今の国有企業は負担が大きく矛盾が多いが、民営企業に比べればまだ優位性を完全に失ったわけではない。例えば、人材の基礎が固く従業員の素質が高い。次に、規範化された制度運営の伝統がある。さらに、国からの政策的援助が比較的

大きく、経営者の自主的裁量が大きいなどが挙げられる。すでに言及しているように、国有企業にも種々の問題点があり、古参社員は一連の人事管理問題を引起こしているが、企業にとって彼らは依然として存在価値があり、彼らに動機付けをすることは国有企業が正面から解決していくべき重要な問題である。仕事の動機を改善し、現在の優位性を十分に利用さえすれば、人的資源の問題は漸進的な変革の中で徐々に大きな進展を得られるということは、多くの企業の成功事例によりすでに証明されている。

　国有企業が生き残り発展していくには十分な競争力が必要であり、企業の競争力は従業員の創造する価値からもたらされる。現時点でほとんどの国有企業が最も失敗している点は古参社員の管理問題であり、企業にとって価値のある古参社員への効果的な動機付けができていないことである。今日のますます厳しい競争環境において、古参社員の知識、技能、経験及び情報はいずれも国有企業の貴重な資源である。さらに彼らの安定性、忠誠心及び責任感は国有企業にとって特に貴重な財産である。他にも、第一線にいる古参社員の待遇や仕事環境もまた会社の競争優位性である。古参社員の価値を十分に発掘するために国有企業は決議や経営陣の人格的魅力、動機付け体制、管理手段に頼る必要がある。本節では国有企業が古参社員に動機付けを与えるための措置を以下の5つの面で具体的に提案する。

　一．信頼
　古参社員は数多い実践の中で経験と知恵を得ており、企業と同僚の信頼と期待を一身に背負っている。古参社員の積極性を十分に発揮させるためには、彼らの主人公意識に注目すべきである。そうしてこそ彼らは主人公としての権利と義務を実感し、責任の重大さを感じ、企業のために自ら身を投じるようになる。

　古参社員は企業の管理基準やサービスの質に対する認識と要求が高い。そのため、彼らを大いに奨励し、信頼すべきであり、また、職務管轄範囲を広げるなど彼らが責任をもって自己の能力を発揮できるチャンスを与えるべきである。また新入社員を率い、教育することで自身の価値を実感できるようにすべきである。こうしてこそ彼らは積極的に、情熱的に企業のために身を投じられる。古参社員にやる気と士気を持たせるために寛容と厳格を結合させた管理を推し進め、一人ひとりの優秀な社員を表彰することこそが国有企業の繁栄につながることである。

70

二．配慮

　企業は古参社員の差別化のニーズにも応じる必要がある。これには企業の指導者が企業の発展に対する古参社員の意見とアドバイスに耳を傾け、また彼らが抱えている困難と問題をよく把握する必要がある。学歴が高い古参社員は、基本的な需要が保証された上で仕事環境や興味のある分野及び仕事の条件のような自己価値の実現と精神面での満足感をより求めている。一方で学歴が低い古参社員は、基本的な需要の満足を重視し、より多くの福利と特別な配慮を求める。

　さらに古参社員は思想観念や知識体系の遅れ、外部環境の発展により受けるストレスなどから生産性が消極的になりやすいなどの傾向がある。そのため、国有企業は彼らの情緒の変化を適時に把握し積極的に指導することにより、マイナスの影響を減少させるべきである。他にも、古参社員同士の互いの隔たりを無くし歩幅を合わせるよう彼らのコミュニケーションを促すべきである。それには労働組合の協調の役割を十分発揮させて、彼らの企業の発展に対する意見とアドバイスを積極的に聞き取る必要がある。

三．成長

　古参社員の仕事経験を十分に利用し威厳を奮い立たせる以外にも、彼らの価値を見出して企業からの配慮を実感させることが古参社員に動機付けるための重要な方法のひとつである。かつて吉利社は、全従業員の組織内での長期的な成長と発展ルートをサポートすべく、「キャリアサポート」プロジェクトを実施した。キャリア体系の最適化やキャリアアップ体系のフレームワーク及び管理職を対象にしたキャリアアップ体系などの施策を実施することで、自己価値の向上と成果を成し遂げたいという従業員のニーズに応えた。国有企業が古参社員に対して定期的に充電を行えば、彼らは企業からの配慮を感じることで帰属意識をもち、自身の価値と発展方向を認識して仕事に情熱を燃やすであろう。これにより古参社員は自然と企業の支えとなり、企業の精鋭になっていくのである。

　さらに、企業は古参社員の教育にも力を入れるべきである。人材を外部採用するより社内教育で育成した方がコストの面でも有利である。例えば、中国の最大手国有企業である中国航空工業集団公司(以下、「中航工業」)は、一貫して時代の発展のニーズに合わせた人的資源の管理・実践を行っている。2008年、中航工業は歴史的な戦略的再構築を行い、集団公司の党組(共産党政治指導組織)と林左鳴会長の全面的な支援の下で中航大学を創設した。中航大学は、組織内の人材

育成、価値創造という重要な役割を果たしており、教育では知識の伝授だけでなく、組織の思想統合、企業ブランドの樹立に堅実な基盤をつくり上げることで、企業の人員流動コストを大幅に節約している。さらに、国有企業は学術機関や大学などのR&D機関と協力して、オリエンテーション(志向性育成)、OJT、新技術育成及びジョブローテーションなどの育成方式をとることができる。古参社員は充電することで、企業の思いやりを感じ、企業への帰属意識が強くなる。さらに、同様の発展意識のある従業員に対して、具体的な状況に照らしてオーダーメイド育成を行うこともできる。例えば、シーメンス(中国)は資質の高い人材育成チャネルを開拓するために、人材育成に焦点をあてた「個性化オーダーメイド」プロジェクトを設けて、全面的な育成プロセスに専属講師を配置して、従業員の業務の目標の達成、キャリア・アップ・プランの完成をサポートすることで、個人のキャリアアップを最大限に推し進めている。

　また、企業は、人材育成に対する評価制度を設けてその効果に従って物質的、精神的、あるいは昇進などの面で参加従業員を奨励すべきである。企業内教育に参加している古参社員は、習得した知識や技能を仕事に応用したいと思うものである。もし企業が彼らのために才能を発揮できる条件と環境を整えてあげることができれば、彼らにとっては最大の励ましとなるであろう。

　四. 動機付け
　国有企業において古参社員が会社に残りたい理由と言えば、手元の熟練した仕事と心地よい環境から離れたくないこと、新しい仕事と職務はより多くのリスクと努力を伴うことが揚げられる。調査によると、古参社員はキャリアアップ計画を重視していると示しているが、終始味気ない職場生活を前にすれば当然期待も動力もなくなってしまう。キャリアアップは単なる垂直方向の昇進や昇給だけを指しているのではない。ポストの数が制限されている中で、仕事内容の豊かさや多様化、そして定期的なポストローテーションなど横方向へ推進することもキャリア空間を拡張する効果的な方法である。アメリカの心理学者であるハーズバーグの動機付け・衛生理論(hygiene-motivational factors)では、従業員に仕事の満足感を与えるには必ず動機付けとなる要因を重視しなければならず、それには達成、承認、仕事そのもの、責任、昇進及び成長などがあると指摘している。企業の昇進体系を完備させるには、手に届くキャリアパスという「シルクロード」を古参社員に提示して、自身の努力でそのレベルに到達できることを認識させるべ

72

きである。これは、極めて効果的な動機付けの方法である。

　現在、国有企業の給与体系も非常に不合理で短期的な奨励方法がほとんどで、利益享受、株式権利による奨励、退職金計画などの長期的な方法は少ない。そのため、従業員と企業間の利益関係が短期的なものになり従業員の積極性を最大限に引き出せておらず、企業の長期的な発展に不利なものとなっている。賞与に競争性を備え古参社員の積極性を引き出すためには、基本給と各種手当の割合は下げて賞与の割合を上げ、精神的な奨励を多用するなどの給与体系の多様化を図る必要がある。マズローの欲求段階説(Maslow`s hierarchy of needs)では、人の欲求を低い段階から順に生理的欲求、安全欲求、社会的(情感及び帰属)欲求、尊厳欲求及び自己実現欲求の五段階に分けている。人は低い段階の欲求が満たされたときにより高い段階の欲求が生まれる。そのため、その過程で物質的及び非物質的な動機付けを結合した、より高い段階の精神的動機付けを通して仕事の積極性をかきたてることができれば、その効果がより大きくより長くなる。例えば、古参社員の名誉ある歴史を宣伝し表彰する、彼らが好む仕事やポストに就かせる、家族と共に行うイベントを催すなどがある。さらに、長期的動機付けと短期的動機付けをうまく結合させることで、従業員が目の前の個人的利益ではなく会社の利益に自ら関心を持つようにすべきである。一般的に古参社員は上司と同僚からの関心と尊重を得たいと心から望んでおり、地位における差異については受け入れられても気持ちの面では自身の貢献と価値が認められることを望んでいる。このような希望が実現されれば、彼らは心底から使命感が生まれ、仕事に対す意識が変わり、より熱心に仕事に尽力するようになる。

五.　鞭撻

　国有企業において、技術改造、新しい技術や知識の普及と応用を行うことも古参社員の動機付けと密接な関係性がある。国有企業が科学技術の推進、コア・コンピタンスと営利能力の向上などにより企業全体の実力を高めて、従業員に業界内、ひいては地域内で最も競争力のある給与と福利を提供することができれば、彼らの退職後の生活を保障することができ、それ自体が最も効果的な動機付けとなる。さらに、従業員の動機付けがうまくいけば、国有企業の魅力と競争力も向上し、良性循環が形成される。他方で、科学技術の運用を加速すれば、生産技術と管理スタイルも大きく進歩していき、従業員もその環境の大変化に適応しようと学習と変化を求めていくことで、充実した職場生活を送ることができる。この

ような外的駆動力も必要な手段である。

　古参社員は国有企業のいくつかの発展段階を経験することが一般的であるが、企業と共に戦っていく中で職場に対する深い愛着と理解が生まれており、企業の価値観に対しても強い共通認識が芽生える。彼らは企業文化の忠実な擁護者であり、企業文化は大きなかまどのように湿った薪を乾かし、熱し、ついには灼熱の炎を生み出す。そのため、経営陣は知らぬ間に古参社員の積極性と自主性を高め、彼らを企業の目標と未来のために努力させるような企業文化を作り上げることに長けている必要がある。この時代の先導者として、「京東」も人材の持続可能な発展の重要性、及び企業文化や風習が人材の創出において果たす役割を意識している。また、中国最大手飲料メーカーである娃哈哈集団を見ても、その成功の要因は、起業当初からのスローガン——「統治に精励し、刻苦奮闘し、果敢に開拓を行い、たゆまず励むべし」を提起し、かつこのスローガンの精神と力をすべての従業員の行動に反映させ、主人公意識の大きな動機づけとして鮮明な企業文化を樹立したことによる。このように、国有企業はその企業の武勇伝、価値観及び経営理念を分かりやすい形で各階層に浸透させ、企業の統一した価値観、認知度の高い共感と帰属感を形成することで、古参社員の意識改革を導き国有企業の発展の中に凝集していくべきである。企業文化のコア理念を一人ひとりの従業員、特に古参社員の心の中に深く植え付けることは、企業にとって尽きることのない活力の源となるであろう。

　上記のほか、一部HRがよく使う面白いテクニックも紹介したい。少し形式主義的で「大人気ない」感じもするが、効果は抜群である。例えば、ある港資企業(香港の投資家による、外資企業に属する)は古参社員に勲章を授与しているが、勤続年数で石の色を変えている。また、一部企業では敷地内に「企業発展小道」を設けて、一定の勤続年数に達した従業員はそこに足跡を残すことができる。あるインターネット企業は勤続年数が五年以上のすべての従業員に、水晶の記念トロフィーと金メッキの名刺を授与する……古参社員に対する企業の態度は新入社員の企業に対する見方に直接影響し、彼らは古参社員の今を通して自らの明日を見ており、そして、彼らの仕事効率と忠誠心にも影響を与える。そのため、古参社員に対する動機付けは国有企業が探索し実践し続ける価値があるものである。

第三章
企業内部の「仕組み」：外部拡張より内部安定

はじめに

　「国美の支配権争奪戦」は一段落して人々の記憶から消え去りつつあるが、この「ビジネス戦争劇」の中で浮き彫りになった企業管理の問題はこのまま忘れ去られて当たり障りのない言い方で済まされるべきではない。もっとも、企業内部の「仕組み」に存在する問題は、われわれが熟考すべき問題である。黄光裕氏は国美社の創始者として、あらゆる策を講じて企業の支配権を手に入れた。企業の中で「一株独大」たる帝王の気勢をなして絶大な権力を掌握していたが、結局のところその布陣も失敗に終わり支配権は陳暁氏の手に移ったことが引き金となって、「茶番劇」が始まった。企業管理とは制度の配置のことであり、その目的は、企業にとって最も重要な利益主体間の相互関係を定義づけ、関係者間を結びつけることでもたらされる利益を分配し、所有権と経営権の分離により生じる代理問題を解決し、最終的に企業の戦略と管理問題を解決することである。簡単に言えば、企業管理の最も本質的な機能は、代理問題と小数株主の利益を平等に保護すること、すなわち、代理者が所有者の利益を、大株主が少数株主の利益を侵さないようにすることである。

　一企業に健全な管理構造と体制がない場合、会社と株主の資産が濫用され、株主としての公民財産権も保護されにくくなる。さらに、市場経済と現代国家の運営基礎が弱体化し、実体経済と金融部門も多大なリスクを負うことになる。企業管理は「二次的創業」とは違って会社の誕生時から徐々に形成されるべきである。それはまるで人の遺伝子のようにわれわれの成長をコントロールしている。環境の影響を受けて一定の変異と調整が起こっても全体的には生を受けたその瞬間から決められている。企業管理は企業の最初の仕組みであり、後天的な環境が良く栄養が十分で成長が速くても、遺伝子が良くなければ結局のところ重い病にかかり轟然と崩れ落ちるであろう。さらに、成長が速いほど崩れ落ちる際のけがも重くなる。われわれは企業を創設する際、常に最も美しい憧憬を抱きパートナー間も互いに善意を込めるが、企業のあるべき合理的な管理構造を無視して

企業内部の仕組みを重視しなければ、心の善意どころか最後には一触即発の危機にさらされてしまうであろう。我が国の多くの企業は効果的な管理構造と体制を欠くがために失敗に終わっている。これは非常に悲しい結果でありながらも、企業管理の重要性を理解するための生きた実例をわれわれに提示している。著名な経済学者である呉敬璉氏は2002年の「民営企業発展フォーラム」で、中国の企業管理の現状には弊害が多く、早急に体制を改善し、現代企業制度を構築しなければならないと指摘している。氏曰く、目下中国の企業管理には六つの問題が存在する。(1)株式所有構造が不合理である。国有株式と国有法人株式が全株式の54％を占めており、第二大株主と第一大株主の持ち株の差が大きい。(2)「授権投資機関」と上場会社の関係が不透明であるため、親会社への不正利益移転を通して上場会社を「空っぽ」にするようなスキャンダルが時折発生している。(3)「多重法人制」である。つまり、資金の分散や内部利益の対立及び「利益移転」などの弊害がある。(4)取締役会と管理委員会に欠陥がある。(5)取締役会と実行側の関係が不純で大きく重なり合っているため、「インサイダー・コントロール」になっている。(6)会社の実行機関に欠陥がある。

　これは十数年前に呉教授によりすでに提起されているにもかかわらず、今の企業を概観すれば、管理問題の処理が不当であるがゆえに泥沼に深くはまっており、ほとんどこの「六つの魔の手」から逃れられていない。

　いわゆる「外部拡張より内部安定」とは、企業が健全な発展を遂げて事業の拡張を獲得するためには、まず内部の仕組みを整えるのが先決ということである。良い管理構造は企業の発展において必須条件である。

第一節　我が国の企業管理構造に存在する問題

一．ピラミッド式の株式所有構造: 江蘇陽光が掠め取られた経緯

　江蘇陽光株式有限公司は江蘇陽光集団公司、江陰市新橋精毛紡織工場、江陰市空調除塵設備工場、江陰市石油機器工場、江陰市郁青アパレル工場という五社の法人会社の共同出資により、1994年2月18日に設立された江陰陽光有限公司のことである。1998年9月、江陰陽光有限公司は江蘇陽光株式有限公司に改名し、さらに1999年9月上場して株式銘柄は「江蘇陽光」、銘柄コードは〔600220〕となった。2002年5月、「江蘇陽光」は民営化への転換を実現し、民営化後の陽光集団が第一大株主となるが、実際のキーマンは陸克平氏であっ

た。陽光集団は2005年フォーブス大陸長者番付で88位にランクインしている陸氏の配下にある企業であり、我が国で生産規模や種類品目、製品レベルともに最高の精毛紡織生地及び衣類の生産基地であり、生産規模は世界第三位を誇る(江蘇陽光の支配権構造は図3－1に示すように、株式所有権の割当ては左から順に2003年、2004年、2005年、2006年のデータである)。

図3-1 「江蘇陽光」の支配権構造

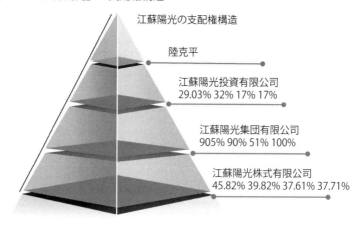

　江蘇陽光株式有限公司の支配権はピラミッド構造になっており、会社の支配権と所有権(現金流量権)の分離をもたらしている。これはつまり、最終支配者の上場会社に対する定量化された支配権と、享有している定量化の現金流量権が対等でなくなることを意味する。大株主がより大きな支配権を掌握していると、その優位を利用して私利を図れる。また、現金流量権は株主が経営の中で得られた利益を表している。ここで支配者の権利が現金流量権より大きい場合、その支配権を利用して上場企業の資源を移転して得た個人的利益が、現金流量権の存在により損失した歳入分与より大きくなるため、支配者には上場企業の資源を移転して略奪を実施する動機ができてしまう。したがって、支配権と現金流量権の分離は支配者が上場企業の資源を移転する動機を強めている。これに基づきわれわれは、江蘇陽光株式有限公司の支配権と現金流量権の分離状況を算出した(表3-1参照)。

第一部　企業の内部管理編　　77

表3-1　支配権者の江蘇陽光及び陽光集団における支配権と現金流量権

| 年度 | 江蘇陽光 | | | 陽光集団 | | |
	支配権	現金 流量権	絶対値 の差	支配権	現金 流量権	絶対値 の差
2003	29.03%	29.03%*90% *45.82%=11.97%	17.06%	29.03%	29.03%*90%=26.12%	2.91%
2004	32%	32%*90% *39.32%=11.32%	20.68%	32%	32%*90%=28.80%	3.20%
2005	17%	17%*51% *37.61%=3.26%	13.74%	17%	17%*51%=8.67%	8.33%
2006	17%	17%100% *37.71%=6.41%	10.59%	17%	17%100%=17%	0.00%

　表3-1から見て取れるように、最終支配者である陸氏の江蘇陽光での支配権と現金流量権は大きく分離し、絶対値の差は最高20.68％にまで達している。最終支配者にとって「資金流用術」を行使して資源を上場企業から自分の懐に収める誘惑は十分ある。実際、陸氏は資金占用や関連交渉、資産の置き換えなどの手法で上場企業の利益を次々と自分のポケットに収めていった。例えば、江蘇陽光2005年度報告で公表した対外保証の状況からみて、第一大株主である陽光集団は上場企業を担保に1165万米ドルの資金を獲得している。ほかにも、江蘇陽光の調達業務を関連会社へ大量に依頼するも販売業務は主に市場向けに行っていた。このような業務構造は、江蘇陽光が関連会社に利益を送るために利便性を提供しており、これらの関連会社はいずれも支配株主と密接な関係を有していた。さらに言及に値することは、江蘇陽光の最終支配者は関連取引を防ぐために、傘下の華博紡績を別の五つの法人企業に転売した後、2004年8月に自分が所有していた陽光不動産の株式所有権の9割をもって華博紡績の株100％と江蘇陽光の資産を置き換えるよう、江蘇陽光に働きかけた。当初の江蘇陽光は「適度に多角化経営戦略を実施し、会社のために利益成長の新しい分野を育てることで、単一の主要産業への過度な依存による経営リスクを取り除く」ことを口実に、2003年5月22日をもって陽光不動産を買収した。買収後3億元の増資に加えて次々と大量の資金投入を行い、急速に総資産12億元超の大企業に成長させた。ところがこの資産交換のとき陽光不動産は、取得原価を基礎に2.7億元の評価しか得ておらず、華博紡績の帳面純資産は2.27億元であるのに対し取引では2.8億元と

打歩が生じていた。こうして数億元の資金がひっそりと移転された。最終支配者が上場企業の資金を流用操作することにより、江蘇陽光の業績は下落を続け、純資産の収益率は2003年の9.74％から2006年の3.54％にまで下落した。

　この事例から分かるように、ピラミッド式株式所有構造は支配権と現金流量権の大きな分離をもたらし、これにより一連の代理問題も生じることになる。しかし、ピラミッド式の株式所有構造自体には何ら間違いもなく、このような構造を禁止する法律もない。そのため、このような構造の企業にとって内部制度の設計は非常に重要である。まず、内部の株主間のチェックアンドバランスを重視すべきである。中国の上場企業で支配者を除いたその他大株主は持株比率が全体的に低いため、取締役会や管理委員会及び役員の選挙と雇用においてさほど発言権がない。したがって、その他大株主のチェックアンドバランスの力が弱く、上場企業の重大な決断はいずれも支配者にコントロールされている。例えば、江蘇陽光の事例では、その他第二大株主である盛銀投資の持株比率は一番高くても年率わずか8％で、第二から第五大株主の持株比率は合計で18％前後にとどまっており、これは陽光集団の割当ての半分にも及ばない数値である。株式所有権のみで考えても、彼らには発言権がほぼないため第一大株主との間にチェックアンドバランスがとれていない。ゆえに、ピラミッド式株式所有構造をとる企業は、内部制度において株式所有比率による支配権のみを考慮するのではなく、その他の株主の発言権を高めて、重大な決議で大株主の独断を許さないようにすべきである。また、企業は独立した取締役制度を改善し、かつ、支配株主の独断で取締役候補の指名ができない旨の規定、取締役会の独断で取締役候補を指名するときは支配株主と関連関係をもつ取締役はこの決議において投票権を行使できない規定を設けて、独立した理事会が小株主の利益を十分代表できるよう保証する必要がある。

　二．　企業管理の「三角形構造」：東北高速

　1998年、黒竜江省高速道路公司(現在、黒竜江省高速道路集団公司に社名変更、以下「竜高集団」)、吉林省高速道路公司(現在、吉林省高速道路集団有限公司に社名変更、以下「吉高集団」)、華建交通経済開発センター(以下、「華建交通」)の三社が共同で「ST東北高」を設立し、その後順調に株式上場を公募した。この三大株主の持株比率は、竜高集団が26.91％、吉高集団が22.29％、華建交通が17.92％であった(2007年会社年間報告による)。三大株主はそれぞれ4

人、3人、2人の取締役を任命している。このように三大株主の持株比率や取締役会での議席比率が対等な配置は、「いずれの二社の合計がつねに残り一社より大きい典型的な三角形構造」をなしており、かつて「企業管理のパラダイムシフト」とされ、中国企業の中でよく見られる「一株独大」の弊害を防ぐことができる構造であった。ところが2010年2月、東北高速は黒竜江交通発展株式有限公司(以下、「竜江交通」)と吉林高速道路株式有限公司(以下、「吉林高速」)に分裂する運命をたどり、分裂後の東北高速は上場を終了させて法により法人資格を取り消して解散した。東北高速は2007年7月をもって我が国初の企業管理問題でST(特別処理銘柄)により上場した企業となるが、今なお沪・深(上海と深セン)両市で初の分裂後再編成して上場した会社となっている。会社設立当初の完璧で安定していた「三角形」管理構造はなぜ会社をこんなにも不安定なものにしてしまったのか、かつては企業管理構造の完璧なパラダイムシフトと言われた会社の三大株主はなぜ物語を「三国演義」にしてしまったのか、人々は驚きを隠せないでいた。だが一部東北高速の擁護者たちは、「実は、東北高速はST上場のその日から、今日の分裂の種をまいていた」とし、吉林側の主張は上場企業のうち優良資産は吉林省内にあるにもかかわらず、上場後会社の調達資金は黒竜江省側にもっていかれたため、「吉林省側はずっと黒竜江省側の支配権の取得に憤懣(ふんまん)を抱いていた」というものであった。そのため、東北高速の三大株主は終始支配権のために闘争を繰り広げ、所有権の均衡の意義が失われただけでなく、取締役会の不正常な運営が続き、経営陣の監督がおろそかになってしまったのである。

　分析により筆者は東北高速の分離には主に以下の三つの要因があると考えている。

　まず、株主間の資源争奪により取締役の間で対立関係が形成されたことである。会社成立時に、黒竜江交通庁委員会は張暁光氏を代表取締役に、吉林高速では社長を、華建センターは管理委員会の議長を任命している。つまり取締役の議席配置から主な重役ポストの手配まで、いずれも株主間の協議により決定しており、かつ専任された重役は各自株主の利益をそれぞれ代表するため、会社を経営・管理する過程でそれぞれが代表する株主の利益をより多く考慮するようになった。したがって全体利益はおろそかになり、三大株主間の矛盾を激化させたと考えられる。

　次に、形だけの取締役会であったことである。株主が直接会社の重役を任命することで、本来経営陣の任命と監督管理の全権を有するはずの取締役会は形ばか

りのものとなった。よって、東北高速の取締役会が大株主の任命した取締役をコントロールできなくなり、第二及び第三大株主も大株主に対しチェックアンドバランスの役割を果たせなくなり、経営陣の「インサイダー・コントロール」は必然的に制御不能となった。2002年末に東北高速で4億元の信用貸付資金が不正流用された事件、2005年初めには2.9億元の資金が紛失する事件が発覚し、代表取締役の張暁光氏は逮捕される。張氏は個人利益のために会社の利益を犠牲にし、かつ対外投資もたびたび失敗に終わっていたことで、大株主の経営陣に対する不信感を買ったのである。張氏は竜江交通から任命されたことから吉高集団、華建交通と竜高集団間の不一致と衝突をさらに激化させたのであった。

　最後に、経営陣と大株主間の対立があったことである。2007年5月、東北高速は2006年度株主総会を開催しており、そこで三大株主は取締役会が提起した『2006年度報告及び概要』、『2006年度債務決済報告』、『2007年度財務予算報告』の三つの議案を否決した。議案の提出者は三大株主が任命した重役代表であったため、三者一致の否決に遭う理由はないはずであった。にもかかわらず、このような結果になったのには経営陣と大株主の間でも大きな対立があったことが垣間見える。議案が否決された後になっても、東北高速は特に解決措置をとらず、中国証券監督管理委員会の要求に基づき2007年7月3日から会社株に対してその他特別処理を行い、東北高速は上海と深センの両市で初の企業管理問題によりST上場した企業となった。

　東北高速の事例から見えるのは、同社は「一株独大」でなくなった結果、大株主が上場企業の利益を侵す弊害がなくなったわけではなく、上場会社に対し真に責任をとれる大株主がなくなったということである。大株主間のチェックアンドバランスは必ずしも効果的な管理構造とはいえず、さらにその他管理体制との連携が必要なのである。東北高速の大株主と経営陣との対立は、主に各株主は互いの協力関係を確立できず各々の利益を追求したゆえに、会社へ各自の代弁者を手配して株主が経営陣の職務に直接干渉し、株主総会や取締役会及びマネージャーの間で役割分担があやふやになってしまう結果をもたらしたのである。事実、株主には株主総会を通じて取締役の選任と解雇を行い、取締役には経営陣に対する調整の権限があるが、これは株式会社の管理における基本ルールである。また、取締役会を中心とする授権の原則に基づけば、会社約款で明確に留保された株主の権利以外は取締役会の権利であり、経営陣の権利は完全に取締役会から授与される。しかし、東北高速で経営陣が取締役会の決定を無視した主な原因は、経営

陣は株主により任命された代弁者であるがゆえに各種権力と責任が不明確になり、株主や取締役会及び経営陣間の混乱をもたらしたことにある。

三. スーパー取締役会の弊害: 国美における支配権争奪戦

　国美における支配権の争奪戦もまた中国の企業管理におけるマイルストーンとなる事件であるといえよう。ここまでは、いかに大株主の権利のチェックアンドバランスを行うか、いかに大株主が小株主の利益を侵さない制度を設計すべきかなどについて考察し、また、経営陣と大株主との間には利益が一致し経営陣は大株主のために動くと一様に考えていたが、「国美之戦」を通してわれわれは、大株主と経営陣の間にも利益の対立が存在し、なにがしかの状況下では大株主の利益の保護を強調する必要があることが分かった。

　「国美之戦」の事件は2008年の年末に遡る。当時、黄光裕氏は経済犯罪の疑いで拘留されていた。危機存亡に際して、陳暁氏が国美取締役会の議長に任命され、国美での権力を明確にした。黄氏の入獄事件が国美の正常な発展にこれ以上影響を及ぼさないようにすべく、陳氏は国美の「黄光裕化の排除」に尽力した。当年7月、国美電器は「株式所有権による経営陣奨励計画」を打ち出し、各級幹部105人に恩恵を施した。目的は幹部全体の支持を勝ち取るためであり、黄光裕ファミリーにより推薦された4人の取締役も全員奨励の対象となっていた。陳氏は経営陣の支持の獲得に成功したのであった。

　黄氏が入獄してから、国美は苦しい立場となり資金チェーンも断裂の危機に直面していた。債務危機に対応すべく、陳氏はアメリカの投資会社であるベインキャピタルとの投資協議の締結を主導して、ベインキャピタルへ18億香港ドルの転換社債を発行し、さらに「ベインキャピタルから取締役会への人選を三人確保する」と付加条項をつけた。ところが、2010年5月の国美電器年度株主総会で、33.98％の株を所有している黄氏がその付加条項を否決した。これで国美電器の大株主と経営陣との対立が表面化したのであった。

　2010年8月4日、黄氏は臨時株主総会の開催を要求して、陳氏の取締役会議長の職務を取り消すと同時に、取締役会に株券を追加発行する一般授権を再取得した。陳氏を主導とする取締役会は即座に反撃に出て、2008年1月22日から2月5日までの期間に買い戻した会社株のうちには「会社取締役の信託責任及び信頼に反する行為」によるものがあるという理由で黄氏を訴え裁判にかけた。これにより陳氏と黄氏の関係は完全に決裂したのであった。

2010年9月22日、ベインキャピタルが債務の株式化を終えて正式に国美の第二大株主となり、国美の第一大株主である黄氏夫妻の持株は33.98％から30.67％へと希薄化された。

9月28日、国美取締役会は特別株主総会を開催した。会議では黄氏の提案のうち、国美の株券の割当や発行及び取引における一般授権を撤廃する内容が可決されたことを除いて、陳氏の職務の取り消しなど四つの提案がいずれも否決された。

10月末、黄光裕ファミリーは陳氏の離職を求める強固な態度を示したが、11月10日、国美は陳・黄談判が初の和解協議を迎え、さらに鄒暁春氏を常勤取締役に、黄燕虹氏を非常勤役員に任命すると公表した。ついに黄氏は取締役会の中に信頼できる代表を二人送り込むことができたのであった。

2011年3月9日、陳氏が退き、大中電器の元取締役・張大中氏が就任すると国美電器により公表された。これにより世間を騒がせた「国美之戦」は幕を下ろしたのであった。

2006年3月以前まで黄氏は国美電器の株を5割以上所有し続けて絶対的な支配権を握っていたため、自身の企業に対する支配権問題を憂慮することもなかった。黄氏は2006年3月から国美電器の株所有率を大幅に減らし続け、2008年4月時点で持株比率は35％前後まで下がった。それでも株式総会の議決には2/3以上の票決権が必要であるという規定があったため、持株比率を33.34％以上に維持できれば黄氏には否決権があった。取締役会に対する支配権は持株比率の減少につれ弱まるも、第一大株主の身分は終始維持されていた。ところが、ベインキャピタルが債務の株式化を完了して正式に国美の第二大株主となった頃には、黄氏夫妻の持株比率が33.98％から30.67％まで希薄化されていた。これに応じて黄氏は次の日に、公開市場を通じて大株主の国美株式の所有率の増加を図り、持株比率を35.98％まで引き上げた。国美の取締役会は株主総会により授権されている「会社の20％の株に対して割当や発行及び取引する一般授権」を享有している、つまりこれは陳暁氏が株式総会前に20％の株を増加発行すれば、黄氏の株は大幅に希釈されることを意味する。特別株主総会では黄氏の提案のうち国美株券の割当、発行及び取引する一般授権を撤廃することが可決された以外は、陳氏の職務の取り消しなど四つの提案が否決されたが、黄氏は重要な勝利を得ており、自分の持株が希釈される心配はなかった。

上記事案から見て取れるように、「国美之戦」は実質上大株主が取締役会を通

して経営陣と国美電器を支配しようとし、経営陣は取締役会を通して大株主の支配から抜け出して会社を支配しようとしたものであった。しかし、国美の発展の歴史を振り返る限り支配権の争奪戦は黄氏の身から出た錆であり、歪んだ管理構造を造ったことが原因となる。以前は黄氏が取締役会をコントロールし続けていたため、2006年の株主総会では会社定款を以下のように改定していた。「国美電器の取締役会は随時取締役を任命でき、株主総会により設けた取締役の人数制限を受けないものとする。国美電器の取締役会は、各種方法により株券のライツイシューと転換社債の発行、経営陣と従業員に対するオプションの実施と株券による奨励、及び発行済み株券の買い戻しを含めた株券の追加発行と買い戻しができるものとする。取締役会はそのメンバーの『重大な利益に関する』契約を含む各種重大契約を取り決めることができるものとする」。これをもって黄氏は、スーパー取締役会を作り上げ、ひいては株主の制限から逃れてとうとう管理委員会の設置も行わなかった。当然のことながら、黄氏はかつて取締役会を手中に掌握するが、その強大な取締役会も氏の代弁者に過ぎなかった。まさか自身が危機に深く陥ることになり、取締役会が集団で寝返りこのような「茶番劇」になるとは思いもしなかったであろう。

　国美の事案は企業管理構造の構築がいかに重要であるかを物語っている。良い管理構造であるためには、大株主の「一株独大」により会社の利益が害されることを防ぐだけでなく、取締役会の権力が膨張して株主の利益を害さないようにする必要がある。換言すれば、会社が各利益当事者の互いの均衡に参与する必要性、つまり完全な管理構造が必要となるということである。そのほかに、独立取締役の設置は堅実に利用すべきである。「国美之戦」の経過を見ると、取締役会の1/3を占める独立取締役は何の役割も果たせず、発言権は皆無であり、ただそれぞれの実行取締役の言いなりに事を運ぶだけで、独立性も全くない。しかし独立取締役の独立性は権力の均衡において重要な部分であり、会社構造のお飾りにしてはならない。

四．「インサイダー・コントロール」と機関投資家の対抗: 双匯発展

　2006年鼎暉投資(CDH)、高盛(ゴールドマン・サックス)が上場企業・双匯発展の大株主である双匯集団を買収して以来、集団公司と上場企業間の関連取引や経営陣の利益衝突をめぐる論争が絶えなかった。2009年の上半期、双匯発展は株主が事情を知らない状況で、十社の少数株先買権を放棄し、さらにそれを集団公

司の支配株主である羅特克斯有限公司(香港)に譲渡した。この振る舞いは2015年の3月3日に開かれた臨時株主総会で暴露され、ファンド経営陣の全面的な反対を受けて、当日審議を行った『香港華懋集団有限公司等における少数株主の株式所有権の譲渡に関する議案』は、出席した株主の圧倒的な票数で否決された。

　今回ファンドから全面反対を受ける引き金となったのは双匯発展の事後報告であった。双匯発展の2月11日の報告によると、この度の株式所有権の移転にかかわる漯河(市)華懋双匯化工包装公司などの十社はいずれも双匯発展に関連する企業であり、双匯発展の取締役である張俊杰氏、双匯集団の取締役である万隆氏が十社の法人代表にそれぞれ就任していた。十社の2008年の純資産収益率は10％から25％の間にあった。香港華懋集団、香港東亜貿易公司、台湾東裕電器公司などの株主らは株式所有権を譲渡する意欲を示しており、双匯発展は上述の株式所有権に対して優先譲受権を有していた。ところが、双匯発展の取締役会メンバーは満場一致で以上の株式所有権の優先譲受権を放棄することに賛成投票したが、これは胡散臭いものであった。それには二つの理由がある。一つは、会社が株式所有権を譲受した後、上述の中・外合弁企業の性質が変化することで関税と所得税の補填問題に直面するためであり、もう一つは、漯河市政府の関連文書によると、香港羅特克斯社やその他海外商社が受け皿となって、企業の中・外合弁の性質を維持する場合、新プロジェクトの立ち上げまたは重大な技術改善のときに漯河市の市民と政府は引き続き優遇政策を与えると示したためである。さらに突拍子もないことと言えば、香港羅特克斯社への上記株式所有権の譲渡は2009年上半期にすでに完了しており、株価移転価額の総額は6.15億元であると公表していることである。

　双匯発展が今回の株主総会を開いたのは、1年前にすでに完了している取引に対しする「許可書」を再発行することで合法化を図るためであったのは明らかである。取締役会と経営陣のこのような「事後報告」のやり方は、株主総会を無力化させるだけでなく、上場企業と小株主の利益も損ないかねない。双匯発展のファンドを所有しているある研究員は、「基金全体が反対するのは、主に双匯発展の株主総会が浮動株を所有している投資家(游動株主)の利益を害することを憂いでいるためで、主に以下の3つの原因があげられる。一つ目は、双匯の経営陣にはMBO(マネジメントバイアウト)の『前科』があったこと。二つ目は、今回の株式所有権の譲渡過程では一部利益について調整が行き届いていないこと。三つ目は、株式を多く所有している一部ファンドは依然として双匯発展の膨大な

関連取引に不満を抱いていることである」と語っている。経営陣のMBOの「前科」とは、いわゆる2009年双匯発展の上層部のMBO事件で、それ以前にも双匯の上層部が複雑な株式の所有構造及び取引を通じて上場企業での持株比率を少しずつ拡大しているというマスコミの報道があり、その後会社はライズグランド(RiseGrand)社での101人の従業員の持株比率を公表している。ライズグランド社はヒロイックゾーン(HeroicZone)社経由でCDHの31.82％の株式所有権を獲得しており、CDHこそが双匯の支配権を牛耳っている香港羅特克斯社の支配株主なのである。双匯発展の膨大な関連取引は会社の財務報告からも見て取れるように、2009年第3四半期まで、双匯発展では商品販売総額が16.87億元にのぼる関連取引が発生しており、同類取引の8.28％を占めていた。物品調達での関連取引はさらに119.28億元にものぼり、同類取引の60.13％を占めていた。

　双匯の事例から見て取れることは、機関投資家が積極的に企業管理に参入し始めたことにより、中小投資家の企業管理における欠陥を補えるだけでなく、連係プレイで小株主の利益を害する行為が阻止しやすくなる点である。例えば、双匯公司は香港羅特克斯社の双匯集団に対する100％の株式支配を通じて、間接的に双匯発展の30.27％の株式を所有することに加えて、直接21.18％の株式所有権を有し、トータルで双匯発展の51.45％の株式を支配している。しかし、公開株の株主は48.55％の株券を所有しているが、その中で最も多い持株比率でも5％を超えない。双匯発展は典型的な「一株独大」の株式所有構造で、このような構造を前にしては、一般株主には一切の発言権がない。幸いなことに、公開株はほとんど機関投資家が掌握しているため、統合しやすい上に、彼らがより大きな発言権を掌握するために有利である。さらに機関投資家には専門性が備わっているため、管理陣または取締役会の議決を監督することができる。

　上記一連の事例からみて、我が国の上場企業の企業管理に存在する主な問題は株式所有権が過度に集中したことによって大株主が小株主の利益を害することや取締役会の独立性が弱いことに加えてメンバー構成が合理的でないこと、及び管理委員会の監督機能が有名無実になっていることなどがある。株式所有権の過度な集中がもたらす弊害は、大株主がテクニカルな操作を通じて株主総会と取締役会の議決権及び経営権を独占し、取締役会と経営者を自身の操り人形にならしめ、さらにトンネリングによって中小株主の利益を害し、上場企業の発展を阻害する点である。取締役会の独立性が弱いことの弊害は、取締役会が大株主の意思伝達ツールになり、企業に対する管理監督の授権的機能を発揮できない一方で、

取締役会のメンバーはほとんど株主が選任した「腹心」であるため、メンバーには企業管理能力がほとんどないことから、企業の発展に関する適切な議決ができないということである。さらに、管理委員会は職権のない飾り物だということである。取締役会に対する任命と解除もできなければ会社及び株主の権益を害する行為を発見してもそれを抑制する法的保障もないため、管理委員会を何ら抑止力もないものにならしめている。

第二節　我が国の企業管理構造を改善するための対策

　本節では上記分析に基づき、企業管理の外部要因ではなく、主に企業内部の制度及び人員配置に注目してその資本構造の配置、権力のチェックアンドバランス、人員配置などにおける対策を提示する。

　一.　権力のチェックアンドバランス: 取締役会、管理委員会の独立の重要性
　「一株独大」またはピラミッド式の株式所有構造は完全な管理構造とはいえないものの、その存在自体が法律・法規に違反しているわけではない。問題となるのは、権力に対する会社構造配置のチェックアンドバランス体制である。効果的な方法は、取締役会の独立性を強めることである。効果的な取締役会の組織モデルといえるためには、取締役会のコンパクト化を維持する必要があり、CEOを唯一の内部取締役とし、その他メンバーは外部取締役であるべきである(ジェンソン、1993)。これはわれわれの言う独立取締役であるが、会社の株主から独立して、かつ会社または会社の経営陣と必要な業務連携または専門的関連がなく、会社の事務に対して独立した判断を下すことができる取締役のことである。論理的に考えて、独立取締役の配置には会社内部のさまざまな利益紛争を解決するための「調整役」の仲介が必要である。この調整役は公正な調整を行う必要性から会社内部の人員であってはならない。さらに会社の外部から引き入れた人員は、会社または関連人員と一切の取引関係をもたず、上級幹部または株主と特殊な関係を持ってはならない。これにより、自身の決定から利益を得ることなく客観的な決定ができる。規定に基づき、独立取締役は関連取引の妥当性や手続きの正統性、会計方針の安定性、重大事項への影響、及び企業の持続可能な発展力に対して的確な判断を下す必要がある。上記責務を全うするために独立取締役は財務会計の専門知識だけでなく業界及び会社自身の経営状況を熟知し、さらに、かなり

第一部　企業の内部管理編　　87

豊富な企業管理経験も必要である。そのため、外部取締役の配置においては、できる限り専門技術者、例えば、弁護士や会計士、大学教授または会社に必要な技術をもつスペシャリストを選任すべきである。一方で、われわれは独立取締役がすべての株主に対して責任をとり、または小株主の権益を保護するものと考えてはならない。国美の事例で見られた現象のように、時として大株主の権益が害されるケースもあるため、独立取締役はどの株主に対しても責任を取らなくて良く、その存在の目的も株主の権益を最大化するものではない。会社の立場に立って会社権益の最大化のために議決を厳しくチェックするのみである。

　次に、管理委員会の役割を見過ごしてはならない。現代において企業の管理精神は、株主総会や取締役会及び管理委員会の権力の均衡体制を構築するメカニズムとなる。つまり、株主総会は会社の権力機関であり、取締役会は会社の経営戦略を決める機関であり、そして管理委員会は監督機関である。その管理構造の下で取締役会が株主の委託を受けて会社法及び会社定款に従って企業管理を行い、管理委員会の監督の下で株主のために信託責任を果たす。独立取締役も会社の行為に対する監督の役割であるが、管理委員会の監督とは一定の区別がある。独立取締役会が取締役会の決議に対する討論に参加することは内部監督にあたり、さらに企業がその決議に対し投票を行うということは事前監督にあたる。それに対し管理委員会は、主に会社行為の正統性について監督し方策の制定には参与しないため、経過と事後の監督という完全なる外部監督にあたる。したがって、管理委員会にはより独立した大きな発言権を与えるべきであり、単なる組織設計の正当性を得るための飾りであってはならない。

二．資本構造の配置: デットファイナンスの管理術

　企業はエクイティファイナンス以外にデットファイナンスを採用することもできる。デットファイナンスは返済期限と利息の支払いの面で圧力をかけることで、経営者が仕事に力を注ぐように仕向けることができる。一方で、現在のデットファイナンスの多くは銀行などの金融機関から調達しているが、これらの機関は企業の経営能力や営利能力及び管理能力などに対する要求が高い上に、企業に対する定期的な関連評価を行っている。そのため、外部監督の役割となるだけでなく、その権威をもって内部人員の行動を制約できる。したがって適度なデットファイナンスは負債のレバレッジ効果があり、さらに企業が管理体制を改善し、行為の正統性を強化する手助けになる。

三.　大株主の監督役割と機関投資家

1.　大株主の役割

　経営陣に対する監督には一定の「公共財」としての性質があり、企業パフォーマンスの向上に尽力した株主が誰であれ、その成果は持株比率によってほかの株主と分かち合うことになることから、小株主は「便乗」する側となる。株式所有が分散している企業、または東北高速のように大株主間の持株比率が対等なバランス構造では、株主の責任逃れや大株主の監督役の忌避をもたらしかねない。どの株主も己の努力の成果を分かち合いたくないと考えるため、株式が相対的に集中しているか互いにバランスがとれている株主の間では協力関係が形成され、かつ支配権行使時のコストがそれによる企業パフォーマンスの収益より少ないときにこそ、株主の監督が効力を発揮するのである。ところが前文で分析したように、支配株主の管理にも問題があり、「自益性」の下で株主は私利のために他の株主の利益をも犠牲に「関連取引」や「トンネリング」などを行ってしまう。そのため筆者は、企業管理のさまざまな配置間は相互作用していることを認識して、方法だけを重視して他を見落としてはならず、各方面でのバランスをとるべきであると強調している。大株主によるコントロールの両面性は制度設計の重要性をさらに際立たせている。

2.　機関投資家の役割

　1980年代から、欧米の先進的な資本市場で機関投資家は、大きな発展を遂げており、さらに株式市場での地位の高まりによって企業管理へ参与する傾向にある。テキサコ事件は「機関投資家の積極主義」の台頭を象徴する典型となっている。機関投資家は資本市場の主要な参画者であり、効果的な企業管理体制である。特に絶対収益を目的とする機関投資家は上場企業の管理において重要な監督の役割を果たしている。機関投資家を積極的に上場企業の管理へ参与させる動機は、主に株式のスケールメリット、資金と情報の優位性及び絶対収益の良さなどにある。機関投資家の積極主義が企業管理に生む実際の効果は、代理問題の緩和、会社パフォーマンスと価値の向上という二点で主に表れる。我が国においては、法律・法規が不完全であることや現時点で規模が小さいことに加えて行為が短期的であるなどの要因もあって、機関投資家の企業管理効果は発揮されていない。しかしながら、我が国の資本市場及び関連法律法規が逐次改善されていくに

つれて、機関投資家の企業の中での地位もますます向上され、彼らもより積極的に企業管理へ参与していくであろう。例えば、格力電器の2011年度株主総会における取締役会の改任選挙で、浮動株の株主であるイェール大学基金及び鵬華基金連合が高い得票率で取締役会に加わっている。このように、機関投資家は自分の手中にある手段で上場企業の重要な議決を変えている。これは、基金には企業管理に参与する願望があり、さらに企業管理の改革においてもその役割を果たせるということである。また、前文で取り上げた双匯の事例でも機関投資家が経営陣の監督行為で大きな役割を果たしたことを示している。そのため、企業は適度に機関投資家を引き入れて効果的な管理のための重りを増やしていくべきである。

第四章
多様化する企業管理形態: 「パートナーシップ」制度

はじめに

　2014年9月19日、阿里巴巴(以下、「アリババ」)社はニューヨーク証券取引所に上場して全世界から注目を浴びた。そのIPO(新規公開株式)融資額が250億米ドルにものぼり世界市場最大規模のIPOとなっただけでなく、アリババの「パートナーシップ」制度も注目された。周知のとおり、アリババはもともと香港での上場を計画していたが、馬　雲氏などの上層幹部らにより会社の支配権維持のために投入された「パートナーシップ」制度は、香港資本市場の「同株同権(同じ株、同じ権利)」の理念と対峙していたためアメリカへと方向転換したのであった。目下IPOが香港で妨害を受けているとしても、また外界からの賛否両論や意見がまとまらないとしても、今回アリババが打ち出した「パートナーシップ制度」は、その制度から理念及び思考の慣性の法則の面に至るまで、まさにジャック・マー氏が14年間世界に示してきた通りのものであるといえよう。あるいは、商業界史上初の「破氷の一挙」になるかもしれない。アリババだけでなく万科や碧桂園などの不動産企業も相次いで転換を図り、「パートナーシップ」制度を打ち出している。アリババはインターネットの新興産業を、万科は不動産の伝統産業を代表しているため互いに共通点がないと思われがちであるが、二つの高度市場化企業がいずれもパートナーシップ制度を打ち出したことで、中国では一時「パートナーシップ制度」が沸騰したのであった。

第一節　アリババの「パートナーシップ」制度

　アリババの香港上場失敗の直接的な要因は、香港株式取引所が「パートナーシップ」制度は株主構造の「二重構造」で香港資本市場の「同株同権」の理念に反すると認識したことにある。いわゆる「二重構造」とは、上場会社が会社定款により創始者の所持株の株式単価が公開株のそれと一致すると規定することであるが、その投票権は先天的に公開株の十倍となっており、創始者が株券比率にお

いて5割または3割を切ったとしても、議決権は依然として過半数を占めて会社を支配することになる。このような「二重構造」はインターネット企業のグーグルが最初に採用したもので、外部投資者の所有するA株は1票の議決権、経営陣が所有するB株は10票の議決権があり、2010年の株式販売前にラリー・ペイジ氏とセルゲイ・ブリン氏はグーグルのB株を5770万株(18％の浮動株と59％の議決権に相当)所有していた。その後、百度やフェイスブックなどがこの構造を取り入れたことにより、アメリカで上場したテクノロジー企業でよく見られる株式所有権構造として、創始者が企業での支配権を保持する手段となった。しかしアリババのパートナーシップ制度を注意深く分析すると、確かにそれは公式声明のとおり「二重構造の株式権利システム」ではない。実際、アリババの上層パートナーシップ制度は会社定款の中に設けた取締役候補を指名する特別約款である。つまり、持株比率によって取締役の指名権が分配されるわけではなく、「パートナー」と称された一群の人たちが取締役会中の大多数の取締役候補を指名するのである。

　アリババグループホールディングスがパートナーシップ制度を実践し始めたのは2009年からであった。同年9月、会社成立十周年に際して会社創設者の「18羅漢」が辞職したことで、パートナーシップ制度は正式に実施された。規則により、ジャック・マー氏と蔡　崇　信氏は永久のパートナーとなり、その他はアリババまたは関連会社をやめる時にパートナーを「辞職」していった。実をいうと、マー氏はアリババが香港に上場した2007年頃からすでに会社の将来における管理構造の枠組みについて考えていた。マー氏にインスピレーションを与えたのは非インターネット企業である投資銀行のゴールドマン・サックス社と、コンサルティング会社のマッキンゼー・アンド・カンパニーであり、二社ともパートナーシップ管理モデルを採用していた。マー氏にインスピレーションを与えたもう一つは古代ローマ帝国の「元老院」管理モデルであった。ローマの元老院は審議の団体であり、公衆事務の牽引者、弁護人及び守護者でもあり、企業の価値観や文化に類似している。最初の元老院は百人の長老と呼ばれる貴族により成り立っていたが、その後三百人に増えた。インターネットサービス業界で永続的な発展動力を得て企業の開放とイノベーションを保障し、かつ責任感と長期的発展を重んじる文化を代々会社経営陣に受け継がせるために、マー氏は元老院管理モデルを基に、最も若い世代が実行と業務を担当し、中堅世代が戦略決定委員会を代表して戦略を担当し、さらにパートナーがアリババの価値の伝承者として取締

役会メンバーの決定などの重大事項を担うという、自身のパートナーシップ管理実行委員会を設計した。上場時に披露したパートナーの構成からみて、創始者、会社成長、経営陣及び外部からの専門管理人材の比率は大体2:4:4となっている。18人の創始者のうちマー氏、蔡崇信氏及び彭蕾氏などの7人がパートナーメンバーに加わり、2004年前から教育を受けパートナーとなったメンバーは現任CEOである陸兆禧氏を含む12人である。この他、COOである張勇氏、CFOである武衛氏、CTOである王建氏などの11人のパートナーは2004年以降に外部から引き入れた会社の上級経営陣であり、財務や法務及び技術などの各専門分野に及んでいる。目下のパートナー総数は30人で、パートナー委員会はマー氏、蔡崇信氏、陸兆禧氏、彭蕾氏及び曽鳴氏の5人により編成されており、パートナーの選任と福利厚生管理などを担当している。アリババのパートナーは毎年一回、75%の現任パートナーの投票を獲得して慎重に選ばれる。

　総じて言えば、アリババのパートナーシップ制度は2つの問題を解決しようとしている。一つは創始者がいなくなった際に会社の文化を永続的に発展させることであり、もう一つは安定した管理体系をもって内部分裂による会社発展への影響を避けることである。

　一．企業の発展と文化の伝承
　アリババのパートナーシップ制度の原型は投資銀行のゴールドマン・サックス証券とコンサルティング会社のマッキンゼー・アンド・カンパニーであり、この二社はパートナーシップの管理枠組みを採用している。マー氏は、パートナーシップ制度が二社の迅速な成長と独立自主的な文化を保証していると考えていた。マー氏を含む創始者らの理念は、この二社のモデルに倣い経営陣を三つのレベルに分けて会社の運営を推し進めることであった。つまり、新任の経営陣が具体的な実行を、中堅幹部が戦略の管理を、そして創始者は主に人材選抜と企業の発展方向を担当するというものである。この段階的な設計と相応の責務により会社運営を行えば、必ず創始者と経営陣に相応の会社支配権が与えられるシステムを見出すことができる、というのがアリババのパートナーシップ制度のインスピレーションであり動機である。この目的に解釈をつけるべく、2013年9月10日、マー氏は「パートナーシップ制度の目的は会社の運営を通して使命の伝承を実現し、これによってアリババが従来の組織的なビジネス企業から、エコシステム(生態系)の思想を備えた社会的企業に生まれ変わることである。この会社をコ

ントロールする人は、アリババの使命を堅持し文化を伝承するパートナーでなければならない」という内容のメールを全従業員に公開送信した。蔡氏も以前アリババグループの目的は一つの文化保証の枠組みを構築・完備させて、会社がどの創始者の寿命よりも長らく健全に発展し続けることであり、「われわれは会社が102年間発展し続けることを保障できる枠組みを追い求めている」と語った。会社の102年間の持続的発展を保障するカギは会社の企業文化であり、それには「顧客第一、従業員第二、株主第三」、「六脈神剣」、「九陽真経」及び「102年企業」などが含まれる。

　パートナー選任制度の設計自体がパートナーシップ管理を核心とする統一かつ発展した企業文化を意識的に貫こうとするアリババの姿勢を反映している。アリババのパートナー資格での要件には以下の四つがある。(1)パートナーはアリババのために必ず5年間勤めること、(2)パートナーは必ず会社の株を所有し、かつ販売制限があること、(3)現任パートナーによりパートナー委員会へ選任推薦し、かつパートナー委員会の審理により選挙の同意を得ること、(4)一人一票を基本に、75%のパートナーの投票による同意があること、また選任及び改任は株主総会の審議と同意を必要としないことである。この他に、パートナーになるには、会社の発展に積極的な貢献があること、会社の文化に対し高度な一体感をもって会社の使命や未来及び価値観のために全力を尽くすこと、という二つの柔軟な基準も満たす必要があった。

　二．支配権の保証

　アリババのパートナーシップ制度の最も直接的で現実的な効果は、創始者と経営陣による会社のコントロールを強固にしたことである。「アリババのパートナーシップ制度の重要な革新は、持株比率によって取締役の指名権を与えるのではなく、パートナーが取締役会の上に立って取締役を指名することであり、こうすることでパートナーの株式所有権がゼロという極端な状況においても取締役会をコントロールでき、会社の運営決議権も有する」と、寧向東教授はアリババのパートナーシップ制度を評価している。

　マー氏がこれほど会社の支配権問題を重視しているのは、かつて一夜にして崩れ落ちた経験がもととなっている。2004年まではマー氏と彼の経営チームが一貫して集団の「支配者」であったが、2005年イーベイ(ebay)社との交戦で急きょ資金を必要とした際、Yahooと契約を結び、「2010年10月からアリババで

のYahooの投票権を39.0％に増加させる」と規定したのはよかったが、マー氏の投票権は35.7％から31.7％に下がり、ソフトバンクの株主権利と投票権はいずれも29.3％を維持する形になっていた。つまり、マー氏と彼の「経営チーム」が行動を起こさなければ、2010年10月以降のアリババグループの実質的支配者は「Yahoo」になってしまうということを意味した。立場の逆転を防ぎアリババの支配権を奪還すべく、マー氏は三つの手を打った。第一ステップとして、2011年3月、マー氏は密かにアリペイ(アリババグループが運営する電子決済サービス)を移転した。次のステップでは、アリペイの移転問題でソフトバンクと孫正義氏が「片目をつぶる」ように抱き込んだ。そして最後に、Yahooを完全買収することによりプライベートファンドを大量に参入させ、これをもって正面から反撃した。2015年5月、マー氏は63億米ドルと新たに加わった8億米ドル未満のアリババグループの優先株で、ついにアリババの「自由」を取り戻したのであった。

　ところが、持株がわずか7％となった今では、マー氏はもうアリババをコントロールできなくなっていた。そこで取締役会の完全支配を通して馬雲経営チームによる会社の間接的支配を図るべく、マー氏は制度設計を方向転換したわけである。取締役会を中心とする企業管理モデルでは、取締役会をコントロールできれば会社の支配権を握ることになる。取締役会をコントロールする主な方法は、取締役の推薦権と任命権を獲得して自分の代弁者を取締役会に送り込むなどがある。そこで、アリババはパートナーシップ制度に以下の二段階の措置を規定した。まず、アリババのパートナーは取締役会の過半数以上の取締役の指名権を享有し、かつ否決された状況下で再度身内の取締役を指名することができると規定し、これで多数を占める新任取締役候補をコントロールでき、一般株主権利を制限する一つ目のバリアを構成した。次に、創始者及び経営陣と一般株主(特に大株主)との間で対立が激化した場合、一般株主は繰り返し投票権を行使してパートナーが指名する取締役を否決することができるため、監督取締役の任命権をパートナーに付与するという規定を追加した。こうすることでパートナーが任命した監督取締役は、株主の同意の有無を問わず取締役会に入ることができ、過半数の支配権が確保される。

　この制度の設計により株主の否決権は実質骨抜きにされ、株主総会による取締役選挙の意義は実質上、単なる株主代表を手配して少数取締役として取締役会の運営に参加する形になり、パートナーは取締役会の主導権を握る方法で会社の主

第一部　企業の内部管理編　95

導権を手に入れることに成功したのである。

第二節　不動産企業の「パートナーシップ」制度

一．万科の「事業パートナーシップ制度」

　外部から「簡単に暴利を得る」とみられがちな不動産業界は、今年一連の変革を迎えるかもしれない。また変革の根源となるのは「地王(土地の値段がどんなに高くても購入しようとする不動産業者)にならない」、常識にとらわれない万科社である。万科の郁亮総裁は春季定例会で、万科内部での「事業パートナーシップ」推進を予定していると公表した。これは、中国の不動産企業で初めての推進となる。一般的に、「パートナーシップ制度」は弁護士や会計事務所など、専門性と独立性の高い業界に多く使われているが、万科の実験が成功すれば国内の不動産業界の変革を先導することは間違いない。

　郁氏は万科の「インターネット化」を考えていたが、周知のとおり、不動産業のインターネット化は容易なことではない。というのも、不動産業界は伝統的な産業であると認識されており、資金の密集性を要する上に、官僚的で専門的かつ精密な管理に拘るからである。大勢の赴くところ、郁氏の言う「黄金時代からシルバー時代に」向かっており、必然的に限界効果が逓減する。実際の需要から見ても顧客の足取りの向くところがますます分からなくなっているところである。業界の景気が下がれば企業内部では必然的に「離心」現象が生じる。不安が募るインターネット時代に、いかにして「暴走」する思考を具体的なアイディアに変えるか。万科のイノベーションもこの一連のコンテクストから逃れられず、いくつかの管理難題に直面していた。(1)株式権利が極めて分散している。筆頭株主である華潤集団は投資者としての持株比率が15％足らずで、かつ会社経営にも干渉していないが、これは会社の株式権利の意味での実際の支配者の空白を作っている。(2)会社経営陣の持株比率も低い。王石氏や郁亮氏などを含む上層幹部の持株比率は万科の最大の個人株主である劉元生氏の1.21％にも及ばないため、経営陣と株主の利益的分割が生じている。(3)目下、経営陣の報酬は管理業績に比べて相変わらずやや低めで、不動産業界の粗放式管理の時代は終わり、ますます経営陣の精密管理能力に依存するようになっているものの、経営陣をいかに動機付けて引き止めるかが急きょ解決すべき問題となっている。

　というわけで、郁氏は事業パートナー制度という解決案を出したが、いうまで

もなくこれは万科の三十年に及ぶ歴史のなかで最も挑戦的な変革方案である。2014年3月初め、万科は「事業パートナー」制度を初めて提案し、さらに次の三カ月で「株式投信制度」と「プロジェクト投信制度」を打ち出した。「株式投信」とは、万科の事業パートナーが経済利益のリターン口座のすべての権利を盈安パートナーシップに委託して一元的な資金管理を行い、さらにレバレッジ・ファイナンスから得た資金で一緒に万科株を購入することである。「プロジェクト投信制度」とは、進行中のプロジェクトと所属する会社が自ら現金投資を行い、抱き合わせを承諾することをいう。利益に抱き合わせがあれば、従来の専門経営者の官僚化、責任・権利の集中化及び専門化といった時代遅れのしきたりを、新たな構造の下で打破できる。ピラミッド式の組織構造からフラットな構造へと転換するのである。パートナーは仕事の収益(報酬)、プロジェクト収益(プロジェクト投信の配当)及び株式権利収益(株式配当)を享受できる。

1. 株式投信とプロジェクト投信:
　　すぐれたチェックアンドバランス・システム

　万科の「株式投信」方式とは、内部関連従業員が自己の経済利益リターンを万科事業のパートナー集合体を代表する「盈安パートナーシップ」のジェネラル・パートナーに委託して投資管理を行い、それから「盈安パートナーシップ」が二次市場から万科のA株を購入することである。このやり方はまさに「一石四鳥」の効果を生む。まず、「盈安パートナーシップ」を通じて支配権に対する効果的な社内制御を実現し、万科はこの集合体構造を通じて分散した株式を集約させることができる。こうすることで経営陣の支配権を固めるだけでなく、経営陣が株式権利上の実質支配者の空白を補えるため、悪意の買い付けを阻止できる。次に、経営者のリターンで投票権の蓄積を図り、大規模的に専門経営者を株主になるよう仕向ける。こうすることで経営者の利益を会社及び外部株主の利益と一元化できるため、経営者に「パートナー意識」が芽生え、ある程度代理問題を解決できる。さらに、従業員が真の株主になって、短期的な利益ではなく長期的な投資をできるようにする。このように従業員の利益をも会社の利益と一つに束ねることで、従業員への動機付け問題を効果的に解決できる。最後に、万科は「盈安パートナーシップ」の株価低迷時に、市価管理を通して株価を安定させる役割を果たせる。

　しかし、「株式投信」だけではなく「プロジェクト投信」も同時に進行させて

こそ両者の協調が成り立つ。万科の「プロジェクト投信」は、万科の未来におけるすべての新プロジェクトを指しており、プロジェクトが所属する会社の経営陣とプロジェクトの担当者は必ず会社とともに投資する必要があり、会社の取締役や監事及び上層幹部以外のその他従業員は、自主的に投資に参加できるというものである。この方法を基に、従業員の初期投資の割当はプロジェクト資金のピーク値の5％未満に設定してある。さらに譲り受けによる追加投資もプロジェクトに加えている。プロジェクトが所属する会社の投資者は市場のベンチマーク貸出金利を支払った後に、プロジェクト資金のピーク値の5％を超えない割当の譲受を選択することができる。

　プロジェクト投信を行うということは、土地の購入、設計、工程及び販売などの各部門がインターネット企業のようにそれぞれ独立したプロジェクトチームを組むことを意味する。つまり、従前の部門間のベルトコンベア式ではなく一つのプロジェクトに統合することで、プロジェクトのリーダーが任意の部門からスタートを切り、その後は各部門が共同でプロジェクトを完成させる。万科はこれを「壱団隊」と称している。もちろん、各部門には他のプロジェクトも並行しており、その他の「壱団隊」にも参加している。唯一リーダーはほかのプロジェクトチームにも参加せず終始一人が担当する。一方、プロジェクトが所属する会社のプロジェクト投信の中には、確実に短期で効果を生み出せるプロジェクト投信を選別したり、「利益移転」を行ったりするなどの「短期的オポテュニズム」の傾向が生じる可能性もある。そこで万科は、経営陣はすべてのプロジェクトに投資し、本部は経営陣のパートナー資格を取り消す否決権及び持株に対する決定権をもつよう要求したのである。つまり、プロジェクト投信で生じうる「オポテュニズム」は本部の審査にかける必要があるが、一方で万科の株にも影響を及ぼすため指値注文が生じることになる。株式投信は長期的な評価メカニズムとして、プロジェクト投信の長期的利益に対して「協調及びバランシング」の役割を果たすわけである。

　このように、各プロジェクトは従業員が「投資」した「創業プロジェクト」としてプロジェクトのパフォーマンスと従業員の利益を直接リンクさせるだけでなく、従業員の熱意と潜在能力を最大に発揮させることができる。また、企業のイノベーションに対しても大変有利である。企業の各プロジェクトが従業員の投資による「イノベーション・プロジェクト」として内部化された時も企業は多くの小規模組織の集合体となりうるし、また小規模組織は柔軟性があるためスピー

ディーに外部の変化に対応でき、イノベーション性を発揮できる。郁氏の指摘によると、事業パートナーはハイスピードでローカル企業のさまざまなイノベーションとマイクロイノベーションを促しているという。例えば、万科は淘宝と提携して、タオバオでの消費額を万科の不動産購入時の割引額に引き換えるイベントを開催したところ、一カ月でタオバオ経由の不動産販売総額が13億元にのぼり、購入者の受けた割引額は平均4.2万元となった。つまり、万科の「事業パートナーシップ制度」により経営陣は「共同イノベーション、共同享受、共同責任」を実現でき、従業員はより責任感をもち経営環境にもより敏感になれるということである。

　以上の分析で分かるように、万科は「事業パートナーシップ制度」を通して経営権と所有権の統合を図っている。今の盈安パートナーシップは、累計31.3億元の投資で万科のA株を計3.59億株保有したが、これは会社の総資本の3.26％を占めることになる。また今後も引き続きA株の持株比率を増やしていくという。内部組織を立ち上げて会社の株を所有することにより、上場企業は支配権市場がもたらす一連の不確実性を食い止めることができ、さらに外部に対する制御が可能となる。一方で、企業の株式権利の集中により生じる「インサイダー・コントロール」問題に対しては一定のチェックアンドバランス体制を構築しており、「株式投信」と「プロジェクト投信」を通じて経営陣と企業の全体利益を統合し、企業管理での委託―代理に存在する「道徳問題」及び一部小株主の「便乗」問題をうまく解決している。このロジックで考えると、郁氏が提起した「事業パートナー2.0または3.0バージョン」は、将来的にプロジェクト投信を拡大し産業チェーンの上下ポジションをパートナーとして取り込むことにより、不動産界の新たなエコシステムを構築できると考えられる。このように、施工会社は事業パートナーになることで、手抜き工事の問題も根絶され、工事の質も保証できるであろう。さらにこれは、産業チェーンの利益関係者も事業パートナーに取り込むことになり、一つの会社をプラットフォームとして内部イノベーションが行われ、最終的には新たなエコシステムを再構築することでより広い範囲での企業管理を完結させることになる。

　二．碧桂園の「成果の共同享受」と「同心享受」計画
　「パートナーシップ」計画を推進するにあたって、碧桂園には万科ほどの大きな力がないものの、2012年末から密かに「成果の共同享受計画」を進めてい

る。高額のリターンと権限委譲を通じて従業員による利益の共同享受やリスク分担を実現することにより、2013年のシェアを一千億元の突破へと導いたのである。

　碧桂園の「成果の共同享受」制度には、「地域とプロジェクト企業は土地の獲得時に、目標利益率やセールスのデータを基に、目標とする土地への投資金額を逆算する必要があり、それができれば入札し、そうでなければ放棄する。プロジェクトの経営陣は最終的にプロジェクトの資金回収スピードと創出した純利益に基づいて見返りを獲得し、純利益が高いほど資金回収が速く見返りも多い。さらに現金の見返り以外に関連プロジェクトのストックオプションも獲得でき、従業員はこれをもって碧桂園集団のストックオプション計画の下で支払われるべき対価を求める権利を行使できる」と規定している。また、「成果の共同享受」の本質は従業員と株主の利益の互恵を実現することである。ここで、プロジェクトには明確な現金回収要求があるため、プロジェクト会社が利益の確保のために集団公司の資金チェーンを脅かすことはない。

　この計画は碧桂園のここ数年間の規模拡大にとって強い原動力となっているが、不動産業界が「黄金時代」から「シルバー時代」へ推移するにつれて、この動機付けの体系にも欠陥が現れ始めた。まず、規定により、新プロジェクトの査定期間内はいかなる要因で生じた赤字に対しても、その2割は地域総裁とプロジェクトのチーフマネージャーが負担することになっている。また、1年以内にキャッシュフローが正常に戻らなければ、この審査ブロックは共同享受計画に引き続き参加する資格を失うことになっている。例えば、成果の共同享受計画プロジェクトに参加したにもかかわらず最終的に見返りがなかった場合、状況によっては地域及びプロジェクトの経営陣に対する処罰が行われるなどがある。シビアな処罰規定となったのは、プロジェクト段階で高い経営リスクを負う必要があるからだ。これはプロジェクト段階で「安定」を求めることにより新たな発展チャンスを逃してしまう可能性があることを意味する。そこで碧桂園集団は、2014年9月から新たな「パートナーシップ制」によるデザインワーク・グループを立ち上げ、調査研究を重ねて新バージョンの「同心享受」計画を打ち出したのである。この「同心享受」計画によれば、2014年10月より獲得した新プロジェクトは内部審査により決定された後、集団投資の比率が85％以上、従業員の投資可能な持株比率は15％を上限とするシステムを採用することで、共同でプロジェクト合弁会社を編成するとしている。

碧桂園の「同心享受」計画と万科の「事業パートナー」計画は参画プロジェクト、情報公示、投資参加者、投信の方式と限度額、回収システム、配当・元本返還の条件及びシステムからの退出などの面でいずれも一定の違いがある(表4-1参照)。

表4-1　万科と碧桂園の「パートナーシップ」制度の内容比較

万科不動産	対象：上層幹部、コアメンバー
	内容：集団側においては、事業パートナーの経済利益ボーナスや団体ボーナスの口座に対するすべての権利を深セン盈安のファイナンシャル・アドバイザー（財務顧問）に委託して投資管理を行う（レバレッジ・ファイナンスを引き込んで行う投資も含む）。一般パートナーについては、万科のプロジェクトに投資して収益を得ることができる。
碧桂園	対象：碧桂園の従業員
	内容：「同心享受」の従業員激励計画は、集団の従業員をプロジェクト開発の投資参加の対象とする。「パートナー」資格を有する従業員はプロジェクトの株式権利を購入でき、将来プロジェクトの利益が足りない場合、これによりボーナス配当が得られる。

碧桂園の変革は経時的変化というべきであろう。不動産業界の「正常化」に伴い、業界の総利益は平均化しつつあり、不動産商品はライフスタイル志向になっている。かつての黄金時代の不動産企業は、土地を獲得できればあとは十分な資本で施工や販売をスピーディーに行うことで高い収益を得ることができた。しかし、これからの「シルバー時代」では詳細な市場分析、最適なコストパフォーマンスと差別化を図れる商品、及びサービスとビジネスモデルの拡大などにより競争力を保持しなければ不動産企業には活路がない。このような背景の下、ローカル企業の経営活性化を図るために、いかに屈強な地域・ローカル企業を作り上げていくかが近年のすべての不動産企業が直面する挑戦である。そのため、碧桂園は2013年から徐々にローカル企業に権限委譲してローカル企業の土地獲得、開発、販売の権利を強化する一方で、本社はさらなるスリム化を図り、サービスと監督管理の役割を強化している。

「同心享受」計画の推進と碧桂園本社の下方への権限委譲方針は代々受け継がれていくであろう。碧桂園は、同計画が「企業管理手段と従業員が企業の発展成果を享受することを統合させることにより、従業員の主人公意識を高め、彼らが会社の主となれる」と信じている。なおかつ、集団は同心享受計画と共に「本社

―地域―プロジェクト」という3段階管理システムの整理をさらに一歩進めて各地域に対して最適化統合を行い、すべてのローカル企業が確実で屈強かつ独立した経営実態となるように努めている。目下、碧桂園傘下には広清[1]エリア、湘渝川贛[2]エリア、江中[3]エリア、東北[4]エリア、粤閩[5]エリア、蘇皖[6]エリアなどの6つのエリアにおける第一線都市[7]にある企業とその他25の地域にある企業により「広東省内、国内、海外」という「天下三分」の構図となっている。さらなる規模の拡大を実現するには地域強化が必然的な選択となっている。

　碧桂園の「同心享受」計画の細部を見ると、従業員による「リスクを分担し、収益を享受する」よりも重要な意義がある。まず、人的資源管理をより重視していることである。経営陣だけが専門経営者になるのではなく、従業員もプロジェクトの主導者として共感をもち企業に対して主人公意識が芽生えるため、企業は人材を引き止めることができる。また、企業が投資リスクをコントロールするためにも有利である。各プロジェクトには従業員が参加してリスクを分担しているため、投資決議の際にもより慎重になる。その上利益リターンの制度があるため皆がプロジェクトの営利についてより関心をもつようになる。最後に、会社のマーケティングが「全員参加」型になっていることである。プロジェクトにはすべての従業員が参加できることになり、彼らがプロジェクトの株主となった時には自然とセールスに全力を投じるようになる。これからのプロジェクトはマーケティング部門だけでなく、工程部門や財務部門、ひいては行政部門までがセールスに参加することになる。

三. 金地(Gemdale Group)とファンドの提携

　企業の発展において、融資と資本運用の能力は非常に重要である。不動産業界は資本密集型の業界であり、競争が白熱化する段階にある今は、各企業も自身の資本力により力を注ぐ必要がある。金地社は2006年からすでに不動産金融業務の模索を開始し、会社の出資で中国の不動産市場への投資を中心とする穏盛投資管理有限公司(以下、「穏盛投資」)を設立して、中国で最も早く金融業務に足を踏み入れた不動産企業の一つとなり、かつ金融業務を二番目に重要な業務として取り扱ったのである。穏盛投資は不動産金融の面で頻繁に動いている。2008年、穏盛投資とスイス銀行(UBS)が設立した米ドルファンド(UG基金)は国内で標準化された不動産ファンド第一号となる。2009年には平安信託と共同で不動産信託商品を発行した。2010年、穏盛投資は人民元ファンド事業を開拓し、中国

の不動産ファンドの手本となった。目下、穏盛投資は中国の不動産ファンドの先導企業となり、香港や北京、上海、深セン、天津に支店を置いて50人以上の専門経営陣を配置して、傘下には一つの米ドル不動産ファンドと複数の人民元不動産ファンドを管理している。2012年の穏盛投資の投資は累計70億元を超えており、2013年の総資産管理規模は累計105億元にのぼる。現在、国内の大部分の不動産ファンドは債権制であるが、金地社は株式権利制でリミテッド・パートナーシップ(LPS)を実行している(天津金地穏盈株式投資基金を例に、表4-2参照)。会社は株式権利を用いて募った資金を金地のプロジェクトに投資して自社の資金面の負担を緩和しており、このように資金をプロジェクト開発に引き入れることで、パートナーとのウィン・ウィンの関係を実現している。現在、金地社のファンドの多くはプロジェクト型ファンドであるが、将来的にはアンブレラ型ファンドへと進めていく予定であるという。アンブレラ型ファンドは具体的なファンドではなく、一つのファンドから発足して枝分かれたファンドをまとめて管理するものである。出資者は参加に「入場券」が必要となるが、参加後はファンド内部でさまざまな選択ができ、よりフレキシブルな投資を行える。

　ファンドのハンドリングにおいては、金地社が誘致してファンドと連名でプロジェクトの共同開発を行う。こうすることで、不動産企業の資金問題を解決できるだけでなく、ファンドはプロジェクトのために資金調達しているため、パートナーとしてプロジェクトの主人公となり、自然とプロジェクトのセールスのみならず、リスクや進展及び質などの面でも監督の役割を果たしている。これが会社に対するもう一つの管理の力となって、会社の発展に貢献し、プロジェクトの利益の共同享受、リスクの分担が実現でき、最終的にはウィン・ウィンの関係が実現できるのである。

第一部　企業の内部管理編　　103

表4-2　"天津金地穏盈株式投資基金"概要

基金名称	天津穏盈株式投資基金パートナー企業 (リミテッド・パートナーシップ)
募集資金規模	第一期募集規模：1.8 億元 (募集済み) 第二期企画募集規模：2 億元
投資期間	最長 5 年、2010 年から逐次投資を回収し、2014 年末までは 7 割の元金を回収可能と予想。
LP2 予想収益率	年間収益率は 31.3％、5 年間の累計純利益は 156.7％に達することができ、利益には上限および元金保証はない。
プロジェクト	金地集団武漢 " 瀾菲溪岸 " プロジェクト
退出ルート	パートナー企業はプロジェクトから退出後、≪リミテッド・パートナーシップ企業契約≫に基づき、パートナーに投資利益および元本を分配し、信託計画の退出を実現し、かつ受益者に信託利益を分配する。
プロジェクトの現状	地価はすべて支払い済みで、現在、施工を行っており、2011 年第 1 四半期予約販売を開始予定。

おわりに

　本章では「パートナーシップ」制度の下で企業イノベーションモデルを利用して行う企業管理についてまとめているが、集団の主導下での「パートナーシップ」制度の推進は企業によってその実施に差異がある。アリババの「パートナーシップ制」モデルは、主に会社の文化伝承及び経営陣による主導権の掌握のために用いている。また、取締役会を固定することにより会社発展の安定性を維持し、毎年パートナーにより取締役を選任することで従業員に対しても動機付けにもなり、人材を企業に引き止めている。万科は、「事業パートナー」制度において「株式投信」と「プロジェクト投信」を採用しており、経営陣がプロジェクトの所有者に、従業員がプロジェクトの株主となることで、効果的な動機付けができ、さらにプロジェクトのリスクの把握及び「全員セールスに参与する」ことの実現をより確実なものにしている。碧桂園の「成果の共同享受」計画と「同心享受」計画も主に、従業員を奨励するために、従業員との「リスク分担、利益の共同享受」を実現し、さらにアセットライトにより不動産の資産管理から人材管理へと転換することを目的としている。金地とファンドとの同盟は、不動産の資金需要問題を効果的に解決し、外部からの効果的な管理を誘致できるため、会社の持続的発展により有利である。

それぞれの「パートナーシップ」制度を概観すると、その存在意義はいずれも「人」の動機付けを実現することにあり、「雇用」を「所有」へと変えて、従業員の潜在的能力を奮い立たせて人材を確保することである。今日の知識経済の時代にあって、いかに「人的資源」を活用するかが企業の絶え間なく模索していくべきテーマでもある。

【注】

1)広清: 広東省の広州市、清遠市

2)湘渝川贛: 湖南省、重慶市(中国唯一の直轄市)、四川省、江西省

3)江中: 長江中流を指す

4)東北: 東北三省の遼寧省、吉林省、黒竜江省

5)粤閩: 広東省、福建省

6)蘇皖: 江蘇省、安徽省

7)第一線都市: 中国の政治、経済などの社会活動において重要な地位と主導的役割、波及力・引導能力を備えた大都市。一般的に一線都市とみなされているのは北京市、上海市、広州市、深セン市、天津市。

第二部
企業管理哲学編

第五章
ニーチェの「力への意志」──ウーバーの企業管理哲学

第一節　ニーチェの「力への意志」

　「力への意志」(または「権力への意志」)は、ニーチェ哲学の核心的思想の一つである。ニーチェ本人は「力への意志」を一種の生産性であり、それは創造もできるし、われわれが遭遇し所有する「存在」と「現実」へと転化させることもできると考えている。「力への意思」の思想では、生には生来の本質があり、その本質は不変のロゴスの形で生活以外のところから得られるものではないとしている。つまり、生の本質も意義も虚無を目指すものでなければ、その神なる支配を受けるものでもなく、「現にここにある」実際の生活であると考えている。このような生の生来の本質を受け入れることは、さまざまな形の人生が誕生して合理化を得る過程を示している。さまざまな生命の形にはいわゆる動物的な、社会的な、理性的な、及び道徳的な人などを包括しているが、それは人類の生命の体現であり、権力に対する追求を統合させたものでもある。人類の生命には生命の真理と生存のルールなどが含まれているが、これらは生命の変形でしかない。このようにニーチェは「存在は生成にある」という新たな存在観を生み出している。

　ニーチェの言う「存在は生成にある」は、いくつかの固定観念の形而上学的な対立の上に成り立つ、西洋の思想観念のような人生観とは異なる。ここで言う固定観念には主体と客体、因と果などが含まれる。ニーチェは、世界を描写するこれらの言語により西洋思想の二元論がもたらされたと考えていた。『偶像の黄昏』の中でニーチェは、「私は怖れる、私たちが神を捨てきれないのは、私たちがまだ文法を信じているからであるということを……」と述べている。言語によりわれわれの思想は制限されるということを提言していたのである。というのも、一般的な文法では主語と目的語を強調しており、通常、主語は「私」で表現されるからである。つまり、人としての意識または「人」が「私」という主語を、外部世界が目的語を代表するのである。さらに、運動と変化は「動詞」や「名詞」などの区分により、人類が主体となって起こる体験であるとわれわれは

認識してしまう。すなわち、「私の意識」が自主的に変化しており、ひいては私の意識が投影された外部事物も変化すると認識してしまう。そうすると、人類の「自我」と「意志」は生命運動に伴う効果ではなく、存在の起因となる。しかしながら、「自我」と「意志」はいずれも生命運動の二次的効果であって、生命の運動と生命の絶え間ない生成があるからこそ「自我」に意義が持たされ、「意識」が生まれるのである。このように、「自我」と「意志」は本来なんら意義も持たないが、生命運動を通して、生命の創造と構築を通して体現されるのである。換言すれば、「自我」は生命運動により構築されたものであり、また生命運動は権力と制御への絶え間ない追求である。

　このように、ニーチェは意識と精神を存在の最高価値とすることに反対している。彼は、生命全体は強い意志により創造される力であり、人類の意識もその中の一産物にすぎないと考えている。さらに、生命の意義はいわゆる最高精神を追求することではなく、力の増大及び「専有、生長の支配、より強いものとなろうとする意欲」であるとしている。ニーチェは、生命の最も基本的な駆動力は力の蓄積及びより強い意志がより弱い意志を支配することにあり、また、それに抵抗する力にあると考えている。換言すれば、生命本来にはなんら意義も存在せず、無限の追求力の蓄積こそが存在の意義となり、また力が蓄積されるにはより強い意志により抵抗が征服される必要があるとしている。このように、われわれのいう「知識は力なり」は正しいと言えず、知識は力の原因ではなく力の結果であるというべきであろう。なぜなら、われわれには強い意志があり、われわれは現実を創造することができ、かつ、自身の創造した現実を他人に強要して「知識」を受け入れさせてこそ、われわれは博学になるからである。「抵抗の度合いと圧倒する権力の度合い――すべての生起にさいして問題なのはこのことである」[1]。また、力への意志の絶え間ない抵抗と闘争が生命への力を拡大したのである。

　権力への意志は抵抗に当面してのみ発現することができる。それゆえこの意志は、抵抗するものを探し求める、――これが、原形質が偽足を伸ばして周囲を手さぐりするときの、その根源的傾向である。専有と同化は、なかんずく、圧倒しようと欲すること、携帯化し、形成しくわえることであり、ついには圧倒されたものは攻撃者の権力領域のうちへと全く移行し、攻撃者の力を増大するにいたる。[2]

　力への意志が自己体現する方式は、種々の生物の境界線を定義し、その展開す

る力を評価し、かつ、それらがどれほど互いの領域内へと同化し続けるかを決めることである。このように、「主体」は意義を失い明確な範囲はなくなり、常に変化、同化し続けることにより外部を自己の領域内に取り入れている。

　主観という「アトム」はない。主観の領域は絶えず増大しつつあるか減少しつつあるかであり、体系の中心点はたえず変動しつつある。主観がわがものとした素材を有機化しえない場合には、それは二つに分裂する。他方それは、おのれより弱い主観を、それを破壊しつくすことなく、おのれの機能へと改造し、ついには或る程度までそれと合体して一つの新しい統一を形成することができる。主観は、「実態」ではなく、むしろそれ自体で強化へと努力する或るものである。しかもこのものは間接的にのみ自己を「保存」しようと欲する（それは自己を凌駕しようと欲する──）。3)

　つまるところ、ニーチェの「力への意志」は主に以下の意味を表している。

　１．生の本質はいかなる虚無でもなく、あるニヒリズムのための贖いでもなく、現にここにある生活であり、力への意志が導く動的生成の過程である。すなわち、生命の本質は力の増大への追求である。

　２．生命それ自体には生命の規則や道徳などが包括され、いずれも生命が圧倒する権力の中で産出される。また、生命に対する区分及び生命によるある種の制約は、決して生命の生来のものではなく、力への意志をもつものの思想の表現であり、彼らが生命に強要した制限である。これは、人類が追求するいわゆる知識であり、知識は力を生む原因ではなく、力を体現した結果であり、力への意志があるものが認識を知識へと転換して弱い意志のものに強要することでアイデンティティを得、彼らの知識の博学を示すのである。

　３．生命は静止したものではなく、矛盾する力の相互作用により生成と変化を続ける。生命は強い力の作用により体現され、同化の力を克服して自己保存をし続けることにより自己を超越する。それゆえ、主観である「私」は意義を持たず、同時にそれは私たちの思考を阻害するものである。なぜなら、「私」により視覚が制限され、すべてを「私」の角度から見ているため、全体が疎かになってしまうからである。生命は生成され続けるため、強い意志のある生命は外部を自己の領域内に同化させ続け、また、それを利用して新たな生命を得る。

　上記の分析で分かるように、ニーチェが提唱するのはある種の積極的な人生観であり、力への意志をもつ生命は甘んじて同化される側になろうとせずに、すでに構築された世界に抵抗し、世界が彼の意思に沿って構築されるように吸収し続

けてこそ最大のエネルギーを獲得できる。最初は自己保存のためであっても次第に自己を超克し、ひいては自己の境界線があいまいになり、世界となっていく。ニーチェのこのような人生観は、一個体としての「私」だけに提唱するものではない。われわれは世界に同化される側になるのに甘んじずに自分の人生を積極的に構築する必要があり、最大の力を得るために努力して「貴族的自由」を手に入れるべきであって、低層の制限者となることで主導性を得ようとすべきではない。

　ニーチェの思想は企業の発展にも適用されうる。企業を一つの生命としてとらえた場合、それは力への意志（強い意志）を有する他の生命が構築した世界に受動的に対応して規則に絞られるであろうか、それとも、自己保存と世界の自己構築のために立ち上がって、外界を自分の体系に同化させて、生命のさらなる発展を得るのであろうか。

　本章では、ウーバーの発展について考察し、力への意志をもった生命としてのウーバーの巨大な生命力と無限の潜在力を提示する。これにより、企業は既存の環境に受動的に対応するのではなく、最大の価値を獲得するために力への意志をもつ生命として自らを称え、自己の世界を創造していくべきであることを説いている。

第二節　ウーバー──勝たなければ同化される

　米ウーバー・テクノロジーズ社が運営する配車サービスのウーバーは現在世界58カ国と311の都市で事業展開している。全世界で活躍するウーバーの運転手の数は、2015年初めには16万を超えている。2015年初めの最新の資金調達ラウンドで評価額は400億米ドルにのぼった。同年5月に行われた新たな資金調達ラウンドで評価額はさらに500億米ドルにのぼり、世界で最も価値のある民間テクノロジー企業となっている。その前までは上場前評価額が500億米ドルに達したのはフェイスブックのみである。推測によれば、ウーバーの2015年の売上高は100億米ドルにのぼり、運転手の収入として約8割を差し引いても会社の純収益はおよそ20億米ドルにのぼる。一つの配車サービスアプリが500億米ドルの資産価値を有する、一体どこが人並み外れて優れているのだろうか。

　ウーバーの前身であるウーバーキャブ(UberCab)は2009年に設立され、空きのタクシーを資源として統合し消費者に配車サービスを提供することを主な業務と

していた。2015年5月、ウーバーキャブはタクシー会社の許可証がないという
理由で、米運転管理部門から罰金2万米ドルの支払いを命じられた一件以降、会
社の転換に着手した。その後ウーバーと社名変更し、ハイエンドタクシー市場に
専念するようになった。ユーザーはウーバーアプリにアクセスして乗車目的地を
入力し、リンカーンやキャディラックなどの高級車の中から必要な車を選ぶだけ
で、あとは白い手袋をした運転手が訪れて乗客のためにサービスを提供する。成
立して6カ月後の2011年1月、ウーバーはすでに三千以上のユーザーを保有する
ようになり、一万キロから二万キロの運行コースも完成させた。

　2013年7月、ウーバーは「アイスクリームのオンデマンドデリバリー」サー
ビスを開始し、その後ニューヨークからハンプトンズまでの「ヘリコプター＋
プライベートレンタカーサービス」を打ち出し、さらにナショナルCATデーには
「オンライン配猫サービス」を行った。一連の新奇な業務は、ウーバーがマルチ
サービスプラットフォームになりつつあることを示している。

　その後、ウーバーはヨーロッパとアジアに進出したが、反発を受けながらも
迅速な拡張を続けた。さまざまな「封殺」も彼らが世界で最も価値のあるベン
チャー企業になることは阻害できなかった。

第三節　ウーバーの「グローバル封殺」の経緯

一．アメリカ本土で地方政府からのボイコット

　ウーバーはアメリカ本土でも険しい道のりを歩んでいた。マイアミ、オーラン
ドバージニア州などのアメリカの一部都市と地域で提供していたサービスは法律
で許されていなかった。ところがウーバーのマーケティング戦略は、各都市で監
督管理機関の認可より先に運営をはじめ、管理監督機関が調査と監査を始める頃
にはすでに拡張が進んでおり、膨大な会社団体を用いてロビー活動を行うとい
うものであった。2014年6月、ロサンゼルス市議会の三人の議員は関連法律で
ウーバーやLyftのようなライドシェアリング企業を規制するようカリフォルニア
州議会に訴えた。現行法律ではこれらの会社について管理不能になっており、ま
たウーバーやLyftのような会社は不公平な競争手段で伝統的なタクシー会社を不
利な状況に追い込んでいる、というのが理由であった。

二．台湾での「無免許」問題

2014年12月22日、台湾交通部門はウーバーが「違法」経営によるサービス提供、及び無許可経営の疑いがあるとして、300万台湾ドルを超える罰金を命じた。ウーバーはそのうちの15万台湾ドルをすでに支払っているが、残りの金額については、法廷で控訴する予定である。

三．インドでの強姦事件

2014年12月初め、インドの女性がウーバータクシーを利用して帰宅する際に、運転手に強姦されたと主張した事件以降、ウーバーはインドの首都ニューデリーでのサービス提供を禁止された。インド側に商業輸送許可の背景調査に対する明確な規定がなかったが、ウーバー側は問題解決のためにインド政府部門と協力すると表明した。

四．スペインでの訴訟問題

スペイン・マドリード商務裁判所による最新の判決の内容は、「ウーバーと現地タクシー同業連盟との裁判は係争中であるため、すべての法的紛争が和解し、かつ継続経営の権利を与えられるまでウーバーのこの国におけるマーケット運営を一時的に禁止する」、というものであった。

五．タイでのライセンス及び保険問題

タイ・バンコク交通管理部門は、ウーバーの運転手の管理登録及び商業保険の加入などがされていない問題で、ウーバーの業務停止法令を公布した。

六．オランダでのビジネス禁止

オランダ巡回裁判所は、ウーバーの運転手はタクシー免許を必ず取得すべきという以前の判定結果を支持し、かつウーバーがこの国で引き続き経営活動を行う場合、直ちに高額の罰金を命ずるべきであると強調している。

七．ドイツでの不正競争

フランクフルト裁判所は、ウーバーが現地タクシー業界に不正競争を仕掛けていることに気づき、ウーバーの一部運転手は必要な登録と保険加入がなされていない上に、選択的受注の問題が存在すると指摘した。また、ドイツではタクシーが必ずすべての顧客の要求を受け入れ、乗車拒否できないことが法律で定められ

ていることを理由に、ドイツ側はアメリカの配車サービス提供プロバイダーであるウーバーの一番の人気サービスを全域で封殺した。

八、韓国での封殺
ソウル市政府は、未登録の個人または配車業者が有料運輸サービスを提供することを法律で禁じているためウーバーは違法であると認定し、かつ速やかにウーバーのサービスと類似する配車サービス用アプリをリリースした。

九、法律違反で日本市場進出が難航
日本・福岡市をモデルケースとするウーバーのライドシェアリング(相乗り)サービスは、道路運送法に抵触する可能性があるとして中止を指導された。

十、中国に進出するも多くの都市で調査対象となる
2015年4月30日、ウーバー(広州)は広州市の商工、交通委員会、公安部門の合同調査を受けた。その理由は、「違法経営の疑い」があるということであった。5月6日、成都市仁恒にあるウーバー成都本社も関連部門の立ち入り調査を受けたが、理由は、ウーバーが完全な就業手続きを備えているかを調査するとのことであった。

つまるところ、政府がウーバーを提訴した理由は主に以下のとおりである。(1)ウーバーの運転手はタクシー許可証がなく、違法な経営の疑いがある。(2)個人車またはレンタカーが現地政府部門に登録されていない。(3)ウーバーの運転手の管理登録及び商業保険への加入がされていない。(4)安全面で法的係争を引き起こす可能性がある。

ウーバーは各国での拡張発展で紆余曲折した道のりを歩んでいるが、このようなラジカルなベンチャー企業に対する資本市場の高い評価を防ぐことはできなかった。2014年12月、バイドゥはウーバーに数億ドルを出資した。同月、ウーバーは資金調達ラウンドで12億米ドルを獲得したことを宣言しており、評価額は400億米ドルに達し、テスラやツイッターをも超えた。このような拡張スピードと資産吸収力に対して一部科学技術評論では2014年をウーバーの年と称している。さらに2015年、ウーバーは新たな資金調達ラウンドを展開しており、評価額は500億米ドルにものぼる。

第四節　ウーバーの抵抗

　たびたびの妨害もウーバーの拡張スピードを遮ることはできなかった。ウーバーは政府と対決する決意でいた。ウーバーの創始者であるトラビス・カラニック氏は過去数年間で各地政府とタクシー業界には深刻な地域保護主義が存在すると指摘し、より強い反撃をするために彼らに「競争を恐れ、新技術を拒絶する」というレッテルを貼った。例えば、ウーバーが韓国で合法的なルート探索を禁止された後、「ソウル政府は未だに過去に生きている」と公に嘲笑い、UberXライドシェアリング・サービスをソウルにおいて無料で提供すると宣言した。米・カンザス州で新立法による厳しい監督管理を受けた後も、新法案は「反競争」的な管理監督規則であり、数百にのぼる職場をぶち壊した現地政府の政策は「反テクノロジー」であると強く非難した。オランダではライドシェアリング・サービスを禁ずる裁判所の判決を受けた後、ウーバーはサービス提供を続行すると宣言した。さらにカラニック氏はある会議で、「われわれはいま政治運動を繰り広げている。候補者はウーバーで、対抗馬はタクシーという奴だ」と語った。

　カラニック氏はことを大げさに言っているのではない。彼はすでにウーバーの拡張を政府との対決と考えている。過去二年間でウーバーは50の州で161人のロビイストを雇っている。また、グーグルの公共政策ディレクターであるレイチェル・ウェットストーン氏とオバマ大統領の選挙参謀を務めたデビッド・プラフ氏を大金で雇っている。前者はワシントンのインサイダーであり、かつて財務省に勤めたこともある。さらに、公共政策のロビー活動で多チャネルアプローチを試みている。政府からの警告と脅威に見舞われた地域では、顧客に手紙を出して、現地政治家のウーバー発展への支持を促すよう願い出た。例えば、これまで米・バージニア州では、現地車両管理局によるサービス停止の要求があったが、その後ウーバーは数百名の顧客を「動員」して当該政府機関に対し訴えを提起した。同時に、ロビイストチームも派遣してバージニア州知事に謁見した。最終的には、運営禁止令が出されてから48時間以内に、バージニア州の交通及び車両管理の最高責任者から車両管理局へ、ウーバーの業務を禁止してはならないという指示が出された。もう一つの例は、オタワ市行政部門による禁止令に対する抵抗である。オタワ市に進出して一週間もたたないうちに政府は、ウーバーにはビジネスライセンスがない上、商業運転免許を有する運転手を雇用しておらずタク

シー運営法規に違反しているとして、法律実行者による潜入調査を行うと宣告した。数日後、彼らは二人の運転手を捕まえることに成功し、運転手一人当たり650カナダドルの切符を切った。この事件は瞬く間に地元のホットニュースとなった。ウーバー側は、罰金は支払うが断固として運転手を支持するとし、各SNSで「ウーバー救援」口座を開いた。ちょうど市長選挙の時期で、民衆は市長候補者に圧力をかけてウーバーの合法化を要求し、さらにマスコミを通して返信をすべて公開した。また人を集めてチームを組み所在区域の議員に謁見し、ウーバー支持の態度を厳粛に伝えたのであった。その後の市長選挙の当日、ウーバーは投票にいくすべての市民は無料でウーバーを利用できると宣言したが、これは交通コスト削減につながっただけでなく、より多くの人が選挙に参加するよう促したのであった。これにより、市長選挙後はウーバーに対する逆風はそれほど厳しいものではなくなった。

　他にも、ウーバーはマーケティング活動でも高い成果を上げていた。例えば、前述のアイスクリームのオンデマンドデリバリー、配猫サービスなどを打ち出して知名度を上げ、またこのような公共事業と慈善事業関連のイベントを催して、より多くの世論支持を獲得したのであった。これらの活動はどれも「私たちは一テクノロジー会社であり、タクシー会社ではない」、「私たちはあらゆるものを運搬するが、それは乗客に限らない」というウーバーのモットーに合致しており、またこれでウーバーは既存のタクシー会社との差別化を図ったのである。

　また、中国では「強い政府」という特殊な国情もあり、ウーバーは強硬な対抗を避けて政府に足並みをそろえる方法をとった。ウーバーは成都で監査を受けたのち、「より規範化され、かつ完備された」共通認識を確立するために、すでに成都の関連役員と積極的な意思疎通を図っていると公式サイトで声明した。さらに2015年5月26日、中国メディアのインタビューでカラニック氏は、「中国政府について述べると、われわれは中国の都市のここ数年の成長と進歩を目にしており、それは全世界範囲でも最も早いものである。また、各都市の市場は自身にとって最も有利なものは何かがはっきりしている。われわれは一貫してハイヤーについて討論しているが、政府がハイヤーに注目しているのはその安全問題を懸念しているからである。現在のウーバーには、未だに正しい法的政策または監督体制が欠けているが、政府とともに規範化された方式を模索し本質的な安全問題を解決することで、潜在的な危険と懸念を払拭するための筋道を共に探索していきたいと思っている」と語った。これもまたウーバーが今までの反逆的な「トラ

ブル小僧」のイメージを改めて、平常心で中国政府と協議することを望み、ハイ
ヤーの合法化を目指して中国政府との連携を選択していることを示している。

第五節　ウーバー成功の理由

一．コア・コンピタンスの優位性
1．正確なアルゴリズム
　ウーバーが独自開発したアルゴリズムの核心である巡回セールスマン問題
(Travelling‐salesman Problem)は、いかに無数の移動する点を最短経路でつな
げるかというものである。これにより顧客の需要、車両の割り当て及び位置決め
を正確に把握し、いつ、どれぐらいの車両を道路で走らせる必要があるかを算出
でき、一つの都市における車両の移動を最小限におさえながら顧客の需要を最
大限に満足させることができる。また、ダイナミック・プライシング(動的価格
設定)の戦略をとっている。それはプレミアム・アルゴリズムを根拠に、マーケ
ティング調節機能の発揮を核心とするものである。プレミアム度の評価は需要と
供給に応じてダイナミックに行われ、プレミアム係数は一定区域内で顧客が発す
る需要と運転手の数の比率で決まる。さらに、自動整合アルゴリズムを用いて乗
客の発注を自動的に最寄りの運転手に割り当てているため、会社全体の資源利用
率の最大化を実現できる。

2．高い利益率
　ウーバーは速やかにタクシーを捕まえられるサービスを人々に提供しており、
顧客側は急きょタクシーが必要だが捕まえられないという状況では、往々にして
高額の支払いもいとわない。これもまたマーケティングの基本ルールといえよ
う。ウーバーは提供するタクシーサービスの価格設定権を有しているため、市場
の需要状況に応じて適時に価格調整を行うことで利益率をより向上させている。

二．革新的なビジネスモデル
1．高効率及び透明性
　ウーバーは、リアルタイムで個人の運転手と乗客の情報を発信してそれらを
マッチングさせ、さらに顧客が予約車両の現在位置情報も見られるプラット
フォームを提供している。このようなポジショニング、開発、マッチング、モバ

イルネットワーク及び技術は移動効率を大幅に向上させるだけでなく、サービスの提供側と需要側との情報のズレを効果的に減少させている。

2. 豊かな労働力資源

すべての個人車両はウーバーの潜在的な従業員となる。ウーバーは乗客に利便性を提供しているだけでなく、社会資源の価値をより十分に発揮させている。例えば、遊休の個人車両が市場に進出し、車の所有者も自由な労働時間を得られる。ウーバーの提供するこのようなフレキシブルかつ選択可能なワークスタイルは敷居が低く、さらに出勤制度または労働契約などの束縛を受けないため、より自由で気軽に働くことができる。

3. あいまいな市場ボーダーライン

カラニック氏はウーバーを「ライフスタイルと運輸スタイルの交差点」と例えて、「いわゆるネットワーク的ライフスタイルとは、ワンクリックで実現できることだ」と考えている。さらに、「ウーバーはリアル世界のライフスタイルになることを望んでいる。それは、クリック、そして堪能することである。われわれは5分であらゆる場所に人を運ぶことができ、同じく5分でさまざまな方式でほかの物も運ぶことができる」と語っている。ウーバーは広大なビジネス展望を提供しており、その重点は運輸ではなく遊休資源の利用にある。これは自身の市場ボーダーラインをあいまいにし、伝統的な業界に体当たりし続けていることを意味する。一部投資家と専門家たちによる調査では、飲食や交通及びホテルの業界に次いでスーパーでのショッピング、小売り、家事代行サービス、商務及び娯楽活動などが、ウーバーモデルにより改革される可能性が最も高い第2弾の業界となり、その核心はもっともスピーディーで適切な方法により顧客の需要に応じることであると示している。

以上の分析によると、ウーバーの成功は十分な技術、革新的なビジネスモデル、及び市場把握での先見性にあり、最も核心的な価値はシェアリング・エコノミーの力を発揮させたことにある。企鵝智酷(PENGUIN INTELLINENCE)は研究報告『ウーバーとウーバー型企業(その複製者)はあなたにもう一つのウーバーの創り方を教える』の中で、ウーバーの最も高い価値と成功の秘訣は、シェアリング・エコノミーの常識を覆すエネルギーを真に開放し、人々の物品所有権に対する概念を変えて情報やモノ及びサービスを流動させただけでなく、「センター管

理＋需要に応じた配置」という方法を通じて明らかに効率を向上させたことである、と総括している。

第六節　ウーバーの「力への意志」

　上記内容から見て取れるように、ウーバーは外部ルールの制限を受けるような世俗の「優等生」企業ではない。ウーバーは一貫して政府のデッドラインに挑戦し続けるトラブルメーカーである。新たな都市に進出するたびに政府の関連政策を無視して、政府からの規制命令が出された後に、大量のロビイストによるロビー活動を行い、さらに民衆とメディアの力を借りて政府に圧力をかける。また、政府の規制を受けるたびにその知名度はかえって高くなり、政府が彼らのために「反マーケティング」を行ったことになる。ここにウーバーの強い生命力がうかがえる。

　ニーチェの「力への意志」という概念に照らすと、まず、ウーバーは創立してから現在まであらゆる手段で拡張し続けており、世界に同化されるのではなく自身の方法で世界を変えようとしている。政府への妥協を拒み、タクシー会社などの利益団体に頭を下げず、ただ一貫して自己主張してきた。ひいてはサンフランシスコのマーケット・ストリートに新設したオフィスを「戦況室」と命名しているほどに好戦的である。創始者であるカラニック氏もライバルへの軽蔑を露わにし、ほとんどの政治家を見識がないと顔を合わせることすら拒んできた。さらに、自分が協議を拒否した姿勢は故意に協力を避けているわけではなく、ロジカルな選択であると主張した。彼は「核心的原則において、共通認識は妥協の前提となる。もしこの前提がなければ、必ず私がいう『原則的な対抗』を繰り広げることになる。だから、われわれのやっていることは一部の人を激怒させることになる」と語った。サンフランシスコのタクシー運転手協会のバリー・コレンゴールド会長はウーバーを、「私は彼らを強盗資本家とみなす。彼らは最初から違法な運営をしており、あらゆる規則を無視して不正競争を行っている。このような手段で規模を拡大しているのは、とかく規則を無視できる十分な資金があるからだ」と評価している。

　次に、生命に対する区別及び一部の制限は生命の生来のものではなく、力への意志をもつ者の思想の表現であり、彼らが生命に強いる制限である。ウーバーは、その違法やルール違反は他の生命により構築されたもので、他の生命が切り

開いた版図であるに過ぎないということを深く理解している。そのため自己の版図を描き出し、自身の世界で自分のルールを確立しようとしている。その他の世界のルールについては、自身の発展を促すものは利用するし、妨げになれば一顧だにしない。ウーバーは自身の世界の安全問題については厳しく対処するが、営業許可や関連手続き問題については取り合わずに反撃する。2013年9月、米カリフォルニア州の公益事業委員会は満場一致で、永久法によりウーバーのようなサービス業に対して「交通ネット会社」という新たな名詞を創ったことで、米カリフォルニア州は最初にこれらのサービスを司法上で認めた場所となった。これこそがウーバーが自身のために創造した一つの合法世界である。

　最後に、力への意志を備えた生命は主体の「私」に満足せず「私」をあいまいにし、周囲の世界を自己領域に同化させる。つまり、自己の世界を拡大したければ、より多くの生命をこの世界のルールに従わせること、また徐々に消え去っていく「私」が世界の知識の創始者となるということである。ウーバーはシェアリング・エコノミーの威力を最大に発揮させており、ますます多くの生命がそれにシフトしていくのである。グーグルやバイドゥのような機関の参画にしても、その急速に増加する顧客数、または支店に加入しようと長蛇の列をなす個人乗用車の持ち主にしても、いずれもウーバーの強大な同化力を明確に表している。それと同時に、ウーバーはスーパー吸収能力を発揮している。グーグルやバイドゥの技術や中国特有のヤラセの口コミなどの状況を前にしても、またはウーバーが後から展開しているローカライゼーション戦略にしても、いずれも静止したものではなく、その生命同様、動的な能力を発揮した結果である。

　つまるところ、筆者はウーバーを「力への意志」をもつ生命と称しているが、それは、ウーバーは運命に従わず、ルールを疑い、その他の生命のルールのために自己の生命をあきらめないこと、力を求める拡張においては、拡張と同時に自己の世界を構築し、自身の正統性を創り出していること、そして主観である「私」を無視して周囲の世界を自己の世界の中に同化させる、つまり、自己ルールに従い自身がその他世界に抵抗する力をより強くすることで自己保存を得ていることが主な理由である。

おわりに

　ウーバーは常識を覆すイノベーション力の持ち主として評されており、筆者は

それに賛同している。ウーバーは一つの新しい世界を創造しており、この世界で「共同享受」は主旋律で、従来のルールは虚無である。ウーバーの成功はその技術の優位性、ビジネスモデルのイノベーション及び「シェアリング・エコノミー」にある。しかし筆者は、ウーバーのイノベーションで最も重要なことは力への意志を備えた生命であることにあると考える。ウーバーは好戦的で屈服を知らない「貴族的自由」を持ち合わせており、また虚無を追求せずただ単に自身の世界を構築することと、自己の力を強化することのみを強調している。このような精神こそがわれわれ現代企業に必要なものである。多くの企業は協力を強調し、「競争」または「好戦」で企業を表現することは企業に対するある種の軽蔑であるとしているが、弁証法で強調する事物発展の根源は自己矛盾にあること、また矛盾間の動的対抗が事物自体の発展を促進していることを忘れている。つまり、「競争」こそが事物の本質であり、協力は例外に過ぎないということである。企業は競争する必要があり、また、ここで筆者が強調する競争は決して単なる企業間の競争ではなく、企業と政府間、企業と公衆間などを包括しており、ルールに縛られず競争の中で自己の勢力範囲を拡張するために努力することである。当然ながら、ここでのルールには環境に対応していない企業の発展を制限してしまうルールも含まれているが、決して道徳原則の上に樹立された法律に代わるものではない。また、企業が外部に対抗する際には、自身の力は無限ではないことを理解した上で外部の力を借りることや同化の力の運用を巧みに活用する必要性、つまり、主観の「私」を弱体化させる必要がある。「自我」を取り除くことさえできれば、企業は「私」の視野にとらわれずに世界全体を見渡すことができ、そうすることで資源も豊かになってより大きな力も得られる。なぜなら、「すべては我にあり、我はすべてにある」からである。ウーバーは、「私」に執着しないため、顧客が政府の圧力に対抗する切り札となるのである。

　当然ながら、企業が自己の世界を構築して「自由」を手に入れるには、前提として自身に一定の力と自己意識を備える必要がある。それはつまり、企業は独自性と優良な資産を備える必要があるということである。すべての人が私の人生を歩めるわけではないように、または私の人生を歩める人がそういないように、すべての企業が自己の世界を構築できるわけではなく、多くはその他の力への意志のある生命の下にある操り人形である。ニーチェが私の人生を生きられたのは彼に思想があったからであり、ゴッホが私の道を創り出すことができたのは彼が芸術の天才であったからであり、そしてナポレオンが私の道を貫けたのも彼には野

心があったからである。企業が自我の道を創り出すためには、独自性が必要である。ウーバーには好戦的な性格、イノベーション性のあるビジネスモデル及び十分な技術があるからこそ自我を創り出す資格をもてたのである。

　米ヴァニティ・フェア誌はウーバーの創始者であるカラニック氏を評価する際に、「時として、特に戦闘の準備をするときにトラビス・カラニック氏の顔は拳のようだ。この状況で眼を細めて鼻の穴を膨らまし口をすぼめると、彼の顔はまるでパンチを繰り出そうとする握りこぶしのようだ。この38歳の企業家が敵に出くわすと、彼の海軍陸戦隊兵士風の髪は一本一本逆立ちして怒涛天を突く」と描写している。これはカラニック氏の好戦的な特徴をよくとらえており、ウーバーのワークスタイルも表している。李克強総理が語ったように、「法律に禁止がなければ、すべて為すことができる(法無禁止即可為)」のである。大きな道徳環境の下で基本原則に反しない限り、企業は大胆なイノベーションをもって制限された世界へ挑戦することができる。生命力にあふれている一企業には必ず好戦的な精神があるべきで、企業が自我を維持するためには外部との対決は不可欠であり、さもなければ外部の力への意志により同化される。協力などの理念を提唱する現代のエコシステムにおいて「好戦」は蔑称のように思えるが、現在のいわゆる「競合」も競争が先で協力が後になっているのではないか。競争は企業が挑戦を必要とすることを意味し、挑戦するのは自己保存とより大きな権力と力を追い求めるからである。

　挑戦を行うのは結果を得るためではない。なぜなら、われわれ自身が本質的に挑戦の二次的な動的結果であるからである。

【注】

　1)訳書引用元:『権力への意志』:六三四、ニーチェ/原佑・訳、理想社

　2)訳書引用元:『権力への意志』:六五六、ニーチェ/原佑・訳、理想社

　3)訳書引用元:『権力への意志』:四八八、ニーチェ/原佑・訳、理想社

第六章
知識は権力なり：滴滴快的による『業界基準』

（ディディ・クワイディ）

第一節　知識と権力

　"Knowledge is power." これはフランシス・ベーコンの名言で、多くの場合「知識は力なり」と訳される。この言葉は幾千万の中国人に、勉学に励み知識を習得して力を身に着けることを教えている。資産家である李嘉誠氏が自伝の中で、「現在も毎晩読書する習慣を続けている。なぜなら、知識は富をもたらすことはできないかもしれないが、より多くのチャンスをもたらすことができるからである」と語っているように、上のような翻訳は間違いではない。つまり、知識は内面に浸透して自身の力となるのである。筆者はこの見解に賛同するが、「power」のもう一つの訳──「権力」、つまり「知識は権力なり」という訳し方により賛同する。しかしながら、「権力」について言論するとほとんどの人はそれを広義の意味でとらえ、それは国を統治する道具、統治階級が搾取や抑圧するための暴力と強制であると考える。また、一部の人または組織や集団がその他の人または組織や集団に影響を及ぼし、制御し、支配するための能力と力であると認識してしまう。権力理論の歴史の変遷からみて、プラトンの『国家』やアリストテレスの政治学をはじめ、近代の啓蒙思想家であるホッブズ、ルソーの社会契約論、さらにマルクス主義の国家論などに至るまで、いずれも統治権の問題、特に国家権力の問題について最も関心を寄せている。誰に統治権が掌握され、どのように運用され、またいかに統治権を保護し強化して、誰に対して実行するかなどは、一貫して権力理論の核心的内容として西洋政治理論の「言語の覇権」となっていた。しかし、フランスの哲学者フーコーは、権力には二種類あり、一つは上述の主権権力で、もう一つは規律・訓練型権力であると考えていた。前者は広義の権力に属するが、後者は狭義の権力に属する。このような狭義の権力の運用では、権力の主体と客体を完全に区分できない。なぜなら、それぞれが主体でありながら客体でもあり、社会の正常な秩序と契約の一員であると同時に、この規律・訓練型権力の束縛と創造を受ける一個体でもあるからである。フーコーは権力を一種の内在的関係であると強調している。権力はネットワークのようにふ

るまい、このネットワーク上で、個体は流動するだけでなく、服従のポジション
にいながらもまた権力を運用している。現代社会の中で、権力はどこまでも存在
する巨大な網を成し、誰一人この網の外へ超脱することができない。この網こそ
が現実中のさまざまな政治、経済、文化など諸々の要素間をつなぐ複雑な関係で
あり、なおかつ、このような関係の運行である。しかしながら、伝統的な君主制
に比べると、現代社会の「権力」にはもはや人を震撼させる暴力もなければ儀式
化した行為もなくなり、完全に自動運行する、規律と規範の形ですべての領域に
存在するものになっている。ゆえに、フーコーにとって性や軍営、精神病院、監
獄、ひいてはさまざまな科学の形成は、このような権力の働きを体現するもので
あったのである。この種の権力は毛細血管の形状となって、社会実践の中で、社
会の一つ一つの末端にまで働きかけている。この毛細血管の形状は前述の二つの
特徴により決まる。権力は一種の関係であり、かつネットワークでもあるため、
社会のあらゆる微小な部位や領域まで伸びているのである。

　この解釈はあまりに抽象的すぎるかもしれない。ここで、フーコーが著書「監
獄の誕生」の中で描写した現代監獄の形成を例に説明していきたい。1957年
3月2日、ダミアンは国王(ルイ十五世)の暗殺未遂で「パリの教会大門の前で公
衆に謝罪する」有罪判決を言い渡されるが、そこで彼は最も残酷な拷問を受け
る。「そこには刑台が組まれ、赤く熱した鉄ばさみで胸と四肢の肉をぶっ裂き、
弑逆のために凶器をもった彼の右手に硫黄を掛け、さらに溶かした鉛、沸騰す
る松脂、蝋と硫黄との溶解物を裂かれた傷口に浴びせかけ、それから四頭の馬で
四つ裂きにし、最後に死体を焼き尽くしてその灰をまき散らす」[1]というもので
あった。続いて、フーコーは本の中で、80年後にレオン・フォーシェにより上
と同類の罪人のために制定された「パリ少年感化院のための規則」を挙げている
が、中には起床から食事、祈り、労働、学業などまでを含む罪人の日課をきめ細
かく規定している。たった80年の時間を隔てただけで同じ類型の罪人に対する
処罰形式がこうも違う。前の懲罰はただ単に肉体に対する痛めつけであるが、現
在の処罰は主に「規律・訓練」を動機としており、「精神」に作用する。この変
化は「知識」の拡張によるものである。以前の罪人に対する審判は、単に裁判官
の判決を受けるだけのものであった。ところが、現在は適切な懲罰を与えるため
にはまず、犯行に対する警察の証拠調べが行われ、それから弁護士の弁護を受
け、さらに罪人の精神的健康を証明するために精神科医の鑑定を受ける、あるい
は病院の報告をもって罪人の健康状態の証明が必要な場合もある。現在の罪人に

第二部　企業管理哲学編　　123

対する判決はもはや裁判官一人の権限ではなくなっている。権力は創造された一連の「人」の知識により拡大され、警察、弁護士、精神科医及び精神病院などのシステムが審判の権力体系に加わった。われわれにとってこれは規律・訓練が増えたことになり、われわれはより多くの規則を守らなければならなくなっている。以前、健康は肉体の健康を意味していたが、今社会で健康的な人であると認められるためには、自分の体だけでなく思想や意識も社会が規定した規則に適合するよう気を配る必要がある。さもないと、社会から隔離され改造されるのである。

　一見フォーシェの理論は悲観的に思える。われわれは皆規則のおりに閉じ込められて、社会での個体は互いに「凝視」し合って規則通りに動くように強いられているように思える。ところがフォーシェは、これは社会の存在の必然的な方式であり、われわれはそれから逃れられないどころか、必然的にこの毛細血管のような狭義の権力の中で漂うことになると考えている。権力の発生過程に細心を払うと、それはナレッジ・アライアンスであり、両者はちょうど互いに内包していることが分かる。科学の言説は完全に排斥と命令により自己を構築するのであり、知識の生産と証明は必ず社会権力ネットワークの知識団体により実現され、また、われわれの知識型は社会権力により育まれる。この知識型によりわれわれの興味の方向性や問題解決の角度が決まるのである。そこで、知識の参与がなければ一部の権利は機能しなくなるため、知識を掌握した者こそが権力を掌握した者になるのである。これは現代社会で顕著に表れている。われわれの専門家制度を見ても、各業界はいずれも専門家レベルの権威者により規範が制定され、管理され、権力の運用が維持される。工場の管理には専門家が、生産のコントロールには専門の職人が必要であり、また病院や学校にも専門家による管理と運営が必要であり、さらに監獄での罪人の改造は専門家の指導が必要となる。つまり、専門家になるということは、専門的な知識を掌握して他者より優位に立つことである。

　では、知識とは何か？フォーシェは「知識」を一種の言説の構築と定義している。彼は、「知識はある種の言説実現の規則によって構築されるもので、かつある科学部門の成り立ちに不可欠な全体要素である」、また「知識は一つの空間であり、この空間では自己の言説の内容にかかわる対象を談論するために主体が一角を占める」、さらに「知識は陳述される並列及び従属の範囲であり、概念はこの範囲内で生まれ、消失し、使用され及び返還される」と考えている。他にも、

知識は「言説により提供され、使用及び適応される可能性により確定されるものである」としている。このように、フーコーのいう「知識」は一般的意味での科学知識でなければ、一般的に「真理的な見解」と認識されるものでもない。「知識」は実践からもたらされ、かつ事実によりサポートされ、さらに「言説」を通して伝播されなければならない。このように、知識は「真理」を代表するのではなく、それは一定の事実の中で創造されるものであり、言説の伝播を通して消失、または利用されることにより拡散されるものである。

　われわれが「知識」に対する理解を広げて知識と権力の同盟関係を理解できれば、企業が市場競争で利益を獲得するためには「知識」の運用が大事であることが分かる。企業が「知識」を用いて自己の製品とサービスを生み出すには「知識」をもって企業を経営し、日常的な運営を計画する必要があることは自明の理である。

　筆者が強調したいのはつまり、企業は「知識」を運用して社会的権力を得ることで自己の競争力を強化すべきであるということである。

第二節　商学院(ビジネススクール)の認定システム

　今日のビジネススクールの競争は日増しに激化している。というのも、彼らは自国での競争に対応する一方で、グローバル競争の圧力にも対応せざるを得なくなり、皆グローバルな範囲で優秀な学生を募集したいからである。このような競争の圧力に対応すべく、多くのビジネススクールは認定を受ける方向へと転換している。認定を得ることで組織設計や教育システムが学校の目標を満たしており、かつ教育レベルを継続的に向上させていることが証明されると考えているからだ。例えば、中国人民大学商学院はホームページにEQUIS(European Quality Improvement System、欧州品質改善機構)認定、及びAACSB国際認定(The Association to Advance Collegiate Schools Of Business International，ビジネススクール国際認定機関)認定を得ていると表示している。またつい最近、北京理工大学の管理・経済学院も国内で14番目にEQUIS認定を得られた管理・経済学院であると声高に宣伝している。これだけではなく、各ビジネススクールは世界評価で上位にランクインするために努めており、それにより競争優位がもたらされると考えている。確かに、学生の多くは国の全体教育品質を基準に留学したい国を選び、国全体の教育品質もその国の名門学府の姿勢に影響されるため、ランキング

第二部　企業管理哲学編　125

と認定は非常に重要であると言える。

　ビジネススクール認定システムはヨーロッパを起源としているが、上述の例で見られるように、中国の商学院(ビジネススクール)もこの「ゲーム」に加わりたがっている。つまり、このシステムはヨーロッパ域内で認められ、ビジネススクールの発展傾向に影響を及ぼす権力を得ているだけでなく、その力は全世界へと拡大してグローバル市場を制御している。しかしながら、今日のビジネススクールの「認定戦争」によりビジネススクールは同一領域で競争し、類似するサービスと組織構造及びシステム配置を提供し、そして同じ競争の圧力に直面するようになっている。つまり、ビジネススクールのコモディティ化を促してしまったのである。一部ビジネススクールは差別化戦略をとると謳っているが、彼らも認定機関が制定した規則は超えられない。認定による評価を失うのはリスクが大きすぎるためである。このように、認定システムの権力はビジネススクールを制御して、その発展にも深刻な影響を及ぼしている。ところで、このような権力はいかにして得られたのであろうか。

　一例としてAACSBを挙げるとしよう。AACSBはアメリカのトップビジネススクールにより設立され、最も長い歴史を有する最も大きいビジネススクール認定機関である。そして、大学の管理及び教育の品質向上を目的としている。AACSBはすべてのビジネススクールに適用できる全面的な基準システムの創立を図り、主に各機関が自己定義している学習成果に着目しているが、各機関は大量のビジネスをテーマとした科目を設ける必要がある。また、AACSB発展の歴史から見ると、アメリカのトップビジネススクールが共同で設立しているが、これらの機関はいずれも優秀なビジネススクールとして認められており、かつその発展に関する将来計画もある。これらの機関は、自らの見解と知識を規則または基準へと転換させるために協議を行ったのである。この考え方から分かるのは、基準と規則は一定の知識により制定され、かつ権威ある者や組織が提示する知識は最も大衆に受け入れられやすいものであるということである。規則は個人または組織の行為を制御するために用いられるもので、それを大衆に受け入れさせるためには、これらの規則はいかなる偏見もない中立的なものであるのが望ましい。これは規則制定者の目標に反映させることができる。AACSB成立時の目標は、ビジネススクールの管理教育の品質を向上させることであり、EQUISの目標もまたビジネススクールの教育品質を評価することであった。両機関はいずれも公衆の利益を設立の目的にしていることを強調している。これで公衆はこれらの

組織は良い組織で大衆利益のためにあるという先入観をもち、さらに政府もこれら組織の存在が教育の品質を確実に向上させていると認識する。また、これにより組織の正統性も確実に増していくのである。ところが、公衆は営利性組織の一切の行為は利益のためであるという偏見があり、またこれら組織も営利性の組織であることに変わりないため、一部の組織は自身の公衆利益に対する関心を十分に示しきれていない。ともあれ、このような偏見では営利組織が他の組織のために規則を作って権力を得ることで自己利益を高めることは阻止できない。例えば、グーグルはアンドロイドシステムというプラットフォームを開放したというが、実際にはほかの組織がこの技術に介入する権利を制御したのである。さらにプラットフォーム上で他の組織により生み出された知識を集められるだけでなく、この領域における発展動向も把握できる。グーグルは公式発表で、プラットフォームの開放は他の参加者のコスト削減を援助し、さらに一つのエコシステムを構築することでより多くの顧客を吸引するためであると示している。グーグルは「援助」と「エコシステム」を強調して行為の正統性を得ることにより、プラットフォームへの参加者をより多く獲得している。また、これによりグーグルの権力はより強化されている。現に多くの組織が主導権を獲得すべく、グーグルの戦略に倣っている。例えば、テスラモーターズは自身の特許技術を公開して、より多くの人を電気自動車技術の研究へ参加させることにより、電気自動車の技術水準をさらに向上させるのが会社の目標であると宣言しているが、実際のところその宣伝は同領域で次なる行動をとるための能力を強化させたのである。

　話を戻して、引き続きビジネススクールの認定システムについて見てみよう。AACSBとEQUISが多くの機関に受け入れられるにつれて、他の組織の行動を制御する能力が増していくことは容易に理解できる。認定を得たビジネススクールが多くなるにつれ、これらの認定は基準となる。さらにシステムへの参加者が増えるにつれ、このシステムもまた参加者の行為に対して制御と規律・訓練を行うことによって大きな権力を手にしている。

　ネットワーク外部性によれば、システムへの参加者が増えるにつれて、評価側は参加側の戦略実施またはイノベーション領域の情報をより多く獲得でき、また時代とともに発展していく規則を基に、その知識を自身の評価システムに加えて規則または基準を調整することで、他のビジネススクールの運営方法に対する指導能力を向上させることができる。

　イノベーションの面から分析すれば、認定システムはイノベーションの拡散を

加速しており、これによりビジネススクール間の戦略のコモディティ化をもたらしてしまった。

　資源依存の角度から分析すると、これら認定機関が権力を有するのは、他の組織の行動を規律・訓練するための正統な評価資源があるためである。ビジネススクールにとって認定を得ることは相応の正統性を得ることであり、基準を満たす組織である証である。他の組織は相応の優位性を得るため、またこのシステムに加わるために、専門部署を立ち上げてまで認定機関に対応している。例えば、ゲームルールを決めてもプレーヤーがいなければ何ら規制力もない。一旦プレーヤーが現れるとこのルールは有効になり、プレーヤーが多ければ多いほどその効力も大きくなる。そのため、参加者の創出もまた認定機関の重要性を高めている。

　上述の分析から筆者は以下の結論にたどり着いた。(1)知識は権力であり、かつ、規則または基準に転換できる。(2)知識は権力であり、かつ、知識はより正統性を得られやすいため、知識の権力は公衆により受け入れられやすい。(3)もし組織が知識により権力を得て、さらにそれを基準または規則に転換させたければ、その組織は自身の中立的態度をとるか公衆の目標のために正統性を求めているということを強調すべきである。なぜなら、皆が知識は「中立的価値」であると考えているからである。(4)規則または基準の制定者は他の組織の行動に影響を与えることができ、さらにほかの組織のイノベーションをこのシステムに取り入れやすい。つまりイノベーションの拡散を加速できる。(5)知識はより多くの参加者を引き付け、さらに参加者は外部からの圧力に対応するために新たな参加者を生み出す。また、それにより知識創造者の権力は強化される。

　このように、知識の権力は自己強化し続ける循環過程である。上述の分析も、「知識の運用」には一定の制限条件があると示している。ここからは上の分析により得られた結論を基に、滴滴快的(中国版ウーバー)により共同制定された配車サービスの業界基準が多くの争議を引き起こした理由について考察する。

第三節　滴滴快的の『業界基準』

　政策空白地帯と市場争奪の中で成長した配車サービスは、企業自ら定めた初めての安全・管理基準を迎える。中国でネット配車サービスを手掛ける二大企業である滴滴打車と快的打車が合併してできた滴滴快的は、2015年3月16日

に『ネット配車サービス管理及び乗客安全保障基準』(以下、「基準」)を発表した。これによりネット配車サービス業界における安全・管理基準の空白が埋まり、車両と運転手の参入、サービス品質、サービス過程の監視とトレースが規範化されたのである。「基準(付録を参照)」の注目ポイントの一つは「先行賠付」制度を取り入れたことである。その内容は、乗客「先行賠付」基金を設立して、すでに保険会社と共同で賠償責任保険契約の枠組みを達成しており、配車サービスを受ける過程で事故が発生した場合、該基金から先行して賠償金を給付するアフターサービスを乗客に提供する、というものである。

　滴滴打車と快的打車は、確かにタクシー配車サービスアプリ業界を牽引している。理屈上、業界の牽引者が自発的に基準を作り市場を規制することで業界の発展を促すということは、大企業に市場規制に伴う責任を担う覚悟があることを意味し、賞賛すべきことである。これは業界の発展に有利であるだけでなく、顧客にも利益をもたらす。にもかかわらず、なぜ滴滴と快的が共同で公表した「基準」は論争を引き起こしたのだろうか。業界のある専門家はこう評論している。「滴滴と快的のイノベーション意識は賞賛すべきであるが、何といっても配車サービスは新しい事業であり、果たしてたった数カ月で二社に王を自称するほどの社会的信頼性が備わるであろうか？これは社会と顧客を蔑視することである」。またある専門家は、「本来ならば業界基準の制定は政府部門と業界の協会の仕事であり、少なくとも第三者機関の役目であろうに、関連機関を完全に無視することは市場へ強い覇王のイメージを与える。今政府が地方分権化しているにしても、一企業がその権利を強奪するのはいかがなものかと思われる。これは捨てておけない思い上がりだ」と考えている。ひいては「滴滴快的が管理者の姿勢で業界基準を公表したことに、市場はあっけにとられている。もはや関連政府部門や同業ライバルは眼中にない。独占は市場にとって最大のトラであり、必ず法的手段を通してネット配車サービス業界のトラをオリに閉じ込めるべきである」と考える専門家もいる。

　滴滴と快的が共同で市場を規制しようとすることが、論争を招いている。上の分析を基に、われわれは滴滴と快的の「基準」が賛同を得られない理由を以下のように分析する。

　まず、滴滴と快的に市場を規制して基準を公表する「知識」があるかどうかである。上で述べた専門家の評論のように、「二社がたった数カ月で業界の王を自称する」のは、社会的信頼性を欠く。二社は「基準」の制定者として業界を熟知

すべきであり、その業界の「専門家」であるべきである。しかし、二社がタクシー配車サービス業界の牽引者にまで成長できたのは、市場を熟知し顧客の需要を把握した上での自力によるものではなく、主に「金持ち」の資金援助を背景とするものである。そのため、業界の営利方式を把握できていない状況で軽々しく業界基準を共同制定することはうぬぼれであるのは確かであり、同業者の信頼も大衆の受け入れも得られるものではない。

　次に、組織が知識によって権力を獲得するためには、組織の中立的な態度または公衆に有益な行動がなければならない。滴滴と快的は企業として営利を目的とするのは当たり前で、知識の運用は中立の態度に即したものではないことも明らかである。また、公衆も滴滴と快的の今回の行為が皆の利益のためであると信じているわけではない。というのも、二社の合併は配車サービス業界を独占するためであると皆は読み解いているからである。「寡頭制を目指す争奪戦による共倒れの結果を回避するためには、悪質な競争をやめ手を取り合って共に市場コントロールを完成させることが懸命な選択である」と、二社の合併を評価する専門家もいる。滴滴と快的が本当に配車サービス市場を独占しようとした場合、発表した業界基準や業界の発展を向上させるという要求は、必然的にほかのライバルには不利である。なぜなら、ライバルはその業界基準に規定されたサービス水準に達してないとして市場からの退場を強いられることになるからである。この問題について、独占禁止法の法律専門家である張建明氏はこのように解釈している。「独占者は、市場の9割以上のシェアを占めるという絶対的な優位性をもって、なお同業者と競争し続ける必要がない。競争がなくなると消費者への怠慢、ひいては詐欺的現象も起こりかねず、顧客の利益空間は狭まり続けるであろう」、「さらに、競争圧力がない状況では、彼らにはより品質の良いサービスと革新的商品を提供する動力がない」。このように、滴滴と快的の態度が中立的でないこと、業界基準により顧客に利益がもたらされると称した計画も疑われたことは、明らかに基準の不合理性を示している。

　最後に、滴滴と快的の基準が同業者の賛同を得られるかどうかを見てみよう。二社が戦略的合併を宣言した時にはすでにライバルである易到用車(yongche.com)からの告発の宣告を受けていた。内容は、「その合併は関連部門への申告がなく、中国の『独占禁止法』に違反する行為であるため、近日中に中国商務部独占禁止局及び国家発展改革委員会に告発し、立案調査と二社の合併の禁止を請求する」というものであった。なお、配車サービスのアプリ市場で二社が占める

シェアは99.8%であるというデータもある。目下、この二社に対するライバルたちの有り余る敵意は、同業者による「基準」の受け入れを難航させている。参加者がなければ、権力ゲームも成り立たない。

　上記分析から見て取れるように、滴滴と快的は知識の利用を通して基準を制定することにより市場の支配権を獲得し、さらに市場を規制することにより主導的権力を獲得しようとしている。現在、配車サービス市場は規制されていないが、政府が時期を見計らって市場へ介入し規制を行うのは確実である。その時になって行動するのは企業が受動的になり、政府の規則に従う「リードされる」側になってしまう。逆に企業が政府より先に行動すれば主導権は得られるが、二社は「実力」が大衆に認められて基準を公表したのではない上に、よこしまな心で市場をさらに独占しようとした疑いもあるため、その「基準」が合理的なところが多数あるからといって広く一般に受け入れられるものではない。

おわりに

　知識は権力なり。しかしながら、知識を権力に転換するのはたやすいことではない。また、知識を権力に転換する中で正統性を得ることは最も難儀なプロセスである。それには企業が権力から獲得する利益をどうカモフラージュするか、また同時に、自己の知識が大衆のために利益をもたらせるといかに宣伝するか、さらに自身の知識を同業者にどう受け入れさせるかにかかっている。これらの難題を解決する方法も結局は、「善意」をもって公衆の利益を創造するために知識を活用することにあり、そうしてこそ認められるのである。同時に筆者は、今日の知識経済の時代において、企業は商品やサービスだけでなく知識も創造していることを強調したい。大企業が競争優位を得るためには必ずしも商品やサービスに力を注ぐ必要はなく、創造した知識をどう運用し、知識を用いて自身の市場における権力をどう拡大するかによって、企業は勝利へと導かれるのではないかと考える。

【付録】滴滴と快的が発表した『ネット配車サービス及び乗客安全保障基準』
一、車両管理基準
(一)車両認可基準
1、すべての車両は国が規定する安全運転の条件を満たし、各種手続きが揃

い、運行状態が良好であること。

2、すべての車両は有効な賠償責任保険、車両保険及び搭乗者傷害特約を具有していること。

3、すべての車両の所有年数は五年以内であり、且つ有名ブランドのミドルまたはハイクラスのモデルであること。

(二)車両監督管理基準

1、技術手段: インターネット及びGPS測位等の技術手段を通して、サービス車両の位置と状態に対し全面リアルタイム監視・管理を行う。

2、管理手段: 定期的に車両点検を行い、走行距離が5000キロに達するたびに配車プラットフォームまたは契約リース会社により安全点検と車両補修メンテナンスを行う。

二、運転手の管理基準

(一)運転手認定基準

1、運転手は三年以上の運転歴を有し、且つ運転技術(免許)試験に合格していること。

2、運転手に対し犯罪記録及び交通違反がないことを確認すること。

3、運転手が職務に就く前に必ず筆記試験、路上試験、サービスマナー等を含む厳格なトレーニング及び試験に合格していること。

(二)運転手管理・監督基準

1、運転手のサービス記録及びサービス路線に対する安全管理・監督

2、運転手のサービス態度に対する管理・監督

3、運転手の連続勤務時間に対する管理・監督

三、乗客安全管理基準

1、乗客安全技術保障: インターネット及びGPS等の技術手段を通じて、配車サービスと車両運行軌跡に対し全面管理・監督を行い、サービス過程における乗客の人身安全及び財産安全を保証する。配車された車両は、乗客の受注から最終支払いまでのサービスの全過程を記録することができる。

2、特別乗客安全: 特別な状態の乗客、例えば、患者、障害者、妊婦、幼児等に対しては、必ず特別サービス基準を制定し、特別乗客の乗車安全性を保障する

こと。

3、安全計画: 全面的で合理的かつ合法的な応急処理計画を立て、応急処理チームを設けて、突発事故、乗客の突発的な安全状況、自然災害等に対応すること。

4、保険体系: 配車サービスプラットフォームにより乗客へ完全な保険体系を提供すべく、われわれはすべての滴滴と快適の第一号の専用車両には、基本的な自賠責保険及び商用車保険に加えて、さらに百万元クラスの賠償基金も設立している。

5、「先行賠付」保障システム: 滴滴の専用車両と快的の第一号専用車両は乗客「先行賠付」基金を立ち上げており、さらに既に保険会社と共同で賠償責任保険契約の枠組みを締結している。配車サービスを受ける過程で事故が発生した場合、該基金から先行して賠償金を給付するアフターサービスを乗客に提供する。「先行賠付」制度を乗客安全保障問題の解決のためのサービスに運用することは、配車サービスの業界内では先例となる。

四、サービス品質の管理・監督

1、乗客は専用車サービスが終了した後に直接アプリケーション内で評価及び点数をつけることができる。週間累計評価が基準値に到達していない運転手は、再度トレーニングを受け合格するまでアプリ上で「サイレント」状態になり、発注されない。三週間以上基準値に到達していない運転手は直接契約解除となる。

2、専用車両プラットフォームは専門職員を手配して運転手のサービスを抜き打ち検査し、さらに顧客サービススタッフにより顧客に対し巡回訪問を行うことで、運転手のサービス品質を保証し、基準に到達していない運転手はいずれも再度トレーニングを受け合格するまで「サイレント」状態になり、受注できない。

3、乗客は専用車両オペレーションを通じてフィードバック及び提訴することができ、オペレーションは「週7日×毎日24時間」のオンラインサービスを約束する。

4、無断で違約、受注無視があった運転手に対しては、調査確認後即座に契約解除する。

【注】

1)引用元: 『監獄の誕生:監視と処刑』、ミシェル・フーコー(著)、田村　俶(訳)

第二部　企業管理哲学編　133

第七章
ローカル企業の変革:
リーニンの苦境から見る企業変革の挫折

第一節　ローカル企業リーニンの全貌

　1990年5月、リーニンは広東・三水でスポーツウェアメーカーとして起業している。十数年間の成長を経て忠実な消費者を育て、徐々に国内スポーツブランドの先導者となった。しかし、国際的な有名ブランドの進出と「草の根」ブランドの復興につれて、リーニンはますます激化する市場競争にさらされ、市場シェアも徐々に浸食されていき、会社経営のさまざまな弊害も浮き彫りになっていった。

　ライバルの攻めに対応し事業の頂点への返り咲きを果たすべく、リーニンは変革の道を歩んだ。消費者層の見直しや企業ロゴとスローガンの変更を行い、国際市場への進出を図り、さらに外部から専門マネージャー陣を高賃金で雇った。だがこの一連の変革措置は、会社内部で理想的な化学反応を起こすことはなかった。それは予想していた効果を得られないばかりか、かえって経営を苦境に陥れることになったのである。2010年以来、かつての国産スポーツブランドの覇者は不運の連続であった。まずは、販売業者の受注縮減や在庫商品の滞留、次に上層幹部の離職の嵐に見舞われる。この一連の激動がもたらした最も直接的な結果といえば、2012年から三年連続で巨額の赤字を出してしまったことである。2012年に20億元の赤字、2013には3.92億元の赤字、さらに2014年には7.81億元の赤字を出し、売上高は制御を失ったジェットコースターのように急降下してリーニンを塗炭の苦しみの深淵に陥れた。さらに、近日リーニンと小米が共同でスマート・ランニングシューズを開発するというニュースは、再びリーニンを苦境の矢面に立たせた。

　国産スポーツブランドの誇りとして、リーニンの発展は人々の心を動かしていた。多くの人がスポーツウェアの一着目にリーニンを選んでおり、このブランドには終始特別な感情を抱いていた。リーニンの急速落下する営業実績をみて、多くの人はすすり泣くと同時に、「一体どうしたんだ？」とため息をついている。

「企業の成功した理由は類似しているが、失敗した理由にはそれぞれの不幸がある」と言うように、リーニンの今日の苦境は「三尺の氷は一日にして成らず」といえよう。以下、リーニンの発展における苦境と疾患について詳細に分析する。

第二節　リーニンの誤った企業管理

一. 右往左往するブランディング戦略

　企業を樹に例えると、いったん根をおろせば一生懸命有益な養分を吸収してたくましく成長する。しかし、どこに根をおろすかは長きにわたり多くの企業を悩ませる問題である。適切な土壌を見つけられなければ、樹は同業者の密集する森の中で方向を見失ってしまい、必要な養分もほかの同類の木々に持っていかれる。リーニンを長きにわたり悩ませたのもどこで根を下ろしポジショニングはいかにするかという問題であった。

　何年も前の取材だと記憶しているが、「御社のブランディング戦略は流行ですか、それともスポーツですか」という記者の質問に李寧氏は、「スポーツは最大の流行です」と微笑みながら答えた。新聞コメンテーターからみるとこのような回答は絶妙な答えであるが、戦略的にみてそれはかなり危険なものである。李寧氏の回答は企業のブランド戦略はスポーツという専門性であるかそれとも流行というファッション性であるかについて、公衆に答えを示せていなかった。リーニンのブランド戦略は終始専門性とファッション性の間で揺れ動いていた。このようなポジショニングにより暗闇の森で長年探索せざるを得なくなったリーニンは、専門性では実力を欠き、ファッション性でも後れを取ってしまったのである。

　以前リーニンはこのような調査を行っている。一足800元のナイキの靴と一足700元のリーニンの靴が同時に消費者に提示された場合、消費者はナイキを選び、また一足330元のリーニンの靴と一足250元の安踏(ANTA)製の靴の場合でも消費者は安踏を選ぶことが分かった。この調査結果は、間接的にリーニンのブランド戦略における決まりの悪さを表している。それに対して、ナイキは「ファッション性、クール」、安踏は「低価格、庶民的」という明確なブランドイメージを確立しており、それぞれのブランドイメージの下でいずれも忠実なブランド擁護者を育てていた。ところがリーニンはそれができていなかったのである。会社創立の際にはスポーツウェア商品の生産を経営理念としていながら、実際はカ

ジュアルなファッション性を強調する商品が多かった。経営理念上、リーニンは
スポーツ専門化とスポーツカジュアル化の二者間で右往左往していたことによ
り、スポーツ用品の看板を掛けてカジュアル・スポーツウェアを販売する決まり
の悪い立場に立つことになったのである。さらに、このようなはっきりしない経
営理念のせいで会社のブランドイメージは鮮明な個性を構築できず、人にあやふ
やで専門性のないイメージを与えた。このようなブランドイメージでは顧客の心
をつかめないばかりか、忠実な消費者を育てるなど論外である。消費者はリーニ
ンを、とても親切でお馴染みではあるものの、はっきりとした個性がない友人と
感じ、その結果、付き合いを続ける意欲が大きく減退してしまったのである。

　リーニンの今日の苦境は、企業成立当初から鮮明で明確なポジショニングがで
きず、ライバルが鮮明なポジショニングで明確な対策を講じている中、終始右往
左往していたことが原因であるといえよう。

　二．ブランドイメージ再建での失敗

　今日の「唯一変わりないのは変わりつづけること」といわれる時代に、企業の
生存にかかる最大の問題は顧客の需要に応じて経営活動を展開することである。
「顧客体験を無視すると、市場を失うことになる」は、すでに企業生存の金科玉
条となっている。

　消費者市場に躍り出た頃のリーニンは、低コスト競争戦略に従いナイキやア
ディダスに倣って、順調に中国のスポーツブランドの座を勝ち取っていた。とこ
ろが、2008年の北京オリンピック以降は、ハイ・コストパフォーマンスという
安全戦略を放棄して、ハイエンドブランドのイメージを目指して商品価格を上げ
た。結果、価格では外国ブランドを追いかける状況で、やや高めの年齢層のコス
トパフォーマンスを重視する常連客は他の廉価な国産ブランドへと足を向け、い
つの間にかライバルに追いつかせるチャンスを与えてしまった。一方で「中国ナ
イキ」のフォロアーというイメージを振り切るために、リーニンは2010年、35
〜40歳の年齢層の消費者が全体の5割を占めるという会社の調査データを無視し
て、消費者層を「90 后（90年代生まれ）」に定めて「90后のリーニン」という
イメージを目指そうとする経営陣の頑なな主張を実行に移し、当時CEOであった
張志勇氏の推進の下でブランド再建活動を大々的に行った。二十年にわたり使用
し続けた会社ロゴを変更し、さらにスローガンを従来の「すべては可能である
(Everything is possible)」から「変化をもたらす(Make the change)」へと変更し

たが、訪れた未来はリーニンに猛省を促したのである。会社が始めた受注会で、リーニン製の服と靴の受注量はそれぞれ7％と8％減少した。受注総額は前年同期比で6％低下して会社の財務諸表はますます見苦しくなり、同年の純利益の中で底打ちとなった。「新リーニン」誕生後も会社の方向転換は予想した効果を得られず、会社経営を苦境に陥れるだけの結果となったのである。

　原因究明を試みるとしよう。まず、リーニン商品に対する消費者の従来のイメージに加えて、古くなりつつある製品デザインの影響もあり、90后の消費者は「新リーニン」を受け入れられなかった。国内経済繁栄期以降に生まれた世代として、90后は徐々に労働力及び消費市場における主力となりつつあり、まさに九時頃の太陽のように注目を浴びているのに対して、同い年のリーニン(1990年に創設されている)には90后の若々しい活力がなく、無気力感が漂っている。「90后のリーニン」が「90后の消費者」に出会った時、予期していた燃え上がる情熱は見当たらず、消費者から一度も振り向かれない結果に終わった。このすべての結果は、やはりリーニンが90后の消費の特徴を把握できなかったことが原因といえよう。90后の消費者は紋切り型の社会材ではない。彼らには海賊版を拒み商品の品質とブランド価値に高い関心を持つという生き生きとした個性がある。にもかかわらず、リーニンはロゴの変更と商品価格の引き上げにおいて時代の流れに沿ったブランド戦略を打ち出すことができなかった。「90后のリーニン」を発足させる全過程においては、90后の消費者に対する主観的なイメージにとらわれて彼らの客観的な特徴を看過し、また多くの作業が理解ではなく想像任せであったため、90后を心の奥底から動かせない結果となったのである。

　リーニンが90后の消費者に選ばれなかったもう一つの重要な理由は、顧客のニーズを無視したブランド再建にある。リーニンとはいったい何なのか？そのブランド精神は何なのか？また、ナイキやアディダスなどの国際的なブランドとの違いは何で、晋江帮を始めとする国内中堅ブランドとの違いは何なのか？これらの疑問について納得のいく答えを見出さないことには、90后とのエモーショナル・リンクはうまくいかない。

　リーニンは新たな目標市場における顧客創造に失敗しただけでなく、従来の忠実な常連客にも見放されてしまった。常連客は高額なリーニン商品だけでなく、「金メダル李寧」という従来のブランドイメージが覆されたことにもショックを受けていた。そして彼らは安踏やXtepなどの国内中堅ブランドへ志向を変えた。最終的にリーニンはブランド再建の戦争で一兎も得られず、ライバルに市場

を占拠されたのである。

　目まぐるしく変化する現代社会において企業は顧客のニーズに歩幅を合わせ、そしてライバルの足取りに追いつく必要があり、さらに重要なのは自身の「内功」を修練し、豊かなブランド理念をもって顧客のニーズに応えるべきだということである。これらのことをナイキや安踏はできているが、かつてのスポーツブランドの覇者であったリーニンはできていなかった。

三．チャネル・マネジメントの混乱、在庫危機の勃発

　リーニンのような「アセットライト」経営の企業にとって、末端運営能力は企業発展のカギとなる。2010年初めまでにリーニンは八千店舗以上の販売店をもつようになるが、規模は大きく見えるものの、そのうちの二千店舗あまりは販売業者の手に渡っていた。過剰な分散、貧弱なパイプラインという特徴から、販売ネットワークの効率が低く単一の販売業者の末端販売に対する管理能力が向上しにくいといった問題点が浮上して、製品の在荷に災いの種をまいてしまったのである。

　リーニンは一貫して「直営店＋加盟店」のマーケット形式をとっていたが、そのメリットは販売業者の力を借りて迅速に市場を獲得することでライバルをねじ伏せることができる点である。デメリットは直接対応する顧客は末端消費者ではなく各層のサプライヤーであるため、市場の変化と消費者のニーズに素早く反応できず、ブランドイメージが消費者の認識と乖離してしまうことである。それに加えて、多くの販売業者は単独経営で、店舗のイメージが古く、日常的な経営に対する管理意識が低い上に、商品ポスターの入れ替えなども怠っているばかりか、在庫管理もおろそかであるなどの現状が散見される。そのため、多くの店舗の販売状況がタイムリーに本部へフィードバックされていなかった。

　2010年のロゴ変更は会社の在庫危機をさらに悪化させた。リーニンは新しいロゴ発表の前夜に受注会を終えたばかりで、すべてのサプライヤーはまだ従来のロゴ商品を生産していた。つまり、それらの商品は生産してすぐに在庫商品となるということである。ロゴ変更により棚卸待ちの膨大な在庫商品を抱えている状況で、サプライヤーは受注会での新ロゴ商品の受注をためらった。こうして2011年第2四半期の受注会における危機が始まったのである。

　リーニンは一貫して「アセットライト」に準拠しているため、深い意味でサプライヤーと距離があり、日常的な経営管理の中でもサプライヤーとの連携が欠乏

していた。チャネルが最も重要視される今日のビジネス環境で、企業、特にリーニンのような末端販売業者に頼る企業にとって、サプライヤーとの共存関係を構築し維持することは非常に重要である。リーニンの混乱したチャネル・マネジメントは、在庫の入替周期を引き延ばしただけでなく、サプライヤーの自信をもすり減らしたのである。スムーズなチャネルがない状況で企業が正常な発展を遂げるすべはどこにもない。

　末端費用が膨らむという問題をいかに解決するか、リーニンの商品に対する営利能力及び管理能力がさらに求められているのである。

四．膨張する組織構造、低効率の政策運営

　二十数年間の発展を経て、リーニンの創業当初の厳密で迅速な政策実行スタイルは、組織構造の膨張につれて跡形もなく消え去っていった。市場部門を例にすると、従前のチーフ・マーケティング・オフィサー(CMO)の下にはブランド・コミュニケーション・ディレクターが、その下にはストア・デザイン・ディレクター、マーチャンダイザーとビジュアル・ディレクター、さらにインタラクティブ・マーケティング・ディレクター、セールス＆マーケティング・ディレクターなどの肩書きがずらりと並び、さらに各ディレクターはその下に膨大なマネージャー陣を率いていた。

　このような膨大な人員配置は管理を複雑にしただけでなく、全体構造の運営をも圧迫していた。さらに情報のタイムリーな伝達、政策の有効な実行及び部門間の効率的なコミュニケーションも大きな試練を受けていたのである。消費財業界においては、新商品の研究開発から最終的に市場に入るまで、各部門が協力し合う必要がある。しかしリーニンはマーケティング部門と製品部門の協調体制が長期にわたりできていなかった。多くの場合において、前者はマーケティング経験に基づき製品の売れ筋を判断し、後者は自分がデザインした良い商品がタイムリーに市場へ出されなかったと考えていた。このように、各自の立場でしか問題を考えず、自分こそ市場の主導者であると主張することがしばしばあった。協調性のない一例として、2008年に打ち出した「囧靴」シリーズの靴が一度第一線都市で品切れになるほどヒットし、ネットでの値段が数倍に跳ね上がっていたが、注文予測に問題があり最終的には大量の市場販売チャンスを逃したのであった。部門間のコミュニケーションがうまく取れず互いの利益が対立したことは、リーニンの全体運営に対する脅威となった。もとより殺伐とした戦場とされる市

場の中で、部門間の協調がとれなければ前進の道のりは険しくなる一方である。

　また、会社内部の人件費と運営コストも組織階層の増加につれて次第に膨らんでいったのである。2011年を例に挙げると、販売部門を計算に入れず、ブランドサービス部門の従業員だけで1300人を超えており、会社内のコストセンターも700以上となっていた。過度に細分化された役職により管理コストは跳ね上がるも効率はかえって低下していた。このような状況は安踏社との比較でより目につくようになった。リーニンの2011年のマーケティングコストが29億元、行政出費が7.17億元であるのに対し、営業収入はリーニンと変わりない安踏はマーケティングコストがわずかその半分の14.5億元、同年の行政出費が3.73億元と、リーニンの半分をやや上回る程度であった。しかも同年末のリーニンの従業員数は4180人であるのに対し、安踏社は11500人であった。近年リーニンは人員削減により人件費を抑えているが、場当たり的な臨時対応でしかない。コスト問題を抜本的に解決するには、会社全体の組織構造の土台から変えていかなければならない。

　効率が低下する部門間のコミュニケーションや高い人件費と運営コスト以外に、膨張した組織構造も従業員の闘志を減衰させていた。会社内で人員過剰、無責任などの現象が相次いで現れた——会社内部に怠惰な古参社員が氾濫し、互いに兄弟と呼び合いながら慣れ合い、会社が手を下せないと見越してますます責任感がなくなっていったのである。ある時、店舗運営を担当する管理担当者が部署内のシューズスタンドのデザインで方向を間違えたことがあった。シューズスタンドはサンプルシューズを置くために傾斜をつくり、左足のサンプルを陳列するのが一般的であるが、すべてのスタンドの傾斜方向が右足のサンプル仕様になっていた。既存のサンプルを無駄にしただけでなく、新商品の販売時期も遅れてしまったのである。このような大きな問題が生じた場合本来ならば厳しい処罰を与えるべきであるが、この件は内部検討と従業員の罰金でうやむやに片付けられた。このような事件は山ほどあり、無責任な風潮は威勢のいいインフルエンザのように会社内部を覆っていたが、誰一人天井を突き破って新鮮な空気を取り入れようとしなかった。「鞭撻を待たずとも自ら奮闘する」という創業精神はもはやどこにも見当たらなかった。「良い待遇、高給、休みが多い、仕事量が少ない」という企業福祉は、怠惰で無責任な従業員を育ててしまったのである。国内中堅スポーツブランドが市場の一角を占めて勢いよく追いかけてくる頃、リーニンの従業員が会社の「パーフェクト・ワールド」の中で「温室の花」を演じている

頃、絶え間なく努力し続けている「亀」においてきぼりにされたことを、彼らは気付いていなかった。

五.　重役の頻繁な更迭、深刻な内乱の遺風

　2006年12月、リーニンのブランド・マネージャーである楽淑鈺氏が離職、2011年5月、最高実行責任者(COO)である郭建新氏、チーフ・マーケティング・オフィサーである方世偉氏、eコマース・ディレクターである林砺氏が相次いで離職し、同年6月、ロット(Lotto)事業部チーフマネージャーである伍賢勇氏も無言で去っていき、さらに2012年7月にはリーニンの最高経営責任者(CEO)である張志勇氏が退任を宣言した。一連の離職騒動を経て会社は創始者である李寧氏に出馬を乞い大局をとってもらうしかなかった。リーニンのような大企業にとって、人事変動を経験するたびに背後の巨大で複雑な関係網が刷新される。さらに重役の頻繁な離職は、塗炭の苦しみにあるリーニンにとって「前庭で火事なのに、裏庭で油を注ぐ」ような皮肉な光景であり、このような状況でリーニンはさすがに限界を感じていたであろう。

　2002年から張志勇氏がリーニンの主導権を握ったが、彼は独自のスタイルで会社経営を行っていた。張氏は就任してから大金を惜しまず人材を集めた。結果からすれば、彼はリーニンで最も優秀な最高採用担当官であるといえるかもしれないが、おそらく人を知り、人を使う達人ではなかった。ロットの事業部のチーフマネージャーである伍賢勇氏の件だけでもその点は十分窺える。伍氏は以前宝潔(P&G中国)に勤めており、リーニンに入ってすぐ張氏から大いに期待を寄せられて靴製品システムを一任することとなった。その後ロットに転任し、28カ月で黒字転換する計画を立てるもかなわず、離職をもってリーニンで働いた日々に別れを告げたのであった。このように、かつての楽氏をはじめ現在の方氏や伍氏などに至るまで、類似した事件は枚挙にいとまがない。張氏はいつも相手の眩しい略歴とずば抜けた弁舌の才能に心を打たれて、神業をもったホワイトナイトでも見つけたと考えたのであろう。最初から高給と重役を惜しまず与える代わりに期待も高かった。だがすぐに的外れであることに気づき、彼らは他の新事業に「追放」されるか他のマネージャーに権力をもっていかれ、最終的には離職という気まずい別れを迎えた。

　リーニンの内部重役が頻繁に離職した原因を詳しく調べると、張氏本人の管理スタイルと密接に関係していることが分かる。表面的には、張氏が内部で自由平

等な管理文化を提唱し、従業員には「知恵と勇気」を強調したように見えるが、おそらくそれは表面的な現象に過ぎなかった。ある古参社員は張氏のリーダーシップを「非支配的中央集権」という言葉で表現している。権威に対して挑戦的なものについて、たとえそれが小さな芽であれ消し去るという。張氏のこのような管理スタイルは、前CFOである陳偉成氏の離職事件で垣間見える。2008年前後、陳氏はある核心的な財務問題について意見を求めるべく、上場会社CFOとしての職権をもってリーニンの上級経営陣に対して非公式招集をかけた。事前に知らせを受けなかった張氏は激怒して一通の詰問メールを陳氏に送った。それが導火線となり、陳氏が去るという結末となったのである。また、リーニン内部の従業員は張氏に「忠誠心」を捧げる人的資源部門に「東広」(明代のスパイ機関)というあだ名をつけた。というのも、人的資源部門は作業レポートや作業量及び残業記録などの諸情報を含むすべての業績や評価及び昇進を管理しており、従業員から見ると実績は評価の一部分にすぎず、昇進を決めるカギは人的資源部長との人間関係にあるという印象を与えていたからである。権力ゲームにおいてこのような管理上の内部抗争は、まるでおびただしい数の白アリが全身傷だらけのリーニンという樹枝を、朽ち果てるまで蝕んでいくようであった。

六. コア・コンピタンスからずれた盲目的なグローバル拡張

　グローバル化はリーニンが近年打ち出したメイン戦略である。スペインオリンピック委員会と気前のよい契約を結び、スペインとアルゼンチンのバスケットボールチームのスポンサーとなった。まるでナイキとアディダスの影を見るようであった。しかし、グローバル化戦略は会社に実質的な収益をもたらさなかった。米・ポートランドにあるデザインセンターでは従業員流失が深刻で、米・フットロッカー社とのパートナーシップ契約はすでに終わっており、さらにスペインのエージェントが設立した販売会社も経営不振や資金繰りの悪化で破産に至ったのである。リーニンのグローバル化は見るからに水の泡となっていた。

　次々と敗退していくグローバル化戦略は、2009年に出馬した劉傳志氏が最も多く語った言葉を想起させる。「われわれは中国市場を安定させるべきである。ベースキャンプである中国市場を安定させてからでないと、われわれには市場のグローバル化のための時間と精力はない」。五十年の歴史を誇るナイキと九十年の歴史を誇るアディダスを前に、リーニンは右も左もわからない幼稚な子供のようであった。小川では自在に泳いでいたが、海に飛び込んだとたんに生存環境の

大きな変化に直面せねばならなかったのである。最終的に、国際市場で「一杯の
スープ」ももらえないばかりか、自身の伝統的な陣地もアディダスやナイキにむ
しり取られてしまったのである。2010年から2014年まで、国内のアディダスと
ナイキの市場シェアはすでに25％から35％にまで伸びていた。

　長年の成長過程でリーニンは徐々に自身のメイン滑走路から逸れていった。こ
の状況から脱出するには、再びリーニンのブランドとスポーツ精神及び国内市場
に焦点を当てることが抜本的な対策であるといえよう。しかしながら、今日の
リーニンが直面している競争環境は従来よりはるかに厳しい。リーニンブランド
が世に出た頃、アディダスとナイキのような国際的な有名ブランドのローカル戦
略はまだ成熟しておらず、さらに、これらの海外ブランドは中国のローカルブラ
ンドとの競争に見向きもしなかった。同時に、国内「草の根」系のスポーツブラ
ンドもまだ熟していなかった。かつてリーニンは製品本来のスポーツ精神と民族
意識をもって第二線都市[1]、第三線都市[2]という肥沃な市場で多大な利益を得て
いた。しかし現在のリーニンは、霧の中でさまよう飛行機のように自身のメイン
滑走路から逸れていっている。

　今のリーニンはアディダスなどの海外ブランドに対抗する必要があるだけでな
く、さらに安踏などのローカルブランドの追撃にも対応しなければならない。こ
のような険しい環境の中で、リーニンの為すべきことは「長所を伸ばし短所を避
ける」ことである。自身のローカルな特徴を利用して常に警戒を怠らずに、他に
先駆ける意識をもって国産スポーツブランドの手本及び先導者としての優位性を
発揮することで、環境の変化に対応できる正真正銘の「アメーバ」となるべきで
ある。

　七．主流文化の希釈、「風土に合わない」落下傘社員

　成功した企業にはいずれもそれぞれの企業文化があり、初期のリーニンもそう
であった。市場経済の大波の中で、時運に応じて現れた民族ブランドとしての
リーニンはその世代の特別な記憶を載せて発展していった。リーニンの遺伝子に
も創始者である「体操王子」李寧氏の屈しない、闘争精神、一位を目指す金メダ
リストの精神が流れている。この精神でリーニンは中国スポーツブランドの先導
者の座を勝ち取った。しかし、市場環境の変化と対応する管理措置の調整につれ
て企業全体の文化が変化し始め、内部の文化遺伝子にも徐々に変異が起こってい
た。多くの従業員は、以前のリーニンでは取締役から一般従業員まで皆理想が

あったと、かつてのリーニンを懐かしみ始めている。このような理想は一種の結束力から生まれるものである。しかし現在、特に2010年の大幅な変革調整を経てからはこのような「一つとなって頑張る」姿勢は忽然と消えている。一部の古参社員は現在の情景を見ながら創業当初のリーニンの素朴な文化と謙虚な李寧氏を思い出すのであった。李寧氏は年末のパーティーですべてのテーブルの従業員に酒を注ぎ、記念写真を撮ったものである。しかし、今ではこれらは会社重役の変動及び転職社員の到来により変わっていったのである。

　多国籍企業から専門経営者を高給で引き抜く方法は李寧氏本人の考えだった。創始者として、彼は一貫して「ファミリー化」の実現に尽力して会社とブランドに与える自分の影響を振り切ろうとしたが、たびたび挫折を味わうことになる。外部からやってきた専門経営陣はリーニンの文化や価値観と相いれず、彼らが用いたナイキ、アディダス式のモデルと改革もまたリーニンに受け入れられなかった。それは2010年の商品受注量の激減から徐々に拡大していった。一連のアジア的要素をコンセプトとする商品は次々と否定され、それに不満を抱いた一部デザイナーは離職していった。また香港・台湾地域からのデザイナーによる仰々しいデザインの商品もリーニンのローカル・デザイナーの反発を受けた。度重なる対立の末、矛盾は役職の高さをもって解決するしかすべがなくなったのである。

　当時CEOであった張氏も在職中は会社内部でグローバル化の推進をもってブランドイメージの再建に力を惜しまなかった。多国籍企業から香港・台湾出身の専門経営者を大量に引き入れて、従来の商品デザインスタイルを完全に覆したのであった。ハリケーンのような「魂の革命」の結果、引き抜き実験は失敗に終わり、外部から専門経営者を過度に、また速すぎるタイミングで引き入れたがゆえにリーニンはこれらの外来的な影響を消化しきれず、原始的な主流文化と外来文化の大戦の中で徐々に支離滅裂になっていったのである。

第三節　ローカル企業に対するアドバイス

　過去の成功モデルは未来へ進む足かせになりかねない。もしかしたら、栄光を忘れ去り姿勢を低くしてこそ、またあるいは、再起を決心してこそ「リーニン」というブランドは再び光り輝けるのかもしれない。リーニンの歩んできた道と経験してきた挫折は、ローカル企業に警鐘を鳴らしている。企業が自身の独特な優位性によりたくましく成長する過程で、「変わるか否か」の選択を要する場面は

必ずやってくる。「変わらない」と激しい競争が繰り広げられている外部環境に呑まれ、「変わる」とまた次々とやってくる変革の落とし穴に陥ってしまう可能性がある。リーニンが現在まで遭遇してきた苦境に対する分析は、ローカル企業に変革の方向性及び有益な啓示を与えられるであろう。

一．コア・コンピタンスを把握し、顧客の需要を追いかける

いかなる企業の繁栄も発展がもたらすコア・コンピタンスに頼る必然的な要素があり、その存在により企業は発展の中で素早く茨を取り除き、すくすくと成長することができる。しかしながら、企業がある程度成長して変革を必要とする際には、自身を取り巻く環境に惑わされやすい。多くの企業がリーニンのように度重なる変革の中で徐々に自身のコア・コンピタンスを見失い、コア・コンピタンスで蓄積してきた資源を跡形もなく失ってしまうであろう。このような状況はどの企業にとっても危険なことである。一企業が自身のコア・コンピタンスを放棄した時、顧客が愛し続けるわけがない。人々には、この核心となる魂とコア・コンピタンスを失った企業を救えるすべがあるわけがない。「変わる」必要がある時期が来れば、企業はコア・コンピタンスを十八般武芸（じゅうはっぱんぶげい）に変化させて、本質を変えずともそれを基に顧客のニーズを捉えるべきである。

二．組織構造の調整により運営効率を向上させる

企業がある段階まで成長すると必然的に従業員の数が増え、組織構造がますます複雑になるなどの問題が現れる。適時に組織構造を調整し時代の変化に合わせてスリム化を図らなければ諸企業を悩ます「大企業病」はゆっくりと鬱積（うっせき）していき、官僚化も拡散し続けることになるであろう。ひいては情報交換の停滞、政策決定の効率低下、功利主義の蔓延などの現象も氾濫しかねない。放任すれば企業はさらに一歩死に近づくことになるであろう。とはいうものの、組織構造の調整はたやすいものではないことは確かである。それには企業の内部と外部の一致協力が必要となる。さらに企業の運営活動は、企業全体の運営が健全であることを要する。それは人の血液のように、前後の運営活動が阻害されれば企業全体の健康水準が大きく下がる。その場合、運営効率を向上させることが諸企業の解決すべき切実な問題であり、組織構造が環境に適応できてこそ企業活動効率を高く保てるといえよう。

第二部　企業管理哲学編　145

三．企業文化を擁護し、ブランドの内容を豊かにする

　企業文化は形のないものにみえるが、企業内の人々を一致団結させ、行動を規範化し、また前へ進む動機付けとなるという大きな役割を果たしている。しかし、一連の変革を前にすると企業文化は極めて脅威にさらされやすく変異が生じやすい脆弱な部分でもある。変革による多くの新制度、新観念及び新たな人員、これらの新しいものは常に固有の企業文化と激しい衝突を起こし、時として一触即発の状態にある変革を前に、既存の文化が退かざるを得ない場合もある。その結果、企業は従来の気風を失い、「とても懐かしい他人」となりかねないばかりか、一方では困難を極める変革で、新たなものは融合しきれずミスマッチをもたらす可能性すらある。さらに、ブランド内容の豊かさの欠乏問題は諸企業の変革過程で極めて現れやすい間違いでもある。ひたすらブランド変革を追求するあまり、ロゴを変更するだけでブランドの内面に満ち溢れる内容にとって代わろうとするような問題はよくあることである。周知のとおり、豊かなブランド内容の支えがなければいくらブランド名を変えたとしても上辺の変化に過ぎず、どのみち顧客の心に特別な印象を残すことはおろか、企業文化の擁護すら論外となる。

　目下、この重大な局面に李寧氏本人が出盧したことは、疑いもなく会社のすべての人及び出資者に安定剤を打つためであるとみてよいが、市場とライバルがもう一度再起のチャンスを与えるかは定かでない。もしかしたら、リーニンがこの変革の誤りからの痛みを真に考え始めた時こそ、本当の自己救済の時であるかも知れない。

【注】

　1)第二線都市: 北京などの四つの大都市を第一線都市と区分しているが、それに入らない大都市のことをいう。

　2)第三線都市: 北京などの大都市を第一線、第二線都市と区分しているのに対し、発展中の中小都市のことをいう。

第三部
企業の外部ネットワーク運営編

第八章
海外M&A: お金がすべてではない

はじめに

　近年、経済グローバル化を背景に「走出去」という積極的な対外進出政策の下で、かつ、我が国の鉱物資源の欠乏や企業における技術資源獲得への切実な需要及び国際市場の開拓などの要因から、海外M&Aの数と金額は大幅に増加している。中国企業は2013年に600億米ドルを超える規模の海外M&Aを行っており、これは2012年の621億米ドルと同規模である。さらに、日本を飛び越えてアジア最大の海外投資国となっている。続く2014年の中国大陸企業による海外M&Aは272件で、2013年の200件に比べて36％増となり、さらに大口取引が少なかったものの、M&A取引金額は569億米ドルにのぼる。しかしながら、中国企業の海外M&Aは関連経験が少ないか、あるいは海外の法律管理監督についての認識不足であるか、またあるいは海外の労働組合の力を軽視したか、それとも外国政府が干渉したせいなのか、その成功率はそれほど高いとはいえなかった。その上、一部企業においては一時的な交渉が成立してからも厳しい統合問題などによりM&Aが失敗に終わるケースもある。中国の商取引を熟知している西村あさひ法律事務所の野村高志弁護士は以下のように指摘している。「中国企業が海外で市場シェアと技術力を獲得しているのは自身の実力を向上させてのものではなく、多くは直接買収により迅速に市場を占有しているのに加えて、中国政府が企業の海外進出を力強く支援していることによるものである。多くの中国企業は買収対象の資産に対する審査を厳しく行っていない」。

　確かに、中国企業が海外M&Aを行う際、一部の外国政府が国家安全保障を名目に中国企業を排斥していることは否定できない。しかし、多くの場合はわれわれの不注意によるものである。特に政府からの資金面での支援や一連の優遇を盾に、中国企業はM&Aで金にものを言わせながら向こう見ずな態度をとってしまったのである。さらに、それぞれの国における法律の違いを考慮せず、海外の労組の権威も無視した「軽率」な態度をとり、次々と外国の文化制度の限界に挑戦して、共倒れになる結果を招いてしまう。もちろん、M&Aにおいて資金は重要であるが、お金があるからと言って「わがまま」になってはならない。他社の

買収にしても海外M&Aにしても、買収側は常に「侵入者」であり、買収される側は常に警戒状態にあるから、薄氷を踏むが如く準備を整えるべきである。

　本章では、中国企業の海外M&Aにおける三つの失敗例を取り上げているが、後に続く企業は他人の失敗経験から啓示を得てほしい。経済グローバル化の潮流の中で中国企業が発展を遂げるためには、必ず国の「走出去」戦略の呼びかけに呼応して、より広範な発展空間を勝ち取るべきである。成功への道のりで失敗することより恐ろしいのは、われわれが同じ間違いを繰り返すことだ。歴史を鑑みれば盛衰を見極められるはずである。

第一節　国際政治障壁の誤り: ファーウェイの3リーフ買収

　3リーフシステムズ社は米・サンフランシスコにあるサーバ・テクノロジー企業であり、前身の3リーフ・ネットワークスは2004年に設立され、2007年に3リーフ・システムズと社名変更している。主に企業のエンタープライズ・データセンターにサーバの仮想化ソリューションを提供しており、その仮想化アーキテクチャーはサーバの性能を向上させることができる。2010年5月末、ファーウェイはすでに二回に分け破産宣告していた3リーフ・システムズから、一部特許及び十五名の従業員を200万米ドルで買収した。同年9月、ファーウェイは3リーフ・システムズの一部資産の買収について米商務部に申請して許認可を得た。

　その後、3リーフ・システムズ(以下「3リーフ」)社の創始者の一人はSNSのLinkedin上の登録情報に職務を「ファーウェイ顧問」と表示した。この情報は米審査部門の関心を引いた。対米外国投資委員会(CFIUS、Committee on Foreign Investment in the United States)がさらなる調査へと踏み込んだ結果、ファーウェイはこの買収について審査申請をしていないことが明らかになった。CFIUSは省庁横断の機関で、米財政部長が議長を任じており、メインメンバーにはアメリカの国防総省、国務院、商務部及び国土安全保障省など、16もの国家部門と機関の代表が含まれている。CFIUSは主にアメリカの国家安全に影響を及ぼしうるクロスボーダーM&Aについて審査を行い、かつ大統領に提案する。大統領はその提案を可決または否決することができる。さらに、買収側の企業は関連規定に基づき、デリケートなクロスボーダーM&Aが成立する前に、自発的に審査の申請をしなければならない。しかし、ファーウェイ及び3リーフの重役の主張

は、この買収は知的財産の買収と従業員の雇用にのみに関するものであるため、3リーフがファーウェイに直接買収されたわけではなく、かつ買収金額が審査ラインに達していない上に、3リーフの資産及びサーバは債権者が所有しているため、申告しなかったとのことであった。

CFIUSが介入した後、ファーウェイは2010年11月をもって自発的に今回の取引に対する審査を申し出て全面協力の意向を示した。審査が終結する数日前、米・バージニア州の民主党上院議員であるウェーバー氏らは、CFIUSの議長を務めるガイトナー財務長官とCFIUSのメンバーである駱 家 輝 商務長官に手紙を送り、今回の買収取引に対して厳格な審査を行うよう要求した。ウェーバー氏らの主張は、ファーウェイの3リーフ買収によりアメリカの先進的なコンピューティング技術が中国に流出して、アメリカの国家安全に影響を及ぼすというものであった。さらに、ファーウェイと中国軍は密接な関係をもっており、中国政府の財政支援を受けている上に、ファーウェイの創始者である任正非はかつて人民解放軍に所属していたと指摘した。CFIUSは今回の買収取引について75日間にわたる審査を行い、最終的には「国家安全」を名目に、2月11日をもって3リーフに対する買収計画を撤回するようファーウェイに提案した。最初、ファーウェイはその提案を拒否したが、一週間後に放棄すると公表し買収計画を中止した。

ファーウェイのアメリカでの挫折はこれが初めてではなかった。2007年、ファーウェイはアメリカのプライベート・エクイティ・ファンドのベインキャピタルとともに、22億米ドルで米ネットワーク設備会社3COMの買収を計画していた。計画では持株比率をベインキャピタルが83.5％、ファーウェイが16.5％を所有することになっていたが、この取引も「アメリカ政府の情報安全性に危害が及ぶ」として、CFIUSにより拒絶され頓挫したのであった。ベインキャピタルと3COM社は公開声明を行ったが、その内容は──今回の取引で許認可を得るべく、ベインキャピタルはすでにアメリカ政府にいくつかの項目で譲歩している。譲歩した項目として、3COM社で主に開発している国防安全ソフトのうちのTippingPoint部門の分社化を提案し、アメリカのデリケートな技術または米政府オーダーシートはファーウェイに獲得させないこと、またファーウェイには3COMの経営主導権と最終決定権がない──というものであった。にもかかわらず、依然としてCFIUSの懸念を払拭することはできなかった。

上記二つの事件の後、中国国内世論は一斉にファーウェイの方に傾き、「国家安全」は言い訳で、実際は中国企業のアメリカ進出を毛嫌いし、中国がますます

強くなっていくのを見たくないだけであると考え、さらに新たな愛国ブームが誘発されたのである。しかしよく分析してみると、アメリカのやり方には理由がないわけではなく、ファーウェイも清廉潔白とはいえない。

　まず、ファーウェイは3リーフ買収の際にCFIUSに適時に申告を行っていない。アメリカはすべての取引を政府が審査すると規定してはいないが、買収側として取引が国家安全にかかわるかどうかを判断すべきである。ファーウェイは3COM買収の失敗を教訓に米企業の買収でより慎重になるべきであった。アメリカが「国家安全」を企業買収による経済効果より重要視していることが分かった以上、積極的に協力する姿勢で米政府に友好的な態度を示して、自身の関連情報を米政府及び関連部門と共有し、タイムリーに報告することで誠意を示すべきであって、政府部門の関連要求を内々に簡単に見積もって誤った判断をすべきではなかった。ファーウェイと3リーフが内々に見積もった結論が、買収は審査レベルに達していないということで、申告はおろか、申請も提出しなかったことが災いして、故意に審査を避けていると管理監督部門に疑われる始末となった。CFIUS側からすれば、ファーウェイが3リーフの一部資産だけ買収することは信じられなかったのであろう。

　次に、ファーウェイ社の透明度にも問題があった。まず、会社の創始者である任氏の経歴がベールに包まれていることである。任氏は1944年貴州出身で、かつて中国陸軍工兵兵団に十年間所属していた退役軍人である。ファーウェイ創立後も彼は低姿勢を貫きメディアに露出することも少なかったが、これが裏目に出てますます世間から疑いをかけられたのである。その上、一民営企業として会社の国内外における業務情報をほとんど開示しておらず、株式は完全に従業員所有制であるとだけ名乗って詳細な株主構造の公開も拒むなど、苦心して低姿勢をとりメディアを避けるやり方を通してきた。このように、ベールに包まれた創始者に率いられて「オオカミ」文化[1)]をもつ企業が他国の領域に踏み入った時、その国の政府が不安になることは避け難い。これはファーウェイの面目を正すことのできる格付け機関などがない点にも一因するといえよう。侵入者は常に有罪のレッテルを張られるものである。米政府が国家安全を確保しようとする張り詰めた神経が働く上に「中国脅威論」という向い風が吹く状況の中では、ファーウェイのアメリカ進出には良からぬ企てがあると判断されるのは当然である。それに創始者の特殊なバックグラウンドまで加われば、米政府がファーウェイに大きな関心を示すのも無理はない。

さらに、ファーウェイが多国籍企業として国際市場で一角を占めるためには、自分の国籍や中国的身分の存在感を弱めるべきである。現在の多国籍企業はいずれも外来者としてのイメージを弱めローカル化を強調している。中国に行けば中国の企業に、アメリカに行けばアメリカの企業に、またドイツに行けばドイツの企業になるべきである。そうすることで「侵入者」のイメージを弱めることができ、さらに進出した国の民衆にもより受け入れられやすくなる。ところがファーウェイは、アメリカ市場で勇猛果敢な侵入者のイメージを崩さなかった。2002年、ファーウェイはアメリカ主流の一部専門的なメディアに攻撃性に溢れる広告を出している――「彼らの唯一の違いは価格である」。広告の背景はサンフランシスコのゴールデンゲートブリッジであった。これははっきりとシスコ・システムズ(Cisco Systems)を指しているととられても仕方がないことであった。シスコ・システムズのロゴはゴールデンゲートブリッジをデザインしたものとなっている。米『ワシントン・ポスト』誌は、「残念ながら、故意であるか偶然であるかは不明であるが、ファーウェイが海外でいつも強引なイメージを広めていることに、われわれは気付いた。多くの国と企業に敬遠されることになる」と論じた。このような「オオカミ」的な侵入者のイメージでは、アメリカのように自尊心が高く自信に満ちた国には受け入れがたいのも確かである。

　以上の分析から分かるように、買収失敗はすべて米政府の「意地悪」のせいではなく、ファーウェイ自身にも問題があった。多国籍企業が外国の政府と民衆の信頼を得るには、企業の透明度と情報公開の程度がカギとなる。企業がクロスボーダーM&Aを行う際には、相手国の政府に気を配った上で自身の友好的な姿勢も示すべきであって、他国に土足で踏み入って反発を受けるべきでない。

第二節　法律・法規を軽視した誤り:
CITICパシフィック、西オーストラリア鉄鋼業への投資

　2006年3月、中信泰富(CITICパシフィック)は西オーストラリアのそれぞれ10億トンの磁鉄鉱資源の採掘権を有する会社を買収した。元来、プロジェクトには42億米ドルを投資し、2009年上半期から生産を始める計画であった。ところが、プロジェクトは投資規模の増大、建設周期の延長及び生産開始の延期などにより予想以上に難航していた。着工して七年後にようやく第一回目の鉱石が出荷されたが、この時はすでに100億元近く投資しており、プロジェクトを竣工させ

るにはさらに追加投資しなければならなかった。このM&Aの発生は金融危機の勃発する直前であったこともあり、中国企業の海外投資での典型的な失敗事例とされた。

一．特許使用料に関する契約トラブル

2006年、CITICパシフィックはオーストラリアのミネラロジー(Mineralogy)と契約を結び、同社に所属するそれぞれ10億トンの磁鉄鉱資源の採掘権を有する二つの会社を4.15億米ドルで買収した。ところが、買収した鉄鉱石採掘権契約での規定はあやふやなものであった。契約には、1トン当たり0.3豪ドルで採掘権特許使用料をミネラロジーが徴収すると規定しているが、その価格の計算が鉱石採掘のどの段階から発生するかについては明確に規定していなかった。ミネラロジー社は採掘開始時点から見積もりで特許使用料を計算するべきであると主張していた。それはつまり、坑道内の石ころに対しても特許使用料を徴収するということになる。これに対しCITICパシフィック側は、すでに純化した鉱石に対して見積るべきであり、石ころは計算に入れるべきでないと考えていた。つまりCITICパシフィックは採掘が終わり、取引が成立してから費用を支払うものと考えていた。双方は譲歩せず、最終的にミネラロジー社の所有者であるクライム・パーマー氏は、CITICパシフィックは1トンあたり0.3豪ドルの単価で2006年からの採掘権使用料を支払うべきであると、西オーストラリア州裁判所に上告した。もし支払いを拒否した場合はSinoIronとの「中澳鉄鋼プロジェクト」を中止するとも主張した。最終的に裁判所はCITICパシフィックが計460万トンの「土盛り」の使用料を支払うべきとの判決を下した。

二．投資資本の見積もりの食い違い

1．オーストラリアの法律・法規に対する調査不足

オーストラリアは安全と環境保護問題を非常に重視している。鉱産物採掘において、自然環境を保護すること、労働者と社会公衆の安全を保証すること、後世の利益と需要を考慮に入れること、そして西オーストラリア国民の生活水準の向上に寄与することという四つの要求があった。買収前にオーストラリアの関連法律について研究がなされていなかったため、CITICパシフィックの経営陣はプロジェクトが始まってからオーストラリアの環境保護に関する要求に戸惑った。例えば、二重橋の国内での建設コストは500万元であるのに対し、オーストラリ

アでは生態保護のために全工程で鋼管杭の使用を要していた。最終建設コスト
は5000万豪ドル(2016年8月現在のレートで、約二億五千万元相当)以上にものぼっており、そのコストの差は数十倍であった。さらに例をあげると、オーストラリアでは灌漑法を満たすには一定の間隔で貯水プールを建設する必要があり、これもまた予算を大幅に増加させた。他にも、オーストラリアで鉱物採掘を行う企業は、運営前に一定の補償金を納める必要があるが、採掘契約側が運営過程で環境保護基準に達していない場合、一部または全部の補償金は政府により鉱山環境の修復に割り当てられる。

2. 現地の労働政策の把握不足

　CITICパシフィックは海外でいくつかのプロジェクト経験を有しているが、先進国での経験は乏しかった。当初予算を設定する際、CITICパシフィックは現地の労働政策及び労組関連の状況に対する調査を行っていなかった。以前の経験を頼りに、労働者の最低生活要求を満たせばよいと考えて、中国の廉価な労働力を大量に雇用したが、オーストラリア政府はすべての持ち場にいる労働者に対して英語資格を要求したため、中国の廉価な労働者はビザが取れず入国を拒否された。CITICパシフィックは現地の労働者を雇用するしかなかった。しかし、オーストラリアでは労働力が欠乏しており、西オーストラリアの鉱山労働者の年俸は十数万豪ドルが一般的で、鉱山の掃除担当の労働者ですら年俸数万豪ドルであった。これもまたプロジェクトコストを跳ね上げたのである。これにとどまらず、政府はすべての鉱山労働者の宿舎面積が一人当たり10平方メートル以上である必要があり、中にはシングルベッド、机、テレビ、冷蔵庫、クローゼット及び空調機の設置があり、また、部屋ごとにトイレと入浴設備の備え付けが必要であると規定していた。さらに、工事現場には規格に準じた食堂だけでなくトレーニングルーム、プール、グラウンド、娯楽室を備えて鉱山労働者の余暇の生活需要を満足させることを要求していた。このように、西オーストラリアでの宿舎の建設費単価は平均9万豪ドル(現在のレートで、約44万元相当)以上となった。ちなみに、アフリカでの従業員宿舎の建設コストは1万元にすぎなかった。

　もう一方でCITICパシフィックは、工事期間を短縮するために国内と同様一日24時間、毎週七日の交代勤務による連続作業ができると考えていたが、オーストラリアの労働者は時給制で労組の力も強かったため、無断で残業することができないだけでなく、強制的に労働者は9日働くごとに5日休まなければならない

という「9＋5」形式をとっていた。これもまた企業の労働コストを大幅に増加
させたのであった。

3. 大幅に膨れ上がる基礎施設への投資

CITICパシフィックは西オーストラリアでの鉱石採掘プロジェクトの設計、施
工、整備及び採掘区施設の基本建設試験などをすべて中国冶金科工集団(以下、
「中国冶金」)に任せていた。ところが、中国冶金の最初の設計プランは実際の
現地施工環境を基にしておらず、施工の途中で施工プランを変更することになっ
た。プランの再設計はまたもコストの増加を必要としただけではなく、採掘の生
産開始期日を再三遅延させた結果、採掘の基礎施設の施工期間は元々三年の予定
で、生産鉱物の第一回目の積み出しを2009年に予定していたが、2015年に至っ
ても工期は先延ばしになっている。一方でオーストラリアの設備、材料などに対
する要求も厳しかった。輸入設備を例にとると、すべての設備はヨーロッパの
CE標準に達し、かつオーストラリア標準を満たさなければならず、さらにすべ
ての建設設計図はオーストラリアで資格を有する建築士のサインが必要であっ
た。このプロジェクトは規模が大きく生産プロセスが長いため、港、トンネル、
道路などを含む施設の設置を要するだけでなく、さらに工期の先延ばしに加えて
政府の厳しい規定もあって、基礎施設への投資が大幅に跳ね上がりプロジェクト
への投資も増加し続けた。

三. 事前調査研究の怠り

オーストラリアの鉄鉱石産業は一貫して高品位な赤鉄鉱(ヘマタイト)の採掘と
輸出をメインとしていた。このような赤鉄鉱は鉄の含有量が高く、簡単な破砕・
選別を行うだけで直接鋼鉄生産に用いることができる。CITICパシフィックはこ
のような状況が当然であると考え、オーストラリア州側の言い分だけ聞いて、自
分たちが買収した鉱山も高品位の赤鉄鉱であると考えていた。元来、正規の手続
きをとる場合、プロジェクトの第一歩はまず何トンかの鉱石サンプルを国内に持
ち帰って大規模な工業化試験、検証を行うべきであったが、中央オーストラリ
ア鉄鋼プロジェクトではこの重要なプロセスが抜け落ちていた。結局CITICパシ
フィックは西オーストラリアプロジェクトの磁鉄鉱含有量がやや低いため選鉱を
行わなければ鉄鋼生産に使えなかった。選鉱の工程には破砕やスクリーニング、
研磨、選別、ろ過を含んでおり、中国で最も経験豊富な鉄鉱企業でもこれほど大

規模な磁鉄鉱の開発経験と能力がなかった。CITICパシフィックは鉱石サンプルを鞍鋼(鞍山鋼鉄集団公司)に送って助けを求めたが、試験の結果、この鉱石は固すぎて研磨が不可能であるとのことであった。三十七年の採掘経験をもつ専門家であるエリオット氏もこのプロジェクトは技術面からみて採掘不可能に近いと考えた。最終的にCITICパシフィックは自らの力で技術面の難関を突破したが、採用したのは全く新しい工程設計であったため、2013年末に第一回目の採掘鉱石が港に運びこまれた後になってようやくその研磨選別技術の実行可能性が証明された。その技術と設備の投入コストも一般的な研磨選別工程より大幅に跳ね上がるものであった。

上記分析から見て取れるように、CITICパシフィックは西オーストラリアの鉄鉱石への投資決定であまりにも軽率であった。

まず、投資者の選択からCITICパシフィックは関連調査を怠っている。選んだ現地パートナーであるクライブ・パーマー氏は手を焼く交渉相手であった。彼は「裁判」を趣味の一つとしているとの評判があるほど法律訴訟に熱心であった。CITICパシフィックの契約紛争からみて、それは己の軽率さでパーマー氏が仕組んだ複雑な交渉構造に引っかかり、オーストラリアで6件の訴訟を起こすまでに至ったということは疑いの余地がない。これはCITICパシフィックが交渉リスクを軽んじて招いた結果である。

次に、CITICパシフィックが海外投資の環境リスクを無視したことである。投資前にオーストラリアでの鉱石採掘に関する法律、手続き及び労働政策ならびに文化背景に対する詳しい調査を行わず軽率に乗り込んだ結果、採掘コストの大幅な跳ね上がりや工期の延期を招いている。また、CITICパシフィックは技術面での実行可能性に関する分析も行わず、オーストラリア側の言い分だけで簡単に結論を下したこともまた技術面でのリスクをもたらしたのである。

最後に、CITICパシフィックのプロジェクトに対する仮説には関連根拠が欠けていた。CITICパシフィックは石鋼(石家荘鋼鉄有限公司)、江陰特鋼と湖北新冶鋼により組織された鉄鋼産業チェーンをもっており、金融危機前には700万トンのスチール生産能力を形成していた。ところが、当時鉄鉱石の価格は上がる一方であったため、CITICパシフィックもコスト面での圧力から産業チェーンの上流へと開拓を進めた。当時の投資仮説は、「将来的に鉄鉱石の価格はさらに上がる」というもので、当時の状況のみに重点をおいて十分な論証を行っていなかった。結果、現在世界市場が鉄鉱石の価格は長期的に下がる趨勢にあるとみる中

第三部　企業の外部ネットワーク運営編　157

で、CITICパシフィックはさらなる圧力に直面しているわけである。

　つまるところ、CITICパシフィックの海外M&Aの失敗に鑑みると、企業が海外投資を行う際には必ず事前準備を十分に整えて、交渉相手に関する情報を十分に収集すべきということである。最も重要なのは、投資地域の関連法律・法規を知り、投資の実行可能性についても分析を行ったうえで、専門機関に依頼して投資の関連内容の分析を行うべきということなのである。

第三節　内部統合と文化融合における誤り：
　　上海汽車集団による韓国・双龍自動車の買収

　1999年12月、韓国・双龍自動車は3.44億ウォン(約30億米ドル相当)の負債を抱えており、自社株はマイナス613億ウォン(5330万米ドル相当)まで下落していた。2003年下半期から双龍自動車の債権者らは会社の株式権利を売却する足取りを早め、アメリカのゼネラルモーターズ、フランスのルノー、シトロエン、中国の上海汽車集団、藍星集団及びインドのタタ・グループなど、多くの企業が入札への参加意向を示した。最終的に上海汽車集団(以下、「上汽」)が一株当たり一万ウォン(約1130ウォンが1米ドル相当)の価格で48.9％の株主権利を獲得し、買収総額は約5億米ドルにのぼった。2005年1月、上汽は双龍社との株式権利の引き渡し手続きを完了し、これにて双龍汽車の51.33％の株を所有して筆頭株主となった。上汽は引き続き少なくとも10億米ドルを投資して、双龍の生産能力の拡大と生産ラインの増加を図ることを保証した。

　上汽の双龍買収はまず、上汽の自動車の自主研究開発能力を向上させることができる。これには双龍の自動車製造におけるコア技術であるエンジンとトランスミッションの研究開発能力、及び双龍のSUV自動車生産技術を向上させることも含み、さらに上汽の製品種類の拡充にも役立つ。次に、双龍は当時の韓国で四番目に大きい自動車生産企業であったため、双龍の買収は上汽の韓国ないしヨーロッパへの進出にも有利であった。最後に、M&Aを通して上汽はスケールメリットを手にすることができる。というのも、M&Aを通じて企業の規模を拡大することで自動車業界におけるスケールメリットの最低水準に到達し、かつ中・韓双方の優位性の相互補完によりさらなるコスト削減を期待していたからである。

　ところが事は望み通りには運ばないものである。上汽は双龍の筆頭株になって

から中・韓両国は制度の差異と企業文化の違いによる隔たりが大きいことに気付いたのであった。

　双龍の筆頭株主になった上汽は、三名の取締役を派遣して双龍の蘇鎮王官・前社長と共に双龍を管理することにしていた。しかしその後の統合過程で、上汽側は双龍のコア技術になかなか触れられないことに気づいた。さらにその間、双龍の前社長は協力を示さなかったばかりか、中国側に負の影響を及ぼすように働きかけた。さらに深刻なことは、韓国は商業賄賂の社会的風潮がひどい上に経済犯罪に対応するためのコストが極めて高かった。そのため、元経営陣の能力低下を招き、かつサプライヤーと経営陣及び労組間はほぼ利益関係で結ばれていた。蘇鎮王官氏には関連財団と水面下で合意がなされた兆候があった。合意の内容は、上汽が買収に失敗した場合、同財団が蘇鎮王官氏を支持して経営陣による株式所有という形で企業の運営を続けるというものであった。そのため、蘇鎮王官氏は上汽と双龍のすり合わせをあらゆる手段で妨害していた。最終的に、上汽は蘇鎮王官氏の職務を解除したが、これにより双龍従業員の上汽に対する不信感に火をつけることになるとは思いもよらなかったのである。

　その後、上汽は小型オフロード車S100の償却による資本増強を決定した。また、販売量の増加及び双龍のCKD(コンプリート・ノックダウン)による輸出の拡大を図るべく、生産は引き続き韓国で行い、組み立ては中国で行うことにした。ところが、韓国の民衆は、上汽の一方的な決定は「双龍の技術の流出」を見越したものであるとして必死に抵抗した。事態は韓国社会全体にまで広がり、韓国民衆は愛国主義の旗を高々と上げた。韓国の島国文化は民衆の団結と民族心を培ったが、それは韓国側の視野の狭さにも繋がってしまったのではないだろうか。2005年11月、双龍労組は「双龍自動車の役割低下及び自動車産業技術の流出を阻止するためのゼネスト」をテーマに記者会見を開いてストライキの実行をほのめかし、さらに双龍への追加投資を承諾するよう上汽に求めた。それと同時に、韓国政府は政策調整を行いディーゼル車への助成を打ち切ったが、多くの製品がディーゼルを燃料としている双龍にとってはシェアへの影響が大きく、2005年の赤字は1.08億米ドルにまで達した。そこで上汽は一部人員削減と給与調整をもって固定費用の支出を調整したいと双龍労組に協議を申し出たが、双龍労組の強い反対を招き、ついに2006年7月13日、双龍労組による第1回目のストライキが始まったのであった。上汽は妥協することなく双龍自動車のすべての現金支払いを凍結させ、さらに双龍の提携企業への為替手形の支払い期限を延長したが、

これもまた双龍の提携企業が現金流動危機へ陥る結果を招いてしまったのである。同時に、上汽は以前派遣した重役に替わって管理を行うべく、ゼネラルモーターズ(中国)の前取締役兼最高執行官であったマーフィー氏を上汽・双龍代表に任命した。ところが、マーフィー氏は就任してすぐ双龍の構造調整を行い、550名の従業員を解雇した。これは上汽と双龍労組間のさらなる対立を引き起こし、双龍労組の「玉砕ゼネスト」を招いたのであった。8月30日、上汽が解雇計画の撤回及び雇用を保証し、さらに2009年まで毎年3000億ウォンを投資して新車開発を行うなどの条件を約束してから、双龍労組はようやく上汽と契約を結んだのであった。これで、49日間の双龍「玉砕ゼネスト」はついに終わったのである。

　さらにその後、グローバルな管理経験を有するマーフィー氏と上汽の共同協力により、ついに双龍危機は去り、2007には赤字から黒字へと転じた。ところが、続く2008年に勃発した金融危機により双龍は深淵に落とされ、資金チェーンが断裂し、上汽も双龍への4500万米ドルの資金注入を強いられたのであった。上汽は会社の再建計画を受け入れて人員削減などの調整を行うことを双龍労組に求めるも拒否されたことを機にこれ以上の資金提供を拒否した。2009年1月8日、双龍自動車の取締役会は韓国の法律に基づき企業再建プログラムへ移行することを韓国の現地裁判所に申請すると決定し、1月9日に申請書を提出した。つまり、双龍は韓国企業の破産保護プログラムに移行したのである。韓国現地の法律によれば、破産保護を申請した後、会社は政府または債券発行銀行に引き継がれる。

　上記資料から見て取れるように、上汽の双龍買収における失敗は内部統合で不利な立場にいたこと、及び企業文化の融合に問題があったことが大きな原因であるといえよう。内部統合において、上汽集団は双龍に立ち入る際に社内の経営陣とコミュニケーションがうまく取れなかったため、前任の最高責任者である蘇鎮王官氏は反逆心をもち企業内部で離間策を企てることになった。また、蘇鎮王官氏を免職した後も上汽に双龍の運営を支える国際買収団体がなかったことは、上汽の人材ストック不足を表している。さらに、双龍を買収してからの上汽は、双龍の組織構造と管理構造に対する効果的な改革ができなかったため、双龍の関連技術を得られなかっただけでなく、双龍に利益をもたらすこともできず、複数の敗北の局面を迎えてしまったのである。

　一方で、上汽は中・韓文化の違いもないがしろにしていた。韓国は一島国とし

160

て、外部に対する排斥意識が強く、かつ、すでに買収初期から中国側に対し大き
な疑念を持っていた。上汽は双龍の「技術」に目をつけ、双龍の経営権を握った
主な目的も技術を「窃取」するためであると韓国側は考えたわけである。また、
上汽が過去における双龍・労組の強大な力を軽視したことも一因となった。中国
では労組がそれほど力をもっておらず、多くの場合において企業の一付属品とし
て存在するだけであるが、韓国では専門職であり、ひいては取締役会の決定にも
影響を与える。上汽は買収に際して労組の存在を無視してきちんと話し合うこと
もなかった上に、双龍の経営権を握った後も韓国固有の雇用構造を無視して人員
削減や減給などの対策をとった。そのため、労組と上汽が派遣した経営陣の間で
直接の対立が生じたのである。労組と経営陣間の激戦もまた上汽をM&A失敗の
深淵に向かわせ、さらに双龍をも破産のブラックホールに陥れたのである。

　以上の事例で分かるように、企業が海外M&Aを行う際には必ずそれぞれ国の
文化と制度の違いを重視すべきであり、買収される企業の所在国の文化が重んじ
る内容をきちんと把握し、その差異は調整可能であるか、根本的な意識レベルに
おいて調和できない矛盾であるかをはっきりと判断する必要がある。さらに、企
業は内部で多国籍管理チームを組織して買収企業に対する効果的な統合を行い、
買収側企業の経営陣の買収に対する一連の態度を調和させる必要がある。M&A
で直面する「内憂外患」を解決してこそ企業はM&A成功の第一歩を踏み出せた
といえる。

おわりに

　本章ではファーウェイの3リーフ買収事件、CITICパシフィックのオーストラ
リア鉄鋼買収及び上汽の韓国双龍自動車の買収という三つの失敗を通して、中国
企業が海外M&Aで遭遇した難題を分析している。三社の海外買収における失敗
にはそれぞれの原因があり、またこれらの原因は我が国の企業が「走出去」戦略
を実施するにあたって見落としがちな問題でもある。ファーウェイの3リーフ買
収事件は、一見世論がほとんどファーウェイに同情し、アメリカが「国家安全」
を名目に中国企業の発展を阻害しているととらえがちになる。しかし分析を進め
ると、ファーウェイ自身の動きに問題がなかったとは言えない。対外進出の「走
出去」戦略をとっている多くの中国企業の欠点でもあるが、管理・監督レベルが
低く、企業自身の情報公開が完全でない上に、外部に与える印象を意識せずに企

業の関連情報をむやみに隠したがるため、外部から疑念を持たれるのである。さらに、中国は愛国主義風潮が強く、中国人民もまた常に「中華民族の偉大なる復興」を実現するために努力している。そのため、対外進出戦略を実行している企業はそのような感情に自負心をもって中国という名札を企業のいたるところに貼りたがる。ファーウェイを視察した米国の役人は、「ファーウェイは多国籍企業であるが、われわれが視察した際、ファーウェイには風に靡く『中国国旗』しかなかった」と評価している。企業の愛国主義は重要であり、多国籍企業として企業の国籍を忘れてはいけない。だが、対外拡張を行う際、自身の国籍を弱めるすべを知らなければ、ローカル化戦略では他国に侵入者と認識されることになり、進出先の民衆及び政府の警戒心を引き起こしてしまう。また、中国企業は「オオカミ」文化を重視して進出地域では常に大きな波風を立て強い姿勢を示すことで、企業が堂々たる大国の中から発展してきたことを見せびらかす。このようなイメージは企業が進出先に受け入れてもらうのに何の役にも立たないばかりか、かえって彼らの抵触情緒を引き起こしてしまう。

　オーストラリア鉄鋼買収での失敗の原因は、主にCITICパシフィック自身にあった。中国で対外進出の「走出去」戦略を実行できる企業はほとんど中央国有企業で、民営企業は資金や政策面での制限があるため海外進出に難儀する。中央国有企業のほとんどは「土豪(地方の成金)」レベルの投資者であるためお金には困らない。海外M&A投資を行う際、彼らは往々にして金に糸目をつけずにふるまい、M&Aでは「出資」がカギとなると考えている。もちろん「お金は万能ではないが、必要である」というように、海外M&Aにおいても十分な資金は必要である。だが、お金があるからと言って買収の成功が必ずしも保証されるものではない。投資においては事前の十分な調査研究、視察、可能性の分析なども必要なのである。CITICパシフィックは投資する鉄鉱石の実際の品質状況も知らずに軽率に買収に踏み込んでいるが、その「地方の成金」のような行いは呆気にとられてものも言えない。また、買収前には進出先の法律・法規だけでなく取引相手の人格や性格なども知っておく必要がある。もちろん契約書も重要である。中国企業はすでに娃哈哈(中国巨大飲料グループ企業)の契約紛争のように、契約規定で泣き寝入りしなければならなかった例もあるにもかかわらず、今回もまたパーマー氏の曖昧な契約条項の網にかかり紛争を引き起こしている。一つ一つの血の教訓は、契約を結ぶ際は必ず条項に目を光らせておかなければならないと、中国企業に教えているにもかかわらず、一度ならず何度も他人が仕込んだ罠にはまっ

162

てしまうのは残念でならない。

　同じく、上汽の韓国双龍買収における最終的な失敗は、中国の海外M&Aに必要な人材ストックの不足、及び買収企業に対する内部統合の重要性、ひいては買収後の文化融合の切実さを物語っている。上汽の双龍買収もCITICパシフィックと同様、事前準備が十分になされていない。両国間の文化の違いを熟知せず、進出先が買収に対して抱く敵対心にも関心を払っていない。また双龍買収に至っては、強引に踏み入って韓国労組の強大な力も無視したことにより、労組との対立を引き起こし、ひいてはM&Aの失敗、双龍の失敗に繋がったのである。以上から見て取れるように、企業がM&Aを行う際に、買収される企業の経営陣と効果的な協議を行い、さらに利益関係のある重要人員と合意を得て、なおかつ立ち入る際も適切な姿勢をとらなければならない。労組のような強い組織が存在する際には、企業の強引な立ち入りは相手の敵意を引き起こす原因となり双方の不信感をもたらし、最終的には「玉砕」ストライキに至る結果をもたらしてしまう。

　総じて言えば、中国企業は海外M&Aを行う際に必ず投資環境リスク、制度リスク、文化風俗リスク、取引者のリスク、法律リスク及び内部統合リスクなどの一連のリスク問題に注意を払い、さらに自身の健全なイメージを確保した上で適切な進出方法を選び、なおかつ事前の調査研究や視察分析をきちんと行わなければならない。

　覚えておくべきは、海外M&Aは「地方の成金」が遊ぶゲームではないということである。

【注】

　1)「オオカミ」文化: ファーウェイの厳しい実績効果審査制度により、オオカミのように仕事に立ち向かうことを強いられる企業文化。

第三部　企業の外部ネットワーク運営編　　163

第九章
中国におけるサプライチェーン・ファイナンスの
三大モデル

はじめに

　つい最近、友人の間で金融に関する面白い小話が流行っていた。ある旅人が小さな村の旅館に行き千元を店主に渡して部屋を借りた。彼が部屋へ向かう頃、店主は千元を握って肉屋に行き肉代を払った。また、肉屋の店主は豚を飼っている農夫に代金を払い、農夫は豚の飼料費を払い、そして飼料店の店主は娼婦に代金を払った。娼婦はすぐに旅館に行って部屋代を払った。千元はまた旅館の店主の手に戻ったのだが、そのとき、旅客である旅人は部屋が気に入らないと言ってお金をもって出ていった。物語の最後にお金はもっていかれたが、各々の負債は全てなくなり、小さな村の人たちは皆楽しく暮らしたという。

　この小話は主に資金の流れに関する問題を語っている。旅人を起点として、資金は一つの閉ループを成し、おのずと付加価値を生んでいる。千元はグルグル回るが、最後に誰も利益を得ておらず、お金は誰の手にあっても付加価値を生んでいないため、この物語をばかばかしいと評価する人もいる。しかし、その人は見落としていることがある。かかわったすべての人がある種のサービスを受けており、しかもコストゼロの方法で受けているため、物語の最後に作者は小さな村の人々は皆楽しく暮らしたことを強調している。

　上記の閉ループを一つのサプライチェーン運営とした場合、その千元の動きはまさにサプライチェーンにおける資金の流動過程である。いわゆるサプライチェーンとは、商品が消費者の手に届く前の各段階における互いの繋がりまたは業務のリンクをいい、それはコア企業を取り巻く情報や物流及び資金の流れをコントロールし、原材料の調達から中間財と最終製品の製造、及び最終製品の配送までの過程で、サプライヤー、メーカー、卸売業者、小売業者及びエンドユーザーが成す一つの機能連鎖構造をいう。理想的な流れとしては、メーカーが原材料を調達すると即サプライヤーに代金を支払い、メーカーが商品を販売したら即資金回収をする、こうすると資金の流れには良性の循環が形成され、連鎖する各

企業も正常な運営を維持するための資金が確保される。ところが、実際各企業は
なるべく資金を自分のところに留めたがる。前述の小話のように、先に消費して
支払いを延期したがるが、こうなると連鎖状に資金不足が生じ、各企業の正常な
生産運営が妨げられる。またそれに伴いサプライチェーン全体における金融サー
ビスの需要が生じるが、ここでは連鎖全体における資金の流れをいかにより低い
コストで抑えるかがカギとなる。こうして金融サービスの需要が生じ、サプラ
イチェーン・ファイナンスが盛んになったのである。2004年、バーガー氏はす
でに中小企業ファイナンスの新しい構想及びフレームワーク、さらにサプライ
チェーン・ファイナンスの基本思想をすでに提起している。また、『ユーロマ
ネー』誌もサプライチェーン・ファイナンスを21世紀に入ってから「銀行取引
性業務の中で最もホットな話題」であると形容していた。さらに近年では、イン
ターネット金融が注目されるにつれて、その次なる段階としてサプライチェー
ン・ファイナンスがさらなる関心を集めている。

第一節　サプライチェーン・ファイナンスとは

　では、サプライチェーン・ファイナンスとはなにか。深セン発展銀行はこのよ
うに定義している。サプライチェーン・ファイナンスとは、サプライチェーン
内部の取引構造の分析を行った上で、自己清算型トレードファイナンスという
クレジットモデルを活用し、さらにコア企業、物流監管公司(物流管理・監督会
社)及び資金フローガイドツールなどのリスク制御変数を引き入れて、サプライ
チェーン中の異なる結節点に対し閉鎖的な信用サポート、その他決算と財務など
の総合的な金融サービスを提供すること、つまり、いわゆるM＋1＋Nモデルで
ある。「1」はコア企業を、「M」はコア企業の上流にある複数のサプライヤー
を指し、そして「N」はコア企業の下流にある複数のバイヤーを指しており、こ
こでのバイヤーは販売業者でも良いしエンドユーザーでも良い。一方で、宋華教
授は以下のように定義している。サプライチェーン・ファイナンスは物流運営、
ビジネス運営及び金融管理を一体化した管理行為とその過程であるべきであり、
取引中のバイヤー、サード・パーティー・ロジスティクス(3PL)及び金融機関を
関連付けた上で、サプライチェーンにおける資金を活性化させると同時に、資金
によりサプライチェーンを牽引しなければならない。また宋教授は、今日のサプ
ライチェーン・ファイナンスは一つのエコシステム(生態系)であり、それは以下

の三つの次元で構成されると考えている。まず、供給のマクロ環境システム、次に、金融部門が主体となってリスク管理やリスク負担などを総合的に行う金融エコシステム、最後に、貿易や生産などの部門を含む資本集約型産業の運営という大きなエコシステムである。さらに宋教授は、インターネット金融あるいはサプライチェーン・ファイナンスの発展はまさにエコシステムの構築がカギとなると強調している。つまり、前述の通り深セン発展銀行はサプライチェーン上のコア企業、すなわち「M＋1＋N」モデルの「1」をめぐって業務が展開されることを強調しているのに対して、宋教授は生態の構築を強調しており、サプライチェーンにおけるすべての企業が核心となると考えている。両者の概念とも妥当性があり、対応するサプライチェーン・ファイナンスの運営モデルが異なるだけである。

　つまるところ、現在国内のサプライチェーン・ファイナンスのモデルには以下の三種類がある。一つ目は、伝統的なサプライチェーン・ファイナンス運用モデル、つまり銀行と企業の連携ネットワークであり、深セン発展銀行が提起した「M＋1＋N」モデルである。二つ目は、サプライチェーンにおける完全な企業資源を備えた従来のeコマースの自己構築ネットワーク融資を通じて、サプライチェーン上の上流・下流にある企業に金融サービスを提供するモデルである。例えば京東、アリババなどの企業がそうである。三つ目は、「eコマース＋P2P」モデルである。P2Pプラットフォームは協力、買収の方法で融資資源に対する整合を行い、融資が必要な中小企業と個人にサービスを提供するエコシステムを構築する。

一．従来のサプライチェーン・ファイナンス

　従来のサプライチェーン・ファイナンスの基本観点は、核心となる各大型企業が水平延伸型の産業チェーン上で、いずれも膨大な数の中小零細企業と繋がっている。コア企業の信用を利用してその上流・下流の企業は融資を獲得し、銀行は産業チェーン全体におけるすべての企業とユーザーに金融サービスを提供する。これは主に銀行を中核とするモデルであり、銀行はコア企業の信用を利用することでサプライチェーン全体にテコ入れする、いわゆる点で面を動かす形式である。従来のサプライチェーン・ファイナンスモデルの下で、参入した主体には銀行、中小融資企業、物流企業及びサプライチェーンにおけるコア企業を含む。

1. 銀行

銀行はサプライチェーンにおける資金提供者であり、コア企業及びそれを取り巻く上流・下流の中小企業は潜在的なターゲットとなる。銀行は主にファクタリング、売掛金担保融資及び商業手形割引などを含む売掛債権を利用した金融を上流企業に提供する。あるいはコア企業の下流企業に調達プロセスにおいて、保兌倉(Confirming storage finance、日本での在庫担保融資制度)やローカル・バイヤーズ・クレジットなどを含む予付款融資(Advance payment finance、先行融資)を提供する。しかし、サプライチェーン全体での金融運営過程において、銀行はただ単に資金提供者としてコア企業の信用裏書を通じてサプライチェーンの中に資金を注入し、融資商品の下で資産コントロールを行うことによりコア企業の上流・下流に信用を与えるだけである。

2. コア企業

コア企業はサプライチェーン全体において決定的な役割を果たしており、またコア企業の役割を果たせるのは一般的にサプライチェーン上で競争力が強く信用性が高く、かつ十分な資金と規模をもつ企業である。コア企業は自身の高い信用及び十分な資本をもって銀行からの貸付を比較的容易に獲得でき自己資金も十分であるが、その上流・下流をリンクさせている中小企業には資金源が欠乏している。現代の企業間競争はサプライチェーン間の競争であり、コア企業が自身の競争力を向上させるためにはサプライチェーン上の各結節点間で効率よく協力する必要がある。そのため、コア企業は自己中心的な狭隘な行動をとってはならず、自身が置かれているプロセスの健全性を保証しなければならない。というのも、サプライチェーン上のどのメンバーに融資問題が生じたとしてもそれは素早く全体に蔓延してリンクの乱れを引き起こし、コア企業も苦境に陥るからである。そのため、コア企業は自己の信用裏書きをその他企業への担保として、銀行と連携して上流・下流企業に融資サービスを提供する。これにより、サプライチェーンの安定と競争力をさらに向上させている。

3. 物流企業

サプライチェーン・ファイナンスの運営過程において、物流企業は未着品のモニターとなり銀行のためにリスク低減を図る。物流企業は貨物を制御しており、融資企業側が返済できなかった時にその貨物を現金化して銀行を補助すること

で、サプライチェーン・ファイナンスへ参入するにあたって銀行が負うリスクを
最大限下げている。

4. 中小企業

　中小企業はサプライチェーンの中で弱い地位にある。まず、コア企業に依存し
ているため、比較的長い売掛金の返済期限や下流企業による前払いが必要である
などのコア企業からの厳しい条件も受け入れなければならない。また、中小企業
は資金不足になりがちで速やかな還流ができないため、企業が原材料のストック
ができないなど、次なる効果的な運営に影響をきたす。さらに、中小企業の融資
難も我が国の企業の発展における難題の一つである。これは良い信用条件が備
わっていないため担保にする優良資産がなく、銀行も軽々に融資するわけにはい
かないため、サプライチェーン全体のバランスが崩れてしまうからである。サプ
ライチェーン・ファイナンスは中小企業の融資難を解決し、融資コストを低下さ
せており、さらにそれぞれの発展にも有利である。

二. サプライチェーン・ファイナンスにおけるネットワーク・プラットフォームの構築: 中信銀行とハイアールの戦略的提携

　2004年4月8日、中信銀行とハイアールグループはサプライチェーン・イン
ターネット金融の戦略的協定を締結した。協定により、ハイアールグループの
傘下にある日日順(Goodaymart)プラットフォームにおける既存の販売網、物流
網、情報網と中信銀行のサプライチェーン・インターネット金融サービスとの密
接なリンクを実現して、オンライン・オフライン結合型サプライチェーン・ネッ
トワーク・プラットフォームを構築することで、日日順プラットフォームの上
流・下流にある中小企業に便利な融資・支払いサービスを提供すると同時に、さ
らに厳密な管理フローやビッグデータによる分析技術を駆使してリスク管理を効
率よく行うことにした。

　日日順は仮想・現実結合型IoT(モノのインターネット)プラットフォームであ
る。「仮想ネットワーク」では、日日順住居サービスサイトを立ち上げ、インタ
ラクションデザインから取引、引き渡し、取り付けまでの全フローを体験できる
住居サービスを提供しており、ユーザーの多様化及び個性化したニーズに応え
られる住宅eコマースO2Oモデルのイノベーション・リーダーとなった。「現実
ネットワーク」では、物流とサービスにおける優位性をもって業界内で「約束通

りの送達、同時送信・セットアップ、タイムフリー」という革新的な差別化サービスを打ち出し、仮想と現実が融合した全フローがユーザー体験によって駆動される競争力を構築した。四つのネットワークが融合した差別化優位性を基に、アマゾンや淘宝天猫(タオバオTmall)、京東、易迅網(51buy.com)などの300社の企業と提携してブランド力を迅速に拡大した。特に、物流面ではアリババを引き入れて、日日順を中国で先頭に立つ大型物流のエンドツーエンド・サービスの提供者に仕上げた。物流のラストワンマイル領域では、上海貝叶との合弁会社を立ち上げている。貝叶は中国で真っ先に住宅の水回りに関する3PLサービス・プロバイダを始めており、大型物流の幹線輸送及びラストワンマイルの領域でサービス経験が豊かである。物流ストレージ領域においては、2014年に物流の巨頭であるプロロジスと提携して倉庫の交換を行い、さらに一類倉庫の立ち上げを新たに計画している。これで3PL配送量を倍増させることができる。物流技術管理の面ではアリババとクラウド提携することで、ビッグデータを用いたユーザーの需要把握をより深く行っている。日日順の物流ネットワークは第三線、第四線都市[1]ひいては農村まで網羅している。このサービス体系を基に、ハイアールは「オープン・プラットフォーム」を立ち上げて、ハイアールの製品だけでなく家具、装飾材料、ひいてはその他家電企業の製品も配送する計画である。

　実際ハイアールと中信銀行の提携は双方が互いに発展するために必要であった。ハイアールグループのサプライヤーの多くは中小企業で、ハイアールグループと長期にわたり安定した貨物供給関係を有している。彼らはハイアールの大量注文に応じるためにセット生産を発展させる必要があったが、銀行からの融資が難航し、また融資ができてもコストが高かった。しかし、サプライチェーン、特には日日順のような大型3PLプラットフォームの拡張にともなって、ハイアールには大型商業銀行の専門サービスによる支援が必要となった。一方で中信銀行は、インターネット化戦略を発展させて従来のオフラインでのサプライチェーン・ファイナンスがもたらすリスクを解決する必要があった。リスクは主に二つの面で現れている。一つは、銀行は、例えばサプライヤーが複数の銀行で重複して担保を設定するなどの事業継続の真偽を把握しにくいこと、もう一つは、倉荷証券の真偽などの運営リスクである。また、中信銀行がハイアールの日日順と提携した理由はまず、日日順プラットフォームの価値を見据えたためである。日日順プラットフォームの価値は販売業者とハイアール間の信憑性ある取引データにあり、中信銀行はこれらのビッグデータを基に資金流、情報流、物流及び商流の

閉ループ流動、いわゆる閉鎖式の「フォーインワン流通」を実現している。さらにサプライヤーはオフラインで受注し、オンラインで融資、調達、物資の受け取り及び資金回収の各段階を形成することによりプロセス管理を実現し、リスクの管理・監督の防火壁を構築している。次に、日日順は融資企業の物流を自己の物流プラットフォーム上で把握しているため、融資企業に債務不履行があったとしても銀行の損失を最小限に抑えるよう協力できる。最後に、情報、資金、物流及びビジネスの流れをデータ化することで銀行は既存のデータを基に予測を行い、前もって企業に融資して、中小企業の生産運営とサプライチェーン全体の安定を保証している。

第二節 自己構築ネットワーク融資プラットフォーム

上の事例に現れているように、銀行は一般的にeコマースの融資業務を敬遠し、実体経済や実体のある担保の方を好む。またeコマースの取引や物流に関するデータについても、データの偽造の容易性やそれに対する管理・監督の難しさ、また管理できたとしてもコストが高すぎるなどの理由から、銀行はそれらを認めたがらないのが一般的である。そのため、eコマースビジネスプラットフォーム上の零細企業は依然として資金問題の解決に苦労している。

eコマースの実力を発揮するポイントは主にプラットフォーム上の取引総額とユーザー数にあるが、末端の小売業を代表とする商業活動において競争の実体と基盤となるのは言うまでもなく物品と価格である。小売りシステムにおいてこの二つの要素が実現されるには、eコマースプラットフォームの上流にあるブランドメーカーとの価格交渉能力が必要となる。高い交渉能力によりeコマースプラットフォームの上流にあるブランドメーカーをある程度掌握できれば、商品の品質と販促力の面でライバルより先を行くことができる。これこそがeコマースの勝利の根本である。サプライチェーン・ファイナンスのような資金注入方法では、上流にあるブランドメーカーをコントロールすることが最も効果的でフィットする方法であるといえよう。eコマースが上流のメーカーを通して融資支援を提供することはサプライヤーの資金面での圧力を緩和させるだけでなく、プラットフォーム上での商品の更新・流動をも加速させてSKU(Stock Keeping Unit, 最小管理単位)、貨物数量の面で保証を得やすくする。もう一方で、資金が上流へと浸透することによりeコマースプラットフォーム上の閉ループ式のサプライ

チェーン・システムを構築して、類似する戦略をとっているパートナーとの協力関係を築くことができる。さらに、eコマース大戦が勃発しても一つのeコマースプラットフォームではなくサプライチェーン全体で対抗することができるため、現在はeコマース大手が我先にサプライチェーン・ファイナンス領域に飛び込んでいる。

　eコマースのサプライチェーン・ファイナンスモデルは完全に企業の取引活動に基づいており、大量の信憑性のある過去の取引データを通じて、取引背景の信憑性と連続性、及び取引相手のパフォーマンス(契約履行能力)を識別し、さらに信用貸付業務の閉鎖的運営と融資の自己回収力を通じて融資の安全性を確保している。従来のサプライチェーン・ファイナンスモデルに比べてeコマースサプライチェーン・ファイナンスは以下の特徴を有する。第一に、信用による束縛、担保を必要としない。各eコマースは直接プラットフォーム上で広く採集したさまざまな顧客データに基づいて顧客の資質を分析し判断することができる。第二に、コア企業の制限を受けない。従来のサプライチェーン・ファイナンスでは必ずコア企業を頼る必要があり、また融資する上流・下流の中小企業はコア企業の支援と協力がなければ銀行の信用を獲得できなかったため、彼らの顔色を窺う必要があった。しかしeコマースが提供する融資プランではコア企業のバックアップを必要としないため、企業はより自由度をもてる。

　しかしながら、上記のようにeコマースプラットフォーム上での企業の融資は主にデータ分析に頼っており、信用の束縛も担保もないため、企業が違約した場合eコマースは損失を軽減するための他の資産獲得ルートを確保しにくい。そのため、eコマースの融資は一般的に少額であり、企業の資金不足が大きい場合には頼ることができない。

一．京東の金融商品「京保貝」

　2013年12月、京東(JD.com)は初の自営サプライチェーン・ファイナンス商品「京保貝」を打ち出した。従来の「銀行が出資して京東が与信可能な顧客を推薦する」形と違って「京保貝」では、京東がコア企業と貸し手の役割を一手に引き受けて、すべての融資額を京東の自己資金から提供している。京東は、プラットフォーム上のサプライヤーは調達や販売などのデータを基に、融資の申請から貸出までのすべてのプロセスを三分で完成でき、かつ一切の担保や抵当も不要で、企業運営の資金繰りの効率を向上させることができると宣言している。

この三分間融資の「京保貝」は自動化された融資プラットフォームであり、具体的な操作は、サプライヤーが初めて申請する際に京東と契約を結んで申請書などの関連資料を提出すれば、後続業務の資料は直接システム上で収集し転送するだけでよく、重複して提出する必要はない。ユーザーはクライアント端末からクリック申請すれば、その操作によりアクティブ化された需要は京東の小売業務システムにより自動的に保安管理業務システムへ転送される。そのため、サプライヤーの小売りプラットフォームでの取引情報はERPシステムを通して同時に金融プラットフォームと共有され、融資額の査定時の参考として提供される。一定の限度額内であれば、システムは対応するリスクコントロールモデルを基に融資を判断し、操作は京東のネットバンキングシステムにより完了する。

1．ビッグデータのサポートによる信用獲得

サプライチェーン・ファイナンスのリスクは取引チェーンにおける資金の自己回収力と密接にかかわっているため、取引の背景の信憑性と取引相手のパフォーマンスは銀行がこの類の業務での信用審査を行う際の重要な確認ポイントとなる。しかし、銀行はサプライチェーン・ファイナンスの全プロセスにおいて直接取引に参加していないため、情報の収集と判断に高いコストを払っており、業務全体の期間も長くなる。一方で、上流・下流の取引への直接参加者として十年間発展してきた京東の小売りプラットフォーム上には、サプライヤーの買付・販売及び配送に関する大量のデータが累積されており、京東の金融プラットフォーム上でのリスク管理モデルに有効なインプット情報を提供し、「京保貝」が実際の取引状況に応じて企業の返済能力を判断するのに必要なリスク管理体系を構築して提供している。具体的なやり方として、京東は申請資格を有するサプライヤーのためにリスク管理モデルを立ち上げて、過去のサプライチェーンデータに対する分析を基に抽出した定性・定量データを統合してモデルにインプットし、サプライヤーをA～E級の五段階に評価する。この五段階はサプライヤーの融資金額に影響し、さらに京東での調達状況や入庫状況などの情報の変動に応じて融資額のダイナミック調整も行っている。システミックリスクはサプライチェーン・ファイナンスの安全性に影響を及ぼす大きな不安定要因であることを考慮に入れて、京東は売り場の小売りデータを基に商品の販売と回転率の状況を基に商品の品目情報をモデルにインプットすることにより、前もってシステミックリスクを把握し、商品の業界危機がサプライヤーの継続的返済能力に影響をきたさないよ

うにする。さらに、京東はサプライチェーンの核心として、上流サプライヤーの販売ルートをコントロールするだけでなく、自己構築の物流システムをもってサプライヤーの物流に対して管理・監督を行っているため、サプライヤーの違約があったとしてもこれらの売掛債権を速やかに現金化する能力をもっており、不良債権にはならない。

　「京保貝」は借入だけでなく返済も柔軟に行っている。借り入れた次の日から返済を申請することができる。商品代金の借入期間内に、サプライヤーは京東からの融資資金、自己資金のいずれも返済に充てることができる。

　つまるところ、京東は強大なeコマースプラットフォーム及び膨大な物流システムをもって金融を自己のサプライチェーンの中に注入している。京東のこのような仕組みは、サプライヤーの資金ネック問題を緩和させることができるだけでなく、貸付利息による利益向上と自身の資金圧力の緩和も図れる。なおかつ、サプライヤーと利益共同体になってデータを享有することで、彼らのために包括的なロケーション・サービスを提供し、京東プラットフォームの競争力を向上させている。

二．京東の金融商品「京小貨」

　2014年10月30日、京東金融は革新的な金融商品「京小貨」を正式に打ち出し、オープン・プラットフォーム上の事業者専門の融資サービスを開始した。2013年に開始した「京保貝」と合わせて、京東のエコシステム内でサプライヤーと事業者を全面的に網羅し、中国の零細企業の融資難を効果的に解決すると同時に、京東金融エコシステムの競争力も向上させている。

　「京小貨」は信用を基礎とすることを強調した金融商品であり、担保不要、貸付金の高い自主性、低い融資コスト、一分間融資及び全面オンライン審査などの特徴をもつ。同時に、「京小貨」の貸付金の金額と金利は事業者の売上額、消費の評価、商品の豊かさなどを含む経営活動のさまざまな指標により確定される。事業者は京東金融プラットフォーム上で(事業者)口座を開くだけでオンラインで融資の資格を調べることができ、融資に成功したら借入金はすぐに加入したネットバンキングのウォレット口座に振り込まれ、さらに京東での支払いや決算などのプロセスとシームレスリンクされる。京東商城(JD.com)への参入の敷居の高さ、販売商品に対する管理・監督の厳格さを基に蓄積してきた信用の高い経営事業者があってこそ、「京小貨」ではオンライン申請とシステムによる自動審査を

設計し、さらに最長 12カ月のローン期限と業界水準よりも低い金利(年率 14%
〜24%)を設けることができたのである。

　京東のオープン・プラットフォーム上の事業者は物流を自主選択できるため、
京東はリアルタイムで物流情報を把握できない。そのため「京小貨」のリスク管
理をより強調している。リスク管理については、革新的な事業者評価とリスク管
理手段として「天秤モデル(天平模型)」や「フロートモデル(浮標模型)」などの
モデルを用いている。例えば、「天秤モデル」では、同じ業界の事業者のために
より統一されて公平な参入基準を実現しており、さらに事業者の経営状況を定期
的に追跡測定することができる。「フロートモデル」では、店舗の季節性販売の
資金需要を予測することで、事前に事業者の需要に気づき、タイムリーに融資限
度額を修正している。さらに店舗のライフサイクルを予測することで、貸出後の
早期警戒の確実性を向上させることができる。京東はビッグデータによる評価と
従来の与信審査を結合させることで、できる限り自身のリスクを減少させてい
る。

　京東が打ち出した「京保貝」と「京小貨」は、京東のエコシステム内のサプラ
イヤーと事業者を全面的に網羅している。これは京東エコシステムの活力と競争
力を高めるのに有利であるだけでなく、より多くの事業者を参入させることがで
きる。なおかつ、京東はエコシステムの範囲を広げて競争力を強化すべく、「京
小貨」業務をその他プラットフォーム上のeコマースにまで拡張することを予定
している。

第三節　「eコマース＋P2P」モデル

　P2PファイナンスはP2Pレンディングともいい、P2Pはpeer-to-peerの略称であ
る。P2Pファイナンスとは、個人と個人間の少額の信用貸付の取引であり、一般
的にはeコマース専用ネットワーク・プラットフォームを介して双方の取引関係
と関連手続きを成立させる。貸し手は借り手が公開している情報に基づき、貸出
金額を自ら決定する「セルフ貸出」を実現する。

　目下、P2Pプラットフォームは主に三つのモデルがあり、それぞれの特徴は以
下の通りである。

　一つ目は、オンラインのみで実現される純粋なP2Pモデルである。このような
プラットフォームモデル上で純粋な情報マッチングを行い、資金を貸し借りする

双方により良い資金配分を行う。しかし、このようなオンラインモデルには担保に参与しないという明らかなデメリットがある。

　二つ目は、債権譲渡モデルである。プラットフォームが先に融資商品を出し、それから債権をプラットフォーム上で譲渡する。これは企業の融資効率を向上させることができるが、資金プールが起きやすく、資金の収益力が十分に発揮されない。

　三つ目は、資本金、ひいては利息を提供して担保にするP2Pモデルであり、金融市場において主流となっている。資本金を担保にするP2Pモデルの本質は、貸し借り双方の資金をプラットフォームを介して間接的につなぐことである。

　「eコマース＋P2P」モデルはP2P金融取引の金融商品であり、主にP2Pプラットフォームが提携、買収する方法で金融資源を統合して、融資の需要のある中小企業と個人にサービスを提供する。サプライチェーン・ファイナンスに参入するための具体的な操作は、あるコア企業を中心に、その上流・下流にある企業の融資の需要及び返済能力に対して具体的な評価を行った上で、コア企業のサプライチェーン上にある企業に融資サービスを提供する。

　一．中瑞財富(www.zrcaifu.com)の「eコマース＋P2P」モデル

　サプライチェーン・ファイナンスという「大きなパイ」を前に、既存のインターネット企業だけでなく、伝統企業も転身して新しい潮流のP2Pモデルに参入している。P2Pモデルは、インターネットによりもたらされたサプライチェーン・ファイナンスの第三のモデルとして登場している。これら企業の切り札はビッグデータではなく伝統的な産業チェーンにおける「専門的地位」であり、これはプロジェクトのリソースの獲得やリスク管理を行うのに有利である。インターネットの巨頭がサプライチェーン・ファイナンスの下流へと業務展開するのに対し、彼らは戦場を上流企業にしており、その代表となるのが「中瑞財富」である。中瑞財富は国内初の大口商品を取り扱うサプライチェーン・ファイナンスのP2Pプラットフォームで、2014年5月12日をもって正式にサービスを開始している。

　中瑞財富は中瑞控股集団に属しており、登録資本は1億元である。中瑞控股集団の「大口商品サプライチェーンの専門管理」における重要なプロセスとして、中瑞財富は専門的な「サプライチェーン・ファイナンス・サービスプラットフォーム」を構築するという役割を担っており、目下、石炭サプライチェーンを

メインとしている。中瑞控股集団の傘下には時価百億元を超える石炭サプライチェーン上場企業である瑞茂通があるため、集団の大口商品の年間貿易量は数百億元にのぼっており、大口商品貿易、サプライチェーンの管理、産業団地の建設及びeコマースプラットフォームなど、さまざまな事業展開を行っている。中瑞控股集団の力強い支援の下、中瑞財富は創立当初からP2Pプラットフォームの中で独自の優位性を発揮していた。現在ではプラットフォーム上の融資プロジェクトが網羅している業務は売り手の売掛債権(A/R)譲渡、ファクターのA/R譲渡及び企業の流動資金貸付の三つの形態がある。

　中瑞財富というプラットフォームを通じて、大口商品サプライチェーンの上流・下流企業は融資サービスを受けられる。これらの企業は一般的に15％前後のコストを負担するだけで、急きょ必要な運転資金を獲得できる。石炭サプライチェーンを例に見ると、発電所が石炭を調達してから決算までの周期は90日もあるため、上流サプライヤーの資金回転率が良くない。さらに抵当、質権、担保の不足で与信情報が一致せず、それに市況産業であることも加えれば、サプライヤーは銀行からの信用を獲得しにくくなり、(非正規の)民間金融を利用して流動性問題を解決せざるを得ないが、その場合のコストは20％以上にのぼる。目下、中瑞財富のプロジェクトは、ほとんど集団内におけるサプライチェーン上のコア企業の上流にあるサプライヤーからのもので、彼らは売掛債権をP2P投資者に譲渡し、コア企業は下流から債権を回収してからプラットフォーム上でサプライヤーと共同管理している資金回収口座へ資金を振り込む。この場合の融資コストは12％～13％しかない。しかし一部専門家の見解によれば、大口商品サプライチェーン・ファイナンスのようなP2P業務は誰にでもできるものではなく、必ず「コア企業」の資源に頼らなければならないという。というのも、コア企業との関係でプラットフォームは上流サプライヤーに対するコントロール能力が強く、サプライヤーは確実な手形を提供しているため、貿易の信憑性や業務リスクはいずれもコントロールできており、ビッグデータがなくとも信用管理ができるからである。また、コア企業の下流企業も実力があるため、回収源もコントロール可能である。中瑞控股は、大口商品業界で十四年間開拓をしてきた産業集団として業界全体に対する認知度が高いため、この類の業務を行うにあたって先天的な優位性を持っている。

　中瑞財富は大口商品業界を熟知しており、また、集団内におけるサプライチェーン上のコア企業の上流にあるサプライヤーに頼っているとはいえ、依然と

176

してリスク管理に重きを置いて、各プロジェクトを開始する前は必ず五つの段階で審査を行ってリスクをコントロール範囲内に抑えており、さらにプロジェクトを立ち上げてからも三つの関門を設けて投資の元金と利息の支払いを保証している。まず、五つの審査段階についていえば、第一段階では、提携機関を繰り返し選別する。主に発展経歴、過去の業績、事業規模と人員構成を審査し、さらに企業が提出した資料を分析して業界内における企業の状況などを検討する。これを基にリスク管理部門が融資プロジェクトへの基本的な意見を出す。第二段階では、専門家による現地調査を行う。そして企業訪問、重役インタビュー、財務審査、担保に対する評価及びリスク管理プランに対する調査などの方法をもってデューデリジェンス・レポート(DDレポート)を作成する。第三段階では、会社CEOと法務、リスク管理、運営及び財務などの部門責任者によって結成されたリスク評価委員会が、融資プロジェクトに対して共同討議をし、投票を行う。第四段階では、最終的な商品プランを作成して、融資プランの担保品案、担保案及び危機管理案に対して最終確定を行う。第五段階では、プロジェクトを始動させる前に、ベテラン専属弁護士により商品枠組みの合理性、関連の融資保証契約などについて意見がなされ、さらに関係者側と協調して最終融資契約を確定する。三大関門には以下の内容が含まれる。第一関門では、資金の委託管理について、中瑞財富はサードパーティー決済と提携して、かつ資金委託管理サービスと法人口座を用いて、調達資金を直接融資側企業の口座に入金することで資金流用のリスクをさらに抑えている。第二関門では、プロジェクトの存続期間について、融資企業の生産経営状況、資産と負債の状況、及び担保品と保証人の保証能力の変化状況に対し専任者が管理・監督を行うことで、潜在的なリスクに対して速やかに反応できるようにする。第三関門では、リスクが生じた場合、中瑞財富は直ちに危機管理体制を起動させて担保側の代償を要求すると同時に、リスク補償金口座を発動させて投資者に賠償金を支払う。この「五審査三関門」を通して、中瑞財富はリスクを最小限に抑え、さらに投資者の資金安全を確実に保障できたのである。

おわりに

サプライチェーン・ファイナンスモデルは多種多様であるが、いずれも中小企業の融資難を解決することをメインとしている。サプライチェーン・ファイナン

スの三つのモデルを簡単にまとめると、以下のように表現できよう。従来のサプライチェーン・ファイナンスは、専門的なファイナンスを仲介にサプライチェーン全体のために構築された専属融資解決プランである。eコマース自己構築ネットワーク・プラットフォームは、プラットフォーム上のデータを頼りに、ビッグデータの優位性を借りて構成されたより良い資金コントロールプラットフォームである。そしてeコマース＋P2Pモデルは、P2Pプラットフォームが自己の専門知識を頼りにコア企業を取り巻く上流・下流企業の資金難を解決するものである。

　しかし上述の三つのモデルは絶対的ではない。実際、銀行やeコマース、P2Pプラットフォームはそれぞれの専門的な優位性をもっており、将来的には三者が自身の専門知識に基づいて相互提携する方向に発展していくであろう。例えば、銀行は金融プラン及びリスク管理面の能力を、eコマースはデータ分析面での能力を、またP2Pプラットフォームはプラットフォーム内における業界に対する専門知識を基に三者が結合すれば、サプライチェーン・ファイナンスの中でのリスク管理問題をより効率よく解決できる。なおかつ、サプライチェーンの設計はより完璧な融資プランをもって、チェーン全体の競争力をより強化させることができる。これにより中小零細企業の融資問題も解決でき、彼らのより良い発展を遂げるためにも役立つのである。

【注】
　1)第四線都市: 一般的に一線、二線、三線まで区分するが、それ以下の未発達都市、農村のことをいう。

第四部
インターネット時代における企業イノベーション編

第十章
企業採用活動の新たな枠組み:
ソーシャルリクルーティング

はじめに

　我が国では1997年からネット求人が現れた。インターネットの発展に伴い、ネット求人は幅広い分野や膨大な情報量、高いパフォーマンス、時間や空間の制限の少なさを優位性として、従来の求人方式を超えて最も注目される求人方法の一つとなった。特に第一線、第二線都市での成長が著しく、卒業間近の大学生にとってネット求人は就職活動のメインチャネルとなっている。

　企業はインターネットに採用情報を発信して潜在的な応募者を引き寄せて応募申請や履歴を載せるよう促し、さらに候補者を選別する一連の活動を行う。求人サイト、求職者及び求人企業はネット求人の三大主体である。インターネットを活用したネット求人により、企業の人的資源確保はよりスピーディーで正確かつ低コストで行われ、これにより企業と求職者の正確なマッチングが実現されている。しかし、履歴書は大量で内容の水増しが多く、処理には時間を要する上に効率が低い。そのため、従来の求人サイトのマッチング機能は厳しい状況に直面している。偽情報やごみ広告、一方向のコミュニケーション、信頼性の欠如などの問題が徐々に顕著化していくにつれて、大きく全面的な従来のネット求人では企業が求人活動で求める「正確さ、高効率」を実現できず、当初の魅力を失いつつある。一方でソーシャルリクルーティングは安全性、信憑性、正確性及びインタラクティブなポジショニングをよりどころとする斬新なモデルで、従来のネット求人市場を一掃して企業採用活動の新たな寵児となりつつある。

　2012年、Jobviteはアメリカ企業のソーシャルメディアを利用した採用活動(ソーシャルリクルーティング)に関する調査を行った。調査によれば、企業のソーシャルリクルーティング活用率は2010年には82％に、さらに2012に至っては92％に達している。また採用の成功率は2010年の58％から2012年の73％にアップしている(出典: Jobvite2012ソーシャルリクルーティング調査報告)。一部資料によれば、他社に買収された中国人材サイトである中華英才網は、2008

年の赤字額が1.75億米ドルで、他の人材サイト「前程無憂」、「智聯招聘」らもそれぞれ一定の赤字を出しているという。2012年第2四半期、伝統的なネット求人の巨頭であるモンスター社の営業収入は前年同期比で12.2％下がっているのに対し、世界的なソーシャルリクルーティング会社であるLinkedInは、前年同期比で89％増となっていた。伝統的なネット求人は苦境を乗り越える突破口を見つける必要がある。

第一節　ソーシャルリクルーティングの優位性

　ソーシャルリクルーティングは個人間の人脈網を基にして採用活動を行っており、求人活動の双方の情報を把握し、コミュニケーションをとり対話を行う。それにはチャットやコミュニティサイト、メディア共有、ブログ、オンラインコミュニティなど、大量の斬新なコンテンツを含んでいる。海外で典型的なのはFacebook、Myspace、Youtubeなどで、国内で知名度の高いのは開心網、人人網、大街網、紅桃網である。伝統的なネット求人に比べてソーシャルリクルーティングは以下の優位性をもつ。

一．専門人材の蓄積
　伝統的な相互求人サイトと違ってSNSはユーザー登録条件の設定などで顧客を細分化し、専門性の高い人材の集合体を形成している。我が国のビジネスSNSのユーザー登録規模は2015年には6700万人になると予測されている(出典: 解放日報)。ソーシャルネットワークと共に成長してきた80后は職場の新しい主力となり、90后も徐々に職域に入りつつある。大学生とホワイトカラーをメインユーザーとする「大街網」は、2011年5月までのユーザー登録数が620万にのぼり、全国3000以上の大学を網羅している。そのうち、学士/修士以上の学歴者は90％で、211重点大学[1]と985重点大学[2]の卒業生が70％である。中国のインターネット業界でハイエンド人材の資源統合プラットフォームの先導者である「紅桃網」は、登録ユーザーが400万人を超え、うち85万人が会員資格をもっており、さらに人脈を通じてハイエンド人材プールが拡張され続けている。2012年時点で、米ソーシャルリクルーティングサイトLinkedInのユーザーは、すでに1.87億人に達し、毎秒２人の新規会員登録が行われている。在学生向け実名登録制SNSである「人人網」も採用プラットフォームを打ち出して、在学生

をターゲットとしたネット採用市場に力を入れている。

二．特定人材について詳細検索ができるプラットフォーム

　実際ソーシャルネットワークは個人の社会情報をネット上に移行し、社交圏を広めて人脈資源を構築する仕組みとなっている。専門分野のコミュニティの中で専門知識と経験を共有することで、専門分野内の最新情報を獲得するだけでなく専門家と有能者も把握できる。コミュニティの中では、同じ専門または業界背景をもっているか趣味や得意分野が同じであるメンバーが集まるのが一般的であるため、特定の専門分野のコミュニティに採用情報を発信することでターゲット群を獲得できる。また、採用者と応募者双方の情報が正確にリンクされるため、伝統的なネットワークの大量情報によるマッチングミスが根本的に解決されている。「紅桃網」の専門コミュニティは不動産、金融、ITなどさまざまな分野を網羅しており、同サイトの「本日のホットニュース」や各種「コメント」は人的資源管理、マーケティング管理、戦略変革及び危機管理などのさまざまな分野に及んでいる。そのため、企業は特定人材を速やかに検索できる。

　アドビ(Adobe)社はソーシャルリクルーティングを通じて効率を大きく向上させている。アドビ社の従業員数は全世界で一万人にものぼるが、通常700～750の空きポストがある。ソフトウェアエンジニアだけでも２割は外部の代理会社を通じて採用しており、各ポストの平均手数料は約２万米ドルである。一番大きな欠点は、代理機関を通じて採用された従業員は流失率が高く、アドビ社は採用―流失―再採用の循環に処されがちであるという点である。しかし、ソーシャルリクルーティングを大きく展開して採用を行った後からは、会社がSNSのコミュニティで潜在的な求職者のワークスキル、職務経歴、所在地域、趣味・特性及び価値観を十分に把握できているため、特定人材に向けた採用活動を行うこともできるようになった。

　特にハイテク企業が専門人材を採用するにあたって、SNSは高効率な採用チャネルを提供している。徐々に職域に足を踏み入れつつある80后、90后の多くは人人網、新浪微博などの大手SNSサイトを活用している。一例をあげると、バイドゥのある採用マネージャーはソフトウェアエンジニアを一名採用する際に、個人認証を受けたブログで権威あるデータマイニング・グループに指定コメントを発信したところ、このデータマイニング・グループの転載により、その日の夜には10人以上の人材が興味を示した。そこから選別してそのうちの7人とコ

ミュニケーションをとり、最終的に4人ほど採用したというが、その採用効率は
非常に高い。新浪微博はオラクル社が採用活動に利用するSNSサイトの一つであ
る。内部ヘッドハンティングに長けているオラクル社には優秀な採用チームがあ
り、彼らは中堅以上の人材採用を行う際にヘッドハンターを通さず、他のネット
サイトを利用する以外に、頻繁にSNSサイトを活用している。大手のグローバル
企業にとってLinkedInや新浪微博はよく使われるサイトである。この類のSNSサ
イト上では、関連の専門的なコミュニティを見つけることができ、コスト削減だ
けでなく雇い主の良好なブランドイメージも確立することができる。最近はやり
のWechatも効果的な採用チャネルを提供しているが、多くの採用マネージャー
は、「Wechatを利用した採用活動はより安全でより志向性が高い」と述べてい
る。ソーシャルリクルーティングは会社がヘッドハンターを利用する際のコスト
を大幅に低減させている。

　ITなどのハイテク企業にとって、必要な専門人材を採用することは企業の成長
において非常に重要であり、求人サイト、ヘッドハンター、従業員からの推薦及
び内部からの抜擢ならびにコンペティションは、採用活動の主なルートである。
ヘッドハンターを通した採用では人材を能動的に探し求めることができるが、コ
ストが非常に高い。ネット求人や従業員による推薦及び内部からの抜擢は、コス
トが低いが適材を得難い。

三．信憑性のある個人情報の提示

　信憑性のある職務情報は、SNSを通して業界人脈コミュニティ内で正確に広が
る。そのため、求職者の履歴だけでなく、趣味、経験及び社交範囲も把握でき
る。「紅桃網」は実名認証と厳格な履歴にフィルターをかけるプロセスを配置し
て学歴、勤続年数、背景及び年収について重層的な審査と認証を行うため、その
専門交流プラットフォームでの人材情報の信憑性が保証される。同時に、個人情
報については、本人の同意を得てから企業HRに履歴書を提示するなどしてプラ
イバシーを保護する必要がある。さらに、ソーシャルリクルーティングでは人脈
を利用した推薦による採用サービスも強調しているが、ここでもSNSの優位性を
発揮している。コミュニティ中の友人からの推薦を通して求職者の信用度を高め
ており、また採用企業は求職者のブログを通して個性及びその他関連情報をより
全面的に把握できる。

　2002年に設立されたLinkedInは、ビジネスユーザー向けSNSサイトである。

目的は、ユーザーがビジネス交流の中で相手を信頼してコンタクトをとれるよう
サポートすることである。SNSで採用者と求職者の信憑性ある情報を提示するこ
とで、雇用関係での信頼を高め、より速やかに両者をリンクさせ、かつその成功
率を高めている。

四. 企業と求職者のインタラクション

　従来のネット求人は、企業と求職者への情報発信者として一方向コミュニケー
ションである場合が多い。これに対して、ソーシャルリクルーティングでは雇い
主と求職者間の双方向のコミュニケーションを強調しており、マンマシン・イン
タラクションからマンツーマン・インタラクションに変わっている。また従来の
求職者の履歴書を待つというやり方とは違い、求人活動企業は能動的に求職者を
検索して彼らの情報を把握することもできる。LinkedInモデルは、SNSの遺伝子
をもって従来のネット求人における一方向採用活動の不足を補っている。中国の
マイクロブログサイトであるシナウェイボー(新浪微博)では、採用候補者の専門
性だけでなく、彼らの趣味や関心事、他の個性や特徴も把握できる。ソーシャル
リクルーティングは履歴書と面接という基本モデルを打ち破り、タイムリーな通
信ツールを通してコミュニケーションをとるか、あるいはビデオ面接を行うこと
で、双方のコミュニケーションを促進し時間とコストも節約させている。求職者
はSNSのコミュニケーション特性を利用することで、企業内の従業員とコンタク
トをとることができるだけでなく、さらに質疑応答を通じて将来同僚となる人ら
に焦点を当てて情報を収集し、企業に対する理解を深めることができる。

第二節　ソーシャルリクルーティングの問題点と対策

一. 問題点

　伝統的なネット求人モデルがボトルネックに直面しているため、中堅・上級
人材の採用で空白が生じ、SNSと人材管理の結合が主流になりつつある。目下、
ソーシャルリクルーティングと人材管理は発展段階にあり、依然として一連の問
題が存在している。第一に、国内の多くのSNSサイトはほとんどLinkedInモデル
を複製した形であるが、国内外のビジネスパーソン群の違いを考えると風土に合
わない場合が多い。第二に、中国では実名登録や個人情報の書き込みなどに対し
てまだ懸念をもたれがちであるため、採用側と求職側双方の情報を正確にリンク

させるには少々難儀するところがある。そのため、ソーシャルリクルーティングが頭角を現している一方で、SNSサイト自体が発展の途中にあるがゆえに優秀な人材の採用活動においては一定の制限がある。だが、SNSサイトがより完全なものに成長していくにつれて、ソーシャルリクルーティングは確実に未来の潮流となるであろう。第三に、多くの企業ではSNS使用を排斥して、内部コミュニケーションはEメールや電話及び会議をメインにしている。ひいては外部のSNSを使用することにより会社情報の漏洩の恐れや従業員管理の難しさなどにつながり、仕事に支障をきたすとしてQQや「開心網」、「人人網」、フェイスブックなどのSNSの社内使用を禁止している。そのため、SNSの優位性を利用すると同時にSNS利用により従業員の時間が侵食され仕事効率に影響することも回避する必要がある。第四に、SNSにより広まる負の情報である。SNSは雇い主のイメージとブランド確立のために利用できる一方で、組織の負の情報も広まるためマイナスの影響を拡大させて組織が傷つく恐れもある。第五に、ソーシャルリクルーティングの公平性の問題である。ソーシャルリクルーティングには公開性と透明性に欠けているため、応募者のソーシャルリクルーティングに対する公平感は低めである。健全で安定的な発展を促進させるには必要な措置をとるべきである。

　二．具体的な対策

　長沙銀行股份有限公司は、2013年の企業説明会からソーシャルリクルーティングを用いている。従来の銀行採用の一環では、順にネット申請、一次選考、筆記試験、面接及び健康診断を経て採用となるのが一般的である。だが、長沙銀行は組織による面接の前に、ビデオ面接とオンライン人材評価を取り入れている。ネット上で収集したプロフィールとの比較及びビデオ面接でのインタラクティブなコミュニケーションを通じて、企業と求職者は互いに理解を深める。これにより、採用人材の一次選考の効率を高め、面接の全プロセスを短縮することができる。では、企業のソーシャルリクルーティングは具体的にどのように行えばよいかをみてみよう。企業は採用対象によってそれぞれ違う採用方法をとることができる。

　能動的な応募者に対し、企業はSNS管理を徹底して、良い雇い主としてのブランディングを行う必要がある。まず、企業は国内の有名なSNSでユーザー登録を行い、ある程度影響力をもつコミュニティを構築して、人材を引き付ける「基地」にすべきである。次に、志向性の高いSNSプラットフォームを選択するか、

あるいは信頼性の高いSNSサイトと長期的な契約を結び、企業データベースとグループを立ち上げて、求職者を引き付けるコミュニティを構築する。さらに、健全で規範化されたソーシャルリクルーティングの流れを構築して「個人認証、履歴書、ビデオ面接、技能テスト」といった基本選考プロセスを形成し、対面面接前に応募者の基本的な資質に対して全面的な審査を行う。最後に、公平かつ透明なソーシャルリクルーティング体制を構築する。ソーシャルリクルーティングは採用活動の全部ではなく、高効率で採用活動を行うためのツールである。ソーシャルリクルーティングを、人材の選考や評価などのその他措置とマッチングさせてこそ必要な人材を採用できる。

　受動的な求職者に対しては、企業の人的資源部門の担当者から能動的に働きかけて、必要な求職者を獲得していく必要がある。求職者の申請を受け身で待つのではなく、積極的に関連SNSコミュニティで活動することは、会社の企業文化や発展ビジョン及びブランドイメージを広めて企業の知名度と影響力を拡張していくのに有利であり、さらにコミュニティで受け身となっている採用候補者を見つけることもできる。次に、企業は統一された職務、就任資格の基準と分類を提示すべきである。従来のネット求人では検索キーワードのズレが生じる場合があるのに対し、ソーシャルリクルーティングでは企業と求職者及びSNS間での採用情報の正確なマッチングを図るべきである。

　補足として、企業は内部ソーシャルプラットフォームを構築すべきである。企業内部のSNSを構築して、採用活動へリンクさせ、採用活動の管理や業績管理、育成開発、昇進などの各モジュールを統合して、高効率で正確な人的管理体系を形成することができる。目下、ほとんどの企業はERP管理体系を採用しているが、内部SNS管理を行っている企業も少なくない。凱捷社の内部ソーシャルプラットフォームConnectは全世界で五千人以上の従業員をリンクさせており、ポストの空きを社内の人材で賄っている。新東方社では、内部SNSを通じて二万人を超える従業員による経験プールを蓄積している。これにより優秀な人材を確保し、さらに組織が優秀な従業員を選抜するのにも役立てている。ソーシャルリクルーティングは外部からの人材候補の確保に有利であるだけでなく、内部からの人材発掘にも適している。

　正確で高効率に必要な人材を確保することは、企業の人的資源管理における難題である。SNSの出現は人的資源部門の経営陣が採用候補者を引き付け、コンタクトを取り、把握するための新たな方法である。SNSが徐々に改善され発展する

につれて、ソーシャルリクルーティングもまた企業が人材採用活動を行う斬新な方法となり、さらに人的資源の採用管理の「プラスのエネルギー」を放っている。

【注】

1)211重点大学: 中国教育部が1995年に定めた、21世紀に向けて中国の100の大学に重点的に投資していくという「211工程」に入る大学を「211重点大学」または「211大学」と呼ぶ。

2)985重点大学: 「211工程」の中で限定した重点大学に対して重点的に投資していくプログラムを「985工程」と呼び、その工程に入る大学を「985重点大学」または「985大学」と呼ぶ。

【参考文献】

［1］孙正. (2010). WEB2.0时代下如何挖掘、选拔人才——企业招聘新方式初探. 现代商业, (8), 84-85.

［2］徐凯祥. (2012). 发现社交网络的招聘魅力. 人力资源, (10), 30-32.

［3］杨晓音. (2012). 新东方:20000员工的"经验池". 中国经营报.

［4］王利敏，袁庆宏. (2011). 新媒体时代员工参与的组织难题. 中国人力资开发, (9), 16-20.

第十一章
「インターネット＋」の本質

はじめに

　李克強総理は第12期全人代第3回会議の政府活動報告で「インターネット＋(互聯網＋)」という概念を初めて提起したが、それから「インターネット＋」は2015年の最も流行ったワードとなった。各フォーラムや雑誌及びさまざまな育成プログラムでは「インターネット＋」という概念を探索し始め、また各企業もそれと結びつこうと努めている。まるで自分の企業が「インターネット＋」と少しでも関わりがあれば企業の正当性が増し価値も高まると考えるようであった。しかしながら、実体をもつ小売店が自分の商品をネット上に載せただけで「インターネット＋」の対象といえるだろうか。また、一製造企業がネット上で調達または単純な販売を行っただけでこれを「インターネット＋」の範疇であるといえるだろうか。そして、一保険会社が自社の保険商品をネット上に載せて顧客に選択させるとしたら、この保険会社も「インターネット＋」の波に乗ってもてはやされるだろうか。これらは明らかに真の「インターネット＋」の範疇には入らない。小売店のオンライン販売はすでに長い歴史をもっている。また製造業のネット調達と販売はさらに斬新とはいえないものである。保険会社の商品をネット上に載せるのは、ネットバンキングと同様、イノベーション性を備えたコンテンツではない。報告で李克強総理は、「『インターネット＋』を制定する行動計画はモバイルインターネット、クラウドコンピューティング、ビッグデータ、モノのインターネット(IoT)などと現代製造業の統合を推し進めることにより、電子商取引(eコマース)、工業インターネット及びインターネット金融の健全な発展を促し、インターネット企業が国際市場を開拓し発展することを牽引する」と述べている。このように、「インターネット＋」の真の内在的意味は、インターネット上でビジネスや業務及び伝統的な業界を簡単に結合させただけのものではなく、「移動通信ネットワーク＋(ビッグデータベースの収集、発掘、分析、整合)＋スマートセンシング＋伝統業界」により形成された新しい産業モデルであり、新たなビジネスモデルである。さらに、「インターネット＋」の真の核心となる

のはインターネットに伝統的な業界を加えることであって、伝統的な業界をインターネット上で運営することではない。すなわち、インターネットを先に考えたうえで、次に伝統的な業界の新たな発展モデルを考えるということである。より詳細に考えれば、李克強総理の報告で「モバイルインターネット、クラウドコンピューティング、ビッグデータ、IoTなどを現代の製造業と統合」するということは、企業が「インターネット＋」の潮流に乗るにはまず、モバイルインターネット上に構築された情報伝達プラットフォームが必須であり、次に、企業は大規模な構造化データまたは非構造化データを掌握する必要があり、なおかつデータを分析し発掘する能力を備える必要がある。こうしてこそ「インターネット＋」の価値が発揮されるのである。企業としてはプラットフォームの整合やデータの収集と発掘を行うための強大な力と気迫、そしてデータの発掘で生まれた情報に対する革新的な理解力を必要とする。このように、企業の能力に対する「インターネット＋」の要求は高いもので、単なるはやりの概念でもなければ企業の思い付きのスローガンでもない。

第一節　深セン市創捷サプライチェーン

　2007年に創立された深セン市創捷サプライチェーン有限公司は情報と技術を核心とし、eコマースとサプライチェーン・サービスを事業の基盤とする全国的なハイテク企業である。また、ISO9001:2008国際品質管理認可、税関総署からのAAクラス認定を受けており、深セン税関により「顧客コーディネーターシステム企業」の評価を、深セン市信用組合協会により「信用AAA企業」の評価を受けている。さらに、2010年には深セン市輸出入商会から「輸出入納税ランク第十位」の評価を、2008―2013年の六年間深セン皇江岡税関から「十大納税大手企業」の名誉を受けて、全国一般貿易輸出トップ100企業にランクインした。なおかつ、2012年には「連想2012会計年度優秀パートナー」の名誉まで受けたのである。

　創捷サプライチェーンは他の単一性の物流会社とは異なり、主にサプライチェーンマネジメント、輸出入貿易、電子機器の売買、サプライチェーン・システムの研究開発を一体化した総合サプライチェーン運営を行っており、専門的で完全に一体化したサプライチェーン解決プランを顧客に提供している。ビジネスモデルは「インターネット技術を基礎とし、サプライチェーンマネジメントを競

争手段とし、サプライチェーン・ファイナンスを利益ポイントとするインターネット、産業及び金融を互いに融合させた総合ビジネスモデル」である。ビジネスモデルからみて創捷は「インターネット＋」企業であるが、本当の意味での「インターネット＋」企業であるといえるだろうか。

一．インターネット技術を基礎とする創捷サプライチェーンE-SCMプラットフォーム

　サプライチェーンとeコマースの結合により、サプライチェーンマネジメント分野の重大なイノベーションとなる「eコマース・サプライチェーンマネジメント(E-Commerce Supply Chain Management, E-SCM)が生まれた。E-SCMとは、インターネットサービス・プラットフォームをベースにサプライチェーン・サービスにおける取引の全プロセスをデジタル化してサプライチェーン全体を最適化することで、従来の上流・下流の共同ビジネスモデルに対して徹底的な変革を行ったモデルである。つまり、インターネット上での完全なセルフサービス方式を利用して、ネットワーク事業パートナーとリアルタイムで事業提携と重要な情報交換を行うことで、サプライチェーン・サービスにおける業務間の協調を図っている。eコマースのコア要素は取引双方の情報のリンクと伝達であり、基本的な優位性は取引プラットフォームを通して情報の収集と保存をより容易にすることである。また、サプライチェーンのコア要素は上流・下流の企業と複数の利益関係者間の協調により、サプライチェーン全体の任務を高効率で全うすることである。しかし、従来の管理方式では各取引企業が各自の管理システムにより情報伝達を行っており、さらに一部企業に及んでは紙の明細書により取引が行われている。そのため、統一した情報伝達インターフェースがなく、サプライチェーン全体の協調が実現しにくい。eコマースを基に統一した情報プラットフォームを構築して、複数のステークホルダーを効果的にリンクさせてこそタイムリーで正確かつ高効率な情報伝達が実現でき、サプライチェーン全体の調和のとれた協力関係が実現できる。

　創捷はサプライチェーンの情報統合問題を解決すべく、世界で有名なソフトウェアサプライヤーであるSAPと戦略的締結を結び「SJET ERPサプライチェーンマネジメントシステム」を開発した。同システムはエンドツーエンドプロセスを支援しており、アンロック分析、産地(仕入れ先)開拓、運営契約及びサプライヤー管理などによる全面的な支援を通して、企業とサプライヤー間の調達と購入

第四部　インターネット時代における企業イノベーション編　　191

プロセスを自動化して、顧客が自身のグローバル範囲における調達支出の状況を把握できるようにしている。また、SJET SRMを通して戦略から実行までのサプライチェーンの全プロセスをコントロールすることで、サプライチェーン選択の最適化や周期短縮を実現し、効果的なサプライチェーン関係を構築し支援している。

　システムの主な構成部分は以下のとおりである。

1. SJET WMS　倉庫管理システム

　入出庫業務、倉庫と格納の割当、仮想倉庫管理などの機能を通してロット管理、材料のマッチング、在庫点検、品質の検査と管理、仮想倉庫管理及びリアルタイム在庫管理などを一元的に運営・管理するシステムであり、倉庫業務における物流とコスト管理の全過程を効果的にコントロール及び追跡することで、完全な企業倉庫情報の管理を実現している。同システムは独立して在庫管理ができる。また、他のシステムの明細書や認証などと結合して使用することで、企業の業務プロセスと財務管理の情報をより完全で全面的に提供している。

2. SJET TMS　輸配送管理システム

　セントラルステーション及びラインステーションにおけるピッキングや貨物輸送状の請求や輸送、車両、運転手の手配から、到着確認や貨物欠損管理、配送、積み替え、支払いなどまで、貨物の輸配送業務の全プロセスを網羅した管理システムである。さらに、ショートメッセージやメールの発信、業務日誌の検索、GPSによる車両位置管理、バーコード管理による支援機能だけでなく、統計分析に対する詳細な集計機能も備えている。

3. SJET E-Bank　銀行―企業リンクシステム

　インターネットバンキングまたは銀行チャネルサービス中のハイレベルなアクセス方式である。主なサービス対象は、業務量が大きく財務管理制度が完備され、かつITの開発・運用能力をある程度備えた大手企業である。銀行―企業の直接リンク、つまり銀行のシステムと創捷サプライチェーンの財務システムを有機的に融合し、かつスムーズにマッチングさせることで、創捷サプライチェーンと銀行の口座に対する入出金証明書を自動生成するなどの機能を実現している。更に、同システムはユーザーが財務システムへ登録することで情報検索、振替支払い、自動振込みと引き落とし、電子領収書(請求書)、eコマースなどの業務操作

を完成することができる、完全で高効率かつ差別化を図ったE-Bank(エレクトロニック・バンキング)システムである。

4. SJET QP　通関管理システム

固定フォーマットのデジタルデータを関税システムに素早く導入できる輸出入申告インターフェースである。これにより創捷サプライチェーンのデータ、通関業者、税関の三者間リンクを効率よく実現し、二次的な人為的ミスや通関申告書類が戻される確率を低減させ、顧客の通関作業の効率を向上させることで、税関との協調性を向上させている。

5. Golden Tax　ゴールデンタックス・システム

国内増値税発票(増値税インボイス)を作成するための、国の税務システム中のサブシステムであり、企業が増値税の専用発票と普通発票を作成するエンタープライズ・クライアントである。創捷サプライチェーンはゴールデンタックス・システムをSJET ERPシステムに組み込むことで、税務発票の大量かつスピーディーな生成及び関連検索などの機能を提供し、税務部門との協調性を向上させている。

6. B2B標準ポータルサイト

中小企業クライアントにオフラインサービスを提供するためのオンライン電子化及びモジュール化機能であり、クライアントは一歩も外に出ずに通常のサプライチェーン・サービスの標準操作を完了することができる。

7. VIP標準ポータルサイト

創捷サプライチェーンの大口クライアントのためのカスタマイズサービスであり、VIPシステムを通して契約受注、配送情報、在庫検索及び費用の内訳などに対しオンライン処理を行うことで、クライアントのニーズに応えている。

このように、創捷がインターネット技術を利用して構築したE-SCMプラットフォームは、サプライチェーン全体のエンドツーエンド情報をリンクさせることで、各取引企業とステークホルダー間の重複作業を減少させおり、ひいてはサプライチェーン全体の運営コストを削減させている。

第四部　インターネット時代における企業イノベーション編　　193

二．競争手段としてのサプライチェーンマネジメント:
　　専門的で完備された一元化ソリューションの提供
　創捷は単一の物流運送企業ではなく、主に中小零細企業のために専門的で完備されかつ一元化されたサプライチェーンソリューションを提供している。現在、創捷のもとには多くのサプライヤーやメーカー、デザイナー、インテグレーター、そして大量の物流会社や銀行、海外エンドユーザーなどが集まっており、中小零細企業のために一元化サービスを提供するエコシステムがすでに構築されている。創捷の文健君総裁は、同社のエコシステムの特徴を以下の四つにまとめている。(1)産業全体を対象としたサービス提供: サプライチェーン・サービスはチェーン全体、産業全体を対象にしており、特定企業向けの簡単なサービスではなく、産業チェーン上の各専門ステークホルダーが産業全体に向けてサプライチェーンの全体的なサービス設計を提供している。(2)情報のインテグレーション: 産業チェーン上のステークホルダーの情報をオープンリンクさせてすべての商取引をデータ化することで、インターネットにより情報のシームレスな転送を実現している。(3)産業—金融エコシステムの構築: ビジネスにおけるパートナーシップを構築して産業—金融エコシステムの構築を推し進め、最終的には産業と金融の一体化を実現して、取引のデータ分析及び全プロセスをクローズドにして、チェーン上の中小企業のために金融支援を行い、産業チェーンにおける成長した中小企業の融資の難しさや金利の高さ、乱れなどの問題も解決している。(4)産業におけるステークホルダーの一元化: 産業チェーン上の関連会社が自己のコアビジネスに回帰し、コアでない補助的なビジネスについてはアウトソーシングを行うよう手助けすることで、すべての産業チェーン上の企業がコアビジネスに集中して自身の優位性を最大限発揮させ、これによりサプライチェーン全体の取引コストの低減とパフォーマンスの向上を実現している。

三．創捷エコシステムの運営モデル
　創捷のエコシステムにはサプライチェーン流通プロセスにおける計画、生産、物流及び金融などのすべての結節点が包括されており、創捷運営の中核はプロジェクト管理プラットフォーム、香港運営プラットフォーム、仮想生産プラットフォーム及びサプライチェーン物流プラットフォームといったコーディネーターの役割を担う四つのプラットフォームである。創捷はサプライチェーンマネジメントのコーディネーターとして、エコシステム全体において協調・整合による資

源共有を実現し、その中で創捷の顧客が受益し、他の企業もコアビジネスに集中できる。

ベンチャー企業を例に見た場合、資金もなければ担保となりうる資産もない創業期において、彼らは基礎設備の建設やアウトソーシングなどによる各プロセスの分業または整合が難しいため、自身の技術で製品を生産し顧客に提供することが比較的困難である。創捷はそのようなベンチャー企業に支援を送ることができる。彼らに対して技術分析や顧客研究を行い、貿易の確実性及び営利性が整っている状況下でコア技術以外のすべての業務を整合させることができる。ベンチャー企業は設計プランを提供するだけで、創捷がそのプランを基にエコシステム内でのパートナー企業とマッチングし、ベンチャー企業の調達や生産、検査、物流などのすべての業務を完了させる。さらにその後、製品を顧客に輸送し、顧客が支払いを終えた後にエコシステム中のパートナー企業への決済を済ませ、最終的な余剰利益をベンチャー企業に返還する。創捷は一元化したサプライチェーン・サービスをベンチャー企業に提供しているだけでなく、自身のE-SCMプラットフォームを通じて資金の閉ループ流通を実現して、ベンチャー企業の発展にチャンスを提供している。なおかつ、その他企業も創捷を通して業務の一元化を行うことができ、補助的分野をアウトソーシングすることで集中的に優位性を発展させて競争力を高めることができる。

四．営利ポイントとしてのサプライチェーン・ファイナンス:
　　データと構造を用いたリスクマネジメント

文氏は、「産業基盤がない金融は空洞化、バブル化したハイリスキーなものであり、金融による後押しがない製造業は潤滑油がないため高効率な発展を実現できない。産業エコシステムにより金融の発展を推し進め、金融エコシステムで産業を育てる。両者の良性インタラクティブにより産業と金融の融合が実現されてこそ最適なエコシステムが構築される」と考えている。そのため、創捷のサプライチェーン・ファイナンス業務への参入は産業生態系に基づくものである。需要に応じて徐々にサプライチェーン上における各結節点間の協力関係を構築した後に、金融を産業の中に組み込んだのである。また、創捷はサプライチェーン全体のコーディネーターであるため、すべての資金流動を管理監督できる。さらに、サプライチェーンのエコシステム全体におけるリスクの制御可能性を確保するために、取引データなどを利用して融資側のリスクを選別することもできる。こう

することで、創捷はサプライチェーンの構造配置、実際の貿易背景及びビッグデータによる信用のリスク分析を通して、サプライチェーン・サービスを基盤とした真の自己清算性を実現して業務の閉ループを形成することができ、したがってファイナンスリスクを最低限に抑えることができる。創捷はサプライチェーン・ファイナンス業務に参入する際に、主に中小零細企業のトランザクション型顧客に対して構造制御を行い、業務の閉鎖性や収入の自己清算性、管理の垂直制御可能性、業務データ化の信憑性、取引主体の参入可能性、及びプラットフォームの前・中・後期のプロセスに対する管理といった六つのパラメーターを重点的に把握する。さらに、信頼度の高い顧客に対しては主に信用コントロールを行う。目下、創捷はビッグデータに基づいてサプライチェーン・ファイナンスへ構造転換をしているが、これは主にE-SCMプラットフォーム上に集約された大量データの分析を根拠としている。

五．まとめ

　ビジネスモデルと実際の運営から見ると、創捷は確かに「インターネット＋」企業である。インターネットの運用プラットフォームを頼りにサービス産業の情報ボトルネックを解決して、すべての取引をデータ化することで大量の取引データを形成している。さらにビッグデータの分析により関連業務の拡張を行い、金融業務を実際の産業取引チェーンに取り込むことで、サプライチェーン全体の効率と競争力の向上、及びコスト削減を実現している。以上のように、真の「インターネット＋」は仮想概念ではなく、最終的には実際の商品とサービスに帰着するのである。創捷はサプライチェーン全体によるサービスで「インターネット＋」を構築している。創捷の「インターネット金融」が顧客に一種のサービスを提供しているように、「インターネット＋金融」も実際の商品である。そのため筆者は、「インターネット＋」は企業の特徴ではなく、企業の商品またはサービスの形成における特徴であり、「インターネット＋」の重点は商品とサービスにあると考える。

第二節　栄昌の「e袋洗(edaixi.com)」

　栄昌クリーニングは1990年に成立して今日まで25年の歴史がある。その間、共同経営店やフランチャイズ経営店、直営店などの家内工房式経営モデルを経

て、今ではクリーニングサービスを専門とするチェーン企業へと発展している。栄昌クリーニングは一貫して自己挑戦を続けてイノベーションを行ってきた。例えば、オフラインの数千にのぼるチェーン店を対象に、かなり以前から消費者がカード一枚ですべてのチェーン店で消費やサービスを受けることができる「聯網カード」を投入していた。また、伝統的なクリーニング店の店舗面積が大きく生産能力が無駄になるなどの欠点を解決すべく、四店舗で衣類を受け取り近くの一店舗で洗濯するという「一引四」のシステムを構築した。モバイルインターネットが発展を遂げている現在、栄昌クリーニングはまたも伝統的サービスとモバイルインターネットを融合させる大胆な挑戦をしている。それは、オフラインからオンラインへと促すという、従来のサービス業のO2Oモデルに新しい命を吹き込んだプラットフォームを構築する戦略である。

　2013年末、栄昌クリーニングはインターネットクリーニングサービスである「栄昌e袋洗」という重量級のサービス商品を打ち出した。同商品は2014年7月にテンセント産業投資基金の二千万元の「種子エンジェル投資」を獲得し、さらにその4カ月後の11月にはマトリックス中国、SIGのシリーズA投資を二千万元獲得している。

　「栄昌e袋洗」は栄昌がWechatプラットフォームを基に開発したO2Oクリーニングサービス商品であり、以下の三つの特徴がある。(1)便利である。顧客は直接Wechatまたは専用アプリで注文とオンライン支払が可能であり、その後専門スタッフが直接家まで訪れ、クリーニングが終わった後も顧客が自ら店に行かずとも専門スタッフが72時間以内に直接家まで届けてくれる。(2)値段が安い。「e袋洗」は専用の袋を提供しており、一袋99元と統一しているため、伝統的なクリーニング店より3割から5割安い値段で済む。(3)娯楽性がある。会社は顧客の関連データを収集して「週間袋王」「月間袋王」などの評価を行って奨励するなど、サービスと娯楽を結合させて顧客体験を向上させている。

　一．コミュニティ・クラウドソーシング

　上述で分かるように、「e袋洗」は顧客に受取・送達サービスを提供することで、関連プロセスを簡略化して顧客の時間を節約している。「e袋洗」は衣類の受取と送達で物流の自己構築を実現しているのではなく、「コミュニティ・クラウドソーシング」の方式をとっている。つまり、コミュニティ単位で拠点を設置して、各コミュニティ拠点に一人の配送スタッフを配備することで、ユーザー

の発注後48分以内に受取訪問ができるようにしている。配送スタッフはコミュニティの事業主でも良く、彼らは「e袋洗」の「自由人の小銭稼ぎ計画」に加入することにより配送業務を請け負うことができる。必要なのは、一台のスマートフォンとアリペイアプリ、加入する際の補償金500元と身分証明資料だけである。そして面接後には統一の操作教育を受ける。受注は一般的に「自由人」の住所から近い地域を拠点に、2キロメートル単位で10元の報酬が得られる。

　二．プラットフォーム戦略

　「自由人」が衣類を回収した後は二つのルートで後続のクリーニング業務を行うことができる。一つは、「e袋洗」の統一物流配送車が回収に来るのを待って統一洗濯工場へ送る。もう一つは、最寄りの「e袋洗」提携クリーニング店に送る。ちなみに、現在北京には100以上の提携店舗がある。二つ目の方法が可能であるということは、「e袋洗」は一つの情報プラットフォームの企業となっていることを意味する。つまり、「e袋洗」はフロントエンド、ブランディング及びユーザーを担当して、後続の作業はプラットフォームの提携企業に分配している。こうすることで資産負担が軽減され、伝統的なクリーニング店のように多くの実態資産を備える必要がなくなる。また、情報資産を重点的に経営し、顧客へのサービスを向上させることができる。さらに、テナント入居や広告推薦などの営利チャネルも増やしている。

　三、まとめ

　栄昌クリーニングはモバイルインターネットを頼りに転身を図る過程で、「すべては顧客至上、体験を出発点とする」をコア理念としており、顧客体験を強調している。これはインターネット思考の必須要素である。「e袋洗」はモバイルインターネットを利用してO2Oクリーニングサービスを開拓して、洗濯を「安くて便利で面白い顧客体験」へと変貌させたのである。構築したプラットフォームを利用して、「e袋洗」はさまざまな取引情報を獲得していると同時に、業務のデータ分析を行うことで顧客の価値を向上させている。「e袋洗」はインターネット的思考を備えているだけでなく、コミュニティ資源の統合を通して物流のコミュニティ・クラウドソーシングも可能にしている「インターネット＋」企業であることは間違いない。さらに、上述の創捷サプライチェーン・サービス同様、「インターネット＋」は実際の商品とサービスの上に構築されている。「e

袋洗」は顧客に提供される統合されたクリーニングサービスなのである。

第三節　ハイアールの「U＋スマートライフ」

今日の伝統産業は皆どのようにしてインターネット転身を果たすかを議論している。ハイアールグループの張瑞敏・取締役会長は早くも2000年から「ネットワーク化しないことは、死を意味する」と、世間を驚かす予言をしていた。現在のハイアールはいかに完全なインターネット企業へと転身すべきかを考えて、「ネットワーク化戦略」を打ち出している。ネットワーク化戦略を実現した後のハイアールは、「オープン・プラットフォームを構築してさまざまな資源を吸い上げて、創業やイノベーションを望むすべての主体がこのプラットフォームを搭載できるようにする」ことで、インタラクティブで相互融合性のあるインターネット企業への転身を期していた。ハイアールはこの戦略に従って企業の全面ネットワーク化転身を成し遂げるべく、相次いで日日順(Goodaymart)及び海立方(オセアナス)という二つのプラットフォームを打ち出し、さらに2014年3月に「U＋スマートライフ」プラットフォームを打ち出したのである。

「U＋スマートライフ」アプリはエコシステム全体に向けて開放された、ユーザーがスマートライフをカスタマイズするための集中入り口である。ユーザーはこのアプリを通してワンストップで各種スマートハウス商品にアクセスでき、より自由でスマートな人工インタラクション機能を備えた新たなスマートハウスを体験できる。「U＋スマートライフ」にはスマート娯楽、スマート用水、スマート・セキュリティ、スマート・パーソナルケア、スマート美食、スマート・ヘルスケア及びスマート・エアボックスといった七つのエコシステムが用意されており、ユーザーに全方位、全天候型のスマートライフシーンを提示している。これにより、ユーザーはかつてない活気にあふれた素晴らしいスマートライフを享受できる。ユーザーはこのアプリにエアコン、テレビ、温水器、洗濯機などのスマート家電を繋げることで、携帯アプリ上でワンクリック制御・補修依頼を実現できるだけでなく、自分のニーズに合ったスマートライフをカスタマイズすることもできる。さらに、ハイアールは自己のエコシステムを開放して、提携している大手メーカーがプラットフォームに入居できるようにしている。

このように、ハイアールのU＋戦略は単純なスマートハウス商品ではなく、エコシステムの上流・下流を統合しハードウェアとソフトウェアを融合させて、

ユーザーに一元化したスマートハウス・サービスを提供している商品である。それだけではない。U＋戦略はユーザーのカスタマイズ化ニーズに合わせて、プラットフォームを通じて創客(アイディアを現実に変える人)、奇客(ギーク)の発展をサポートすることができる。また、創客や奇客もオープンシステムの標準インターフェースを通して、顧客のニーズを満たせるソフトウェアやサービスを開発することができる。U＋は誕生して以来、開発者のために融資プラットフォームからオープン実験室、販売チャネル拡張までのすべてを包括したエコシステムを構築して、徐々に成熟したオープンなビジネスモデルと技術支援環境を形成し、なおかつ最も速い融合速度、最適なイノベーションコスト及び最も影響力のある市場をもって拡張を行っている。U＋連盟の主たる発起人としてのハイアールは、三十年にわたる製品の生産販売及び業界管理経験を有している。U＋プラットフォームはハイアールの専門知識と資源を利用して、ハード面において専門的で全面的な産業チェーンサービスをパートナーに提供している。

　ハイアールのU＋戦略はモバイルインターネット技術をもって、全方位のスマートハウス・サービスのエコシステムを育てあげており、クライアントのために全方位、一体化のスマートハウス・サービスを提供すると同時に、パートナーに全面的に開放されたオープンインターフェース、統合されたサプライチェーン・サービス及び豊富な補助資源を提供している。これにより、プラットフォーム上のすべての参加者の価値を拡大し、良好な利益志向の体系を形成している。また開発者に全ライフサイクルのインキュベート支援を提供することで、ウィン・ウィンのエコシステムを構築しているだけでなく、スマートハウスという展望のある分野においてもハイアールの発言権を強化したのである。ハイアールは真の「インターネット＋」企業であり、ユーザーのためにモバイルインターネットを融合したサービス商品を創造している。また、この商品を通して、顧客のニーズを速やかに捉え、プラットフォーム上の資源を利用して多元化、個性化していくユーザーのニーズをプラットフォーム上の各モジュールとマッチングさせることにより、各資源の組み合わせを効率よく行い、タイムリーに顧客のニーズに応えるという極上の体験を提供している。顧客体験を重視することは、インターネット思考のコア要素である。

おわりに

　以上の三つの事例から、われわれは「インターネット＋」の特徴を備えた企業の関連要素を以下のようにまとめることができる。

　1.　アセットライト運営を重視する: 創捷のサプライチェーンマネジメント、「e袋洗」、ハイアールのU＋はいずれも実態資産の投資ではなく情報を活用するなどのアセットライト投資を中心としており、かつ実態資産での圧力をアウトソーシングすることで軽減し、自己のプラットフォーム上の資源を中心にエコシステムを構築している。

　2.　統合されたサービスを提供する: インターネットの使用は時間と空間の制限を受けない。「インターネット＋」の要件を満たすために企業は自己の商品またはサービスがそれに合致しているかを考慮する必要がある。

　3.　一部の業務プロセスに対してはインターネットを駆使した改良を行うことができる: 当然ながら、企業が「インターネット＋」へ転身するには必ずあるモジュールにインターネットの要素を取り入れる必要がある。完全なオフライン企業はインターネット的な思考をもつと言えないどころか、ネットワークに携わっているとすらいえない。

　このように、オフラインの業務をオンラインに載せただけでは「インターネット＋」の新興企業とはいえない。インターネットのコア理念は自由、開放、享受であり、企業は常にこの三つのコア理念を銘記した上で、インターネットを利用して生み出される新たな技術と能力をもって、伝統企業の効率と能力を変えていかなければならない。また、そうすることで新しい業務モデルとビジネスモデルを構築し、最終的に「インターネット＋」の意義をもつ商品またはサービスを提供できるようにすべきである。これこそが企業の「インターネット＋」転身の真の意味である。

第四部　インターネット時代における企業イノベーション編　201

第十二章
産業イノベーションと企業戦略の選択:
ネットワーク化産業チェーンの集大成

はじめに

　産業イノベーションとは、一つの技術イノベーションまたは新たな産業の形成、またあるいは一つの産業を徹底的に改造することである。言い換えれば、企業が既存の産業構造の束縛を打ち破り、産業自体の関連要素及び新たな関連要素を再構築して体系の中に取り入れることである。具体的には製品、技術・技能、管理(組織管理を含む)及びプロセスとマーケティングなどにおけるイノベーションを通して、既存の産業構造を変えること、または新しい産業構造を創出することにより、産業の持続的発展を実現することである。ほとんどの長寿企業は産業イノベーションを積極的に行う探検家である。なぜならば、彼らは企業内部のイノベーションシステムのみでは市況産業の束縛から脱出できず、積極的に産業イノベーションの発展方向を探索してこそ真の持続可能な発展を実現する能力を培うことができると、深く認知しているからである。かつてハメル及びプラハラードは、「企業が自身に有利な出発点に立って既存の産業構造を変えていくこと、または将来の産業に向かって革新的な企業戦略を行うことこそが企業戦略の最高段階である」と提起している。

　また、産業イノベーションの提起も企業の戦略選択に一歩進んだ需要をもたらしている。企業は現在の競争に注意を払い、自身のコア・コンピタンスを向上させるために努力し、さらに未来に向かって自身の新たな産業構造を計画すべきである。W・チャン・キム及びレネ・モボルニュが提起した「ブルー・オーシャン戦略」も本質的には一種の産業イノベーション戦略である。そのコア要素は、市場の競争ルールを変えて「市場再建」と「市場限界の再建」を行うことで、企業が競争の激しい「レッド・オーシャン」から脱出して未開拓市場である「ブルー・オーシャン」を切り開くことである。「ブルー・オーシャン」はすべての企業が憧れる聖地ではあるが、長い目で見れば一つ一つの「ブルー・オーシャン」はいずれも「レッド・オーシャン」になりうる。そのため、企業は転ばぬ先

のつえを備えて、自身の戦略の中で未来への趨勢を突出させ、産業イノベーションを戦略ポイントとすべきである。

第一節　産業イノベーションの関連概念

一．産業イノベーションの内在的意味

　イギリスの経済学者であるフリードマンは初めて体系的な産業イノベーション理論を提起した学者として位置付けられており、1974年の『産業イノベーション経済学』の発表は、産業イノベーション理論の発展のために基礎を固めた。彼は産業イノベーションには製品イノベーション、技術・機能イノベーション、管理イノベーション(組織イノベーションを含む)、プロセスイノベーション及びマーケティングイノベーションを包括していると指摘している。さらに、産業イノベーションは一つの体系的な概念であり、それは技術イノベーション、市場イノベーション、管理イノベーションなどのシステムの集大成であるとも指摘している。マイケル・E・ポーター[1]も比較的広義の側面から産業イノベーションの内在的な意味を——産業イノベーションは資本という要素が相対的に余裕のある状況において、国が技術・資本集約型産業の中で発展するのに優位性を発揮する、と定義している。彼は、企業が競争戦略を決定するとき、産業選択と競争地位に関する問題をメインに考え、戦略制定のための分析枠組みである業界分析の「五つの力」を提起した。さらに、それを基に価格戦略、差別化戦略及び集中戦略を三つの基本戦略として提起している。マーク・ドッジソン及びロイ・ロスウェル[2]は『産業イノベーション手引き』を共同で編著しているが、本の中では各学術領域の学者らの産業イノベーションに対する一連の研究を包括しており、産業イノベーションの本質や源及び産出、イノベーションの部門と業界特性、ならびにイノベーションに影響するコア要素などについて探求しており、目下産業イノベーションに関する最も影響力のある著作である。プーン(2004)[3]は、産業イノベーションはメーカーの役割転換であると指摘しているが、言い換えれば、メーカーはもはや生産労働集約型の低価値製品に満足しておらず、高価値生産の技術または資本密集型製品に転換しているということである。これは相対的に狭義の定義である。

　つまるところ、産業イノベーションは水平統合と垂直統合を持ち合わせた概念である。水平方向では主に広義の概念であり、垂直方向では中間的及び狭義の概

念である。言い換えれば、企業は要素の組み合わせとイノベーションを通じて
ローテク、低付加価値からハイテク、高付加価値の産出へと転身しているという
ことである。

二．産業イノベーションの階層

　産業イノベーションに体系性が備わっているからには、われわれはその階層問
題も無視できない。ゲーリー・ゲレフィ(1999)[4]は、産業イノベーションには四
つの階層があると提起している。まず、製品の段階においては、主に簡単な製品
から複雑な製品への昇華である。次に、経済活動においては、製品のデザインや
生産及びマーケティング能力を強調している。さらに、部門内においては、サプ
ライチェーンの一元化統合を含めた製品とサービスの価値を向上させる必要性で
ある。最後に、部門間においては、企業価値の追求における転換であり、価値の
低い労働集約型から価値の高い資本・技術集約型産業への転換である。またハン
フリー及びシュミッツ(2002)は、産業イノベーションはプロセスイノベーショ
ン、製品イノベーション、機能イノベーション及び部門間イノベーションという
四つの階層において考察することができると考えている。そのうち、部門間イノ
ベーションは自己の産業領域で獲得した能力をほかの領域または新たなグローバ
ル・バリューチェーンに運用することを強調している。つまり、企業能力を成す
横方向の拡張と産業領域の浸透である。安金明(2007)[5]は、産業イノベーション
は内在的な論理的分析から技術イノベーション、製品イノベーション、市場イノ
ベーション及び産業融合の四つの漸進的階層に分けられると指摘している。安氏
はさらに、市場イノベーションには主に二つの内容を包含しており、一つは、産
業の競争ルール(例えば、製品の品質基準、市場でのイメージ、代理販売チャネ
ルなどの確立)であり、もう一つは新しい顧客資源の開拓であると考えている。

　上述する階層となる産業融合とは産業間の転換であり、主に産業のイノベー
ションが他の産業イノベーションの発展を牽引するという先導的イノベーション
である。一つの産業イノベーションで形成される構造または創出された新たな要
素は、他の産業に供給でき、ひいては供給におけるスパイラル効果を伴う発展を
具現化できる。

　学者たちの階層分析によると、産業イノベーションは価値の獲得が低い方から
高い方へと段階的に推移する過程であり、産業チェーンでの単一の要素構成が価
値獲得への制限からより広範な局部放射へと転換する過程である。つまり、技術

イノベーションと製品イノベーションなどは基本的な思想を出発点としており、産業チェーンのあるプロセスに重点を置いた上で、産業チェーンの上流・下流へ向けて放射することで、最終的には単一の線形バリューチェーンを超えて広範な拡張へと転換する。このように、産業イノベーションには産業チェーンに対する分析が必要である。

第二節　産業チェーンに関する理論

　産業チェーンは一定の技術的及び経済的関連性、特定の論理的及び時間的並びに空間的配置の関連性に基づき、各産業分野の間で客観的に形成される連鎖である。すなわち、企業自身における製品の生産プロセスに従って形成される連鎖またはネットワーク組織構造である。フーリハン(1988) [6] は、産業チェーンとはサプライヤー、生産者または流通業者、最終消費者といったすべての物質流動を鎖状に結び付けることであると定義している。スティーブンズはこれを基礎とした上で、さらに産業チェーンの中ではフィードバックされた物流と情報流が一貫していることを強調している。これにより産業チェーンは単なる製品流通の連鎖ではなく情報と機能の連鎖でもあることが強調されており、さらに産業チェーンの唯物論ならぬ唯製品論が覆されて情報の重要性が浮き彫りになったのである。李心芹及び李仕明など [7] は、産業チェーンとは産業の中で競争優位または潜在力を備えたコア企業が、資本や製品及び技術などを介して一定の地域内における関連産業の企業との間に構成される、ある種の価値向上の機能をもつ戦略的連鎖であると定義している。さらにハリソン(1993)など [8] は、価値のネットワークの概念から見れば、産業チェーンは原材料の調達であり、それらを中間財と完成品へ転換させ、かつ完成品をユーザーに販売するまでの機能ネットワークであると定義している。彼らは「ネットワークの概念」を提起しているが、産業チェーンに対する定義は依然として単一の線形にまとめており、「ネットワーク」の広範性は具現化されていない。

　龔勤林(2014) [9] は、産業チェーンには垂直方向と水平方向の二つにより構築されると提起している。垂直方向の産業チェーンは延伸型として産業チェーンの上流と下流へ展開されており、水平方向の産業チェーンはリンク型として一定の地域と空間の範囲内で間接的に結び付く産業分野が、ある種の産業協力スタイルで横断的にリンクされると定義している。一方で劉剛(2005) [10] は、産業チェー

ンは異なる産業上の企業により構成される空間的組織の形式、すなわち、異なる産業における企業の供給と需要の関係であるべきであるとし、この分析はマイケル・ポーターのバリューチェーンを基礎とすべきであることを特に強調している。また、劉貴富及び趙英才(2006) [11] は一歩進んで、産業チェーンは異なる産業における企業間の互換性だけでなく、一定の地域範囲内の同一産業分野または異なる産業分野のある業界内で競争力を備えた企業及び関連企業も包括すべきであり、製品を介して論理的及び空間的に結びついて形成される、価値向上の機能を備えたネットワーク・チェーン状の戦略連盟であると指摘している。張鉄男など(2005) [12] は、産業チェーンは関連産業を互いに結び付けることにより異なる産業領域間の一定関係が具現化されることを強調している。またこの機能連鎖の構造モデルは価値の創造機能が異なり、互いに結び付けられた産業がコア産業を取り巻き、販売網を通して製品を消費者の手に届ける過程において形成されると指摘している。

　上述の学者らは、いずれも産業チェーンは単一の線形産業ではなく網状構造の空間的な概念であるため、価値の創造過程を垂直方向の上流・下流の連鎖に簡単に集約すべきでなく、より広い範囲で価値の増加を図るべきであるという点を強調している。そのため筆者は、産業チェーンは立体的な空間ネットワーク構造であり、それは産業チェーン中のコア企業が連鎖の中の商流、情報流、物流及び資金流を統合して、サプライヤー、メーカー、小売業者及びエンドユーザーをリンクさせることにより形成されると定義することがより適切であると考える。

第三節　ネットワーク化された産業チェーンの集大成

　産業チェーンの内在的意味に対する上述の分析から分かるように、産業イノベーションは空間的ネットワーク構造の産業チェーンを出発点とすることができる。また産業チェーンの定義が広範であるため、産業イノベーションは垂直方向における価値の発掘、水平方向における範囲な拡張、及び水平・垂直の双方向への延伸により実現されることが分かる。その中で、価値の向上による最大受益者は産業チェーン中のコア企業であることは間違いない。なぜなら、彼らは連鎖中の商流、資金流、物流及び情報流をコントロールすることができるからである。そのため、企業の戦略選択はコア企業へ向けた、より広い範囲での産業配置が必要である。

今では多くの学者たちが産業チェーンの非線形構造に気づいており、それを基にモジュール化されたネットワーク状産業チェーンを提起している学者もいる。

また、モジュール化も研究の重点となりつつある。モジュール化の概念は、最初は一技術概念として機械製造領域に用いられており、ラングロア及びロバートソン(1992) [13] が提起したモジュール化の概念は主に製造企業に対するもので、それによると、モジュール化とは、複雑な製品を一つ一つの独立製造が可能な部品に分解し、インターフェース規格の標準化を通して各部品間で高度な独立性またはルーズカップリング(疎結合)を備えることにより、製品の性能に影響を及ぼさない前提で、製品の個別製造と生産を可能にすることであると定義している。また、製品の各パーツのルーズカップリングが高度な柔軟性を備えているため、担当部門が専門的機能教育を行うことで各パーツの独立したデザインと生産を行って、パーツの性能と品質の向上を図ることができる。それによってモジュール化も複雑な構造をもつ製品に対する生産方式となり、企業の業務のアウトソーシングと企業間の生産、製造、デザインなどの流行に伴い、モジュール化の研究もさらなる一歩を踏み出したのである。青木昌彦(2003) [14] は、モジュールは「半自律的サブシステムであり、他の同様のサブシステムをあるルールの下で互いに連結することで構成された、より複雑なシステムまたはプロセスである」と定義している。さらに、一つのシステムを一定のルールに従って一つ一つの独立または半自律的なサブシステムに分解することを「モジュールの分解」と定義し、独立設計された各システムを一定論理により結合させることを「集中型モジュール」と定義している。モジュール化の構造には三つの特徴がある。まずは「可視化」の問題であるが、これには各モジュール間のインターフェースに共通の基準となる明示的デザインルールが必要である。次に、モジュールの「ブラックボックス」部分であるが、モジュールは各自の独立性を備えており、共通のデザインルールに従うだけでよく、一方でモジュール内部の具体的なデザインの操作は個別判断が可能であり、これはモジュールの革新に有利である。最後に、モジュールの「集積」システムであるが、各モジュールを統合させた後の協調性、整合性などの問題を解決する。これらのモジュール構造の特徴から見て、ルールの制定と最終的なモジュールの集積はシステム全体を統合することであり、ルールにより加わるモジュールの数が決まり、また、集積は最終的な生産価値の部分となる。この二つの面でコア・コンピタンスを培うことができれば、企業はシステム全体の核心的ポジションに立つことができ、各結節点のカギとなる情報を掌

握できる。またそれによって「構造的空隙」を占有することができる。

　現在の市場において顧客の需要は千変万化しており、企業は自己の単独の力では顧客のニーズを満たせず、必ず各企業のさまざまな協力が必要となる。各企業は一つ一つの「モジュール」として産業チェーン上で連結されており、各モジュールとしての企業間の直接リンクには必ず標準ルールという「明示的知識」が必要となる。また、この知識は暗黙知としてモジュール企業の内部特徴を形成する。モジュール化の概念を基に筆者は、企業の戦略は産業チェーンの集大成へ向かうべきである。つまり、企業は各モジュールとして提供される商品やサービスの集大成となって協調と標準ルールに従って産業イノベーションを追求し、それをもってより良い商品「及び」サービスを顧客に提供すべきであると考える。筆者がここで強調する「及び」は、集大成には必ず「サービス」商品があるべきで、むしろ「サービス」商品がメインとなるべきであるということを強調したいからである。ここでのサービスとは、主に顧客に提供される全面的な解決プランと産業チェーンにおけるモジュール企業の情報流、資金流、物流及び商流のためにスムーズな流動体制を構築することである。

　以下、陝西鼓風機(集団)有限公司を例に、ネットワーク化産業チェーンの集大成を戦略志向とした企業の成長ルートについて考察する。

第四節　事例分析: 陝西鼓風機(集団)有限公司[1]

　陝西鼓風機(集団)有限公司(以下、「陝鼓」)は、1968年に創業してから中国で空調設備を生産・販売する伝統的な企業であった。ところが、2000年以降の企業戦略の変化に伴い、競争の地位と経営パフォーマンスにも大きな変化が起きたのである。陝鼓集団は傘下に陝鼓動力、陝鼓部品、陝鼓西儀、陝鼓西鍋及び陝鼓事業の五つの子会社を抱えており、主に動力設備システム問題に対する全面的な解決プランとして、ソリューションプロバイダー及びシステムサービスプロバイダー業務を提供している。伝統的な製品には軸流圧縮機やエネルギー回収タービン、遠心圧縮機、遠心送風機、換気扇とインテリジェント計測・制御装置、スマートトランスミッタ、工業用ボイラー、第一種・第二種圧力容器、軍用改造車などがある。2001年から2008年まで、企業の規模は4億元から50億元へと急成長を遂げている。また、2002年から国内の同じ業界内で先導的地位となって安定的な発展を遂げ続け、2009年には陝鼓ブランドが「中国ブランドトップ

500」に185.77億元のブランド価値でランクインした。

　21世紀に突入して以来、伝統的な製造企業の生存はより困難を極めていたが、陝鼓の発展のボトルネックを前に、印建安理事長は企業の戦略転換を計画して「企業のネットワーク化産業チェーンの集大成を強化する旅」[15]へと乗り出したのである。2001年に戦略転換した後の発展過程は、産業チェーンの垂直方向、水平方向の統合及び産業チェーンの空間的統合といった三つの段階に分けられる。

第一段階: 産業チェーンの垂直統合段階

　陝鼓の産業チェーンの垂直統合段階では、自己生産機器を顧客に提供する以外に、さらにメンテナンスと改造をメインとする専門的なサービスも提供している。陝鼓製品は技術水準が高いがゆえにメンテナンスも複雑になっているがそこで専門チームを設けて専門的なメンテナンスサービスを顧客に提供すると同時に、古い設備を改造及びグレードアップさせるサービスも提供している。これは、陝鼓が産業の市場へ浸透する段階であり、これにより、顧客はメンテナンス作業員を長期的に雇用することで生じるコストを低減でき、陝鼓はより顧客に寄り添って、情報流を確保し既存製品を改善することで、市場受注率を向上させることにもつながった。

第二段階: 産業チェーンの水平統合段階

　この段階で陝鼓は、製品販売後のアフターサービスという業務段階に進んでおり、顧客の設備運行状態の遠隔コントロール・サービスも増やし、さらに業務範囲を拡大して顧客の備品管理も行っている。陝鼓の製品は主に大型ファンであるが、問題が発生すれば運転を止めてメンテナンスを行わざるを得ないため、顧客にとっては大きな経済損失となる。インターネット技術の発達を鑑みて、陝鼓はインターネット要素を自己の産業チェーンに取り入れて、インターネットに基づいたプロセス監視及び故障診断のシステムを開発している。このシステムを用いて総合管理監督情報プラットフォームを構築することで、顧客の設備に対するリアルタイムの遠隔監視・測定を行い、設備の運転状況を把握し、設備のいかなる異常に対しても顧客にタイムリーな警告を送り、さらに問題発生前に解決プランを提示することで、事後に設備を止めて点検することによって生じる顧客の経済損失を回避させている。同時に、顧客の一部資金が寝かされるという問題の解決

もサポートしている。陝鼓の設備のほとんどは企業の運営におけるコア設備で価値も高いため、顧客の企業運営にもたらす影響も大きい。そのため、正常な生産運営を確保すべく、企業は緊急事態に備えて関連設備の備品をストックすることが一般的である。しかし、これらの備品の購入は企業の資金の負担となるだけでなく、在庫管理コストも増加させている。そこで陝鼓は顧客の備品管理領域に進出して、顧客にレンタルすることで一定のレンタル費用を徴収するという形で顧客の備品購入・管理コストの問題も担ったのである。

第三段階: 産業チェーンの空間的統合段階

　この段階で陝鼓は、主に動力設備システムの問題を全面的に解決するためのソリューションプロバイダーとシステムサービスプロバイダー業務を提供している。これにより産業チェーンにおける情報流、資金流、物流及び商流という四つの流れを全面的にコントロールして、顧客のニーズに合わせて最適化されたプランを提供している。陝鼓が完全なパッケージングサービスを提供するには、他のサプライヤーの力を借りる必要があるが、中でも一番に解決を要する問題はサプライヤーの製品の標準化である。そこで陝鼓は、企業の外部資源との協調ネットワークである「サプライヤーとの戦略的提携のネットワーク」を通して、競争力あるサプライヤーを統合させた。また、定期的にサプライヤー年次総会を開き多方面の交流を行い共に技術の研究開発を行うことで、各企業インターフェースにおける共通の標準を構築し、「明示的知識」のシステマティックな流通を加速したのである。これにより、陝鼓はより良い解決プランを設計して全面的なサービスを顧客に提供することができる。一方で、陝鼓は産業チェーンの集大成として四つの流れをコントロールして、より統括された意思決定を行う必要があるが、ここでは資金流が連鎖におけるボトルネックとなる。そこでサプライチェーンの融資管理に参与して、資金不足の顧客を支援したのである。2004年からは、まず、中国工商銀行などの複数の銀行と戦略的提携を結び、銀行からの高い信用力を基に担保を提供することで顧客の資金問題を解決した。次に、契約管理センターと財務センターを設けてサプライチェーン・ファイナンスを管理し、さらに融通倉(FTW資金調達)業務を打ち出して、自己資本と銀行の信用を利用して重要な顧客に向けて「不動産の担保、倉庫証券の抵当・質入に基づく資金調達」[16]を行っている。最後に、ファイナンスリース事業も展開しており、顧客は年間収益の一部をリース料として陝鼓に収めるだけでよい。

陝鼓の統合はこれだけで終わらなかった。西安で56社の関連企業を組織して「陝鼓パッケージング技術及び設備協力ネットワーク」を構築して、GEやドイツのシーメンスなどを含む世界でも知名度の高い複数の会社を抱き込んだ。このネットワークを通して、各参入企業間で資金の共有、技術の共同研究開発を実現することで、産業の知識イノベーションを加速し、本産業のより良い発展を促している。

最後に、彼らはプロジェクトのパッケージング事業も請け負い始めた。これにより顧客に技術設備パッケージングサービスを提供しただけでなく、顧客の基礎施設や工場及び外回り設備の建設も担当することで、究極的な集大成を成し遂げたのである。

おわりに

以上の発展段階から見て取れるように、陝鼓は一歩ずつ積み重ねることと明晰な戦略方向により徐々にネットワーク化産業チェーンの集大成となっていったのである。本章で示したように、産業チェーンの集大成により資金流、情報流、物流及び商流をより効率よくコントロールすることができ、これにより「構造的空隙」のポジションを得たのである。さらに、このような位置構造は顧客のニーズをより満たすことができ、なおかつ、産業イノベーションを完成するためのより大きな力を構成することができる。陝鼓の産業における再ポジショニングのように、設備の生産プロセスのみならず融資やプロジェクトなども含めた多元的な要素が加わることで産業の持続的発展はより実現されやすくなり、ひいては従来の産業ライフサイクルの束縛から脱却してスパイラル上昇する発展の流れを作り出すことができる。

【注】

1)陝西鼓風機(集団)有限公司: 1968年創業の送風機メーカー。

【参考文献】

[1] Michael・E・Porter. (2014). 竞争优势. 北京市:中信出版社.

[2] Mark Dodgson & Roy Rothwell. (2000). 产业创新手册. 北京市:清华大学出版社.

[3] PoonTSC. (2004). Beyond the global production networks: A case of further upgrading of

Taiwan`s information technology industry.Technology and Globalization,1(1), 130-144.

[4] Garry G. (1999). International Trade and Industrial Upgrading in the Apparel Commodity Chain. Journal of International Economics, 1(48), 37-70.

[5]安金明. (2007). 产业创新的层次性与影响因素研究. 企业技术进步, (11), 23-24.

[6]芮明杰、刘明宇. (2006). 产业链整合理论述评.产业经济研究, (3), 60-66.

[7]李心芹、李仕明、兰永. (2004). 产业链结构类型研究. 电子科技大学学报(社科版), (4), 60-63.

[8] Harrison J S,Hall E H, NargundkarR. (1993). Resource Allocation as an Outcropping of Strategic Consistency: Performance Implications.Academy of Management Journal, (36), 1026-1051.

[9]龚勤林. (2014). 论产业链延伸与统筹区域发展. 理论探讨, 3(118), 62-63.

[10]刘刚. (2005). 基于产业链的知识与创新结构研究. 商业经济与管理, (11), 13-17.

[11]刘贵富,赵英才. (2006). 产业链:内涵、特性及其表现形式. 财经理论与实践, (3), 114-117.

[12]张铁男、罗晓梅. (2005). 产业链分析及其战略环节的确定研究. 工业技术经济, (6), 77-78.

[13]Langlois RN, Robertson PL. (1992). Networks and Innovation in a Modular System-Lessons from the Nicrocomputer and Stereo Component Industries. Research Policy, 21(04), 297-313.

[14]青木昌彦、安藤晴彦. (2003). 模块时代:新产业结构的本质. 上海:远东出版社.

(日本語版：『モジュール化——新しい産業アーキテクチャの本質』、東洋経済新報社、2002)

[15]杨才君、高杰、孙林岩. (2011). 产品服务系统的分类及演化——陕鼓的案例研究. 中国科技论坛, (2), 59-65.

[16]宋华、于亢亢. (2008). 服务供应链的结构创新模式, 商业经济与管理, (7), 4-10.

第十三章
企業イノベーションの新ルート:
組織モジュール化及び社内ベンチャーに基づく統合モデル

はじめに

2014年、『フォーブス』誌が公表した「世界で最もイノベーション性を有するトップ100企業」にはバイドゥ、アップル、テンセント、グーグル、マイクロソフト、プロクター・アンド・ギャンブル(P&G)、フェイスブックなどの世界で知名度の高いブランドがランクインしている。これらの企業は市場シェアと売上高の面で好成績を更新し続けているだけでなく、いずれもイノベーションとビジョンを探求することに尽力しており、業界の潮流を牽引するという使命を全うしている。

これらの大手企業以外にも多くの中小企業が今日の激しい競争環境の中で生存権を獲得すべく、時代の潮流に歩幅を合わせて次々とイノベーションへの道の探求に乗り出している。イノベーションは企業発展の魂であり、イノベーションを戦略の地位まで昇華させ、それを核心にさまざまな運営を展開してこそ企業は競争の中で受動から能動へと変わることができる。そうはいってもイノベーションはたやすいものではない。特に、すでに一定の歴史をもつ大手企業には経路依存や慣性的行動などの後天的な弊害が存在するため、イノベーションはさらに困難を極める。それでも、イノベーションに対する研究は常に行われている。近年、組織モジュール化と社内ベンチャーに対する研究は学術界の関心を集める新たな方向となっており、学者たちはそれらとイノベーションとの関係性をそれぞれ深く探求している。組織モジュール化は「バックトゥーバック」の体制により企業が製品の革新を行うよう刺激を与えることができ、社内ベンチャーは従業員の個人的創業を行動に移す動機付けとなる会社政策である。ところが、従来の研究はいずれも組織モジュール化と社内ベンチャーがそれぞれ企業イノベーションに与える影響だけに注目して、両者の効果的結合が企業イノベーション活動に与える作用効果については探求してこなかった。

本章では、統合の視点から組織モジュール化及び社内ベンチャーとイノベー

ションの関係性に対する研究を振り返った上で、二つの領域の研究において不足する点を指摘し、かつ二つの理論から見た異なる特徴に基づいて、両者を結合させた理論基礎と実践の土台を考察することで、統合された理論体系を提起する。複数の具体的な事例を通して、このような統合理論は企業イノベーションの新しいルートとしてどのような役割を果たし実践されるかを説明することで、イノベーション理論の研究に新しい知識を吹き込み、さらに実践界にとって一定の価値のある貢献ができることを望む。

第一節　モジュール化と企業イノベーション

一．モジュールとモジュール化

1．モジュール

モジュールの概念は最初に製造業で応用され、それは一つの複雑な製品を各々独立製造可能な部品に分解し、インターフェース規格の標準化により各部品間の高い独立性または「ルーズカップリング(疎結合)」を実現し、かつ製品の性能と品質に影響を及ぼさないことを前提に製品を分解して製造及び生産するというものである。

各部品の生産のルーズカップリングは柔軟性が高いため、各部品の独立した設計及び生産にあたって担当部署は専門的な機能教育を行うことができ、かつ部品の性能及び品質をより向上させることができる。これによりモジュール化は複雑な製品の標準製造方式となったのである。

1997年、ボールドウィン及びクラークの共著である『ハーバード・ビジネス・レビュー』に掲載された論文「モジュール化時代の経営」により、学術界はモジュール化研究に対して大いに注目するようになった。引き続き彼らは、モジュールとは大規模システムのサブユニットであり、ユニットの構造上、互いに独立しているがインターフェースの一定の論理的リンクを通して相互間の動作を確保していると指摘している。モジュールには外部リンク用インターフェースが備えられているが、モジュール自体が「ブラックボックス」構造であるため、内部の具体的な操作と構造を深く掘り下げなくとも、モジュールの機能とインプット・アウトプットインターフェースが分かるだけでシステム構成を行うことができる。

言い換えれば、モジュールは再利用、再構築及び拡張が可能であるという特徴

214

を有するということである。再利用可能性は、モジュール自体が独立または半自立性サブシステムであるため、協調性のある他のモジュールと連結することができることをいう。再構築可能性は、モジュール間の組み合わせ方により異なる複雑なシステムを形成できることをいう。もちろん、モジュール自体は改善と機能の拡張を通して拡張可能性も得られる。この後ボールドフィン及びクラーク(1997)[1] は、モジュール化操作の六つの方式を定義しているが、それには分割、代替、拡張、排除、機能及び移植が含まれる。

　学術界はモジュールの具体的な意味に対して比較的一致した見解を示しているが、モジュール化については学者たちの理論角度と研究目的が異なることから、定義の力点も異なっている。

2. モジュール化

　サイモン(1962)[2] は、まずモジュール化理論について研究を行い、モジュール化とは、複雑なシステムが均衡のとれた進化を促進できる具体的なアーキテクチャー(構造)であると指摘しているが、これはモジュール化が複雑なシステムの問題を解決する一種の方法であることを強調している。

　狭義の定義で言えば、これは主に製品のモジュール化であり、一定の範囲内で生産過程が複雑な製品に対して機能分析と分解を行った上で分割や設計を行い、かつ一連の汎用モジュールまたは標準モジュールを生産した後、一定のロジックに従ってモジュールをさまざまな製品に組み立てる、ということである。例えば、ボールドフィン及びクラーク(1997)[1] は比較的小さくて独立した機能設計が可能なサブシステムを用いて、一つの複雑な製品またはプロセスを組み立てることがモジュール化の核心であると考えている。フォス及びリンクも、モジュール化は特定製品に基づく生産体系におけるプロセスの再構築であると考えている。

　広義の定義で言えば、モジュール化とは、あらゆる典型的な汎用ユニットにより組み立てられた事物である。青木昌彦[3] によれば、モジュール化とは、一つの複雑なシステムまたはプロセスを連結ルールに基づいて独立設計可能な半自立性サブシステムに分解する過程、すなわち、モジュールの分解、またはある連結ルールに従って独立設計可能なサブシステム(モジュール)を統合させて、より複雑なシステムまたはプロセス(すなわち、モジュールの集積)またはモジュールの統合を構成することであると考えている。また、孫暁峰(2005)[4] は、モジュー

ル化とは、労働分業と知識分業を基礎とした上で、複雑なシステムを互いに独立した構成部分に分解してから、インターフェースを通じて分解部分を一つの完全なシステムに連結することであると指摘している。

　この方向で考えると、モジュール化の構造には以下の三つの特徴があるといえる。まず、「明示的」問題である。これには各モジュール間の明示的デザインルール、すなわち、各モジュールのインターフェースには共通ルールが必要であることをいう。次に、モジュールの「ブラックボックス」部分である。各モジュールには各自の独立性があるため、汎用のデザインルールを順守するだけでよく、具体的なモジュール内部のデザインは各自の裁量に任せて行うことができる。これはモジュールのイノベーションにも有利である。最後に、モジュールの「集積」システムであるが、各モジュールを集積させた後の協調、統合などの問題を担当する。

3．モジュール化組織

　製品と生産のモジュール化を行った後、それぞれのモジュールには対応する組織が必要となる。つまりモジュール化組織である。サンチェス及びマホーニー(1996) [5] はモジュール化組織を、モジュール化製品の生産プロセスにおいてルーズカップリングされた組織形態であると考えている。各々のモジュールが独立または半自立的な構造を有するため、組織の中での各モジュールは自治能力がある。これにより従来の階層構造の束縛を打ち破り、組織内の各構造モジュール間におけるフレキシブルなコミュニケーションが可能になり、相互間の影響も徐々に縮小され、組織の柔軟性を向上させる。

　さらにダフト及びレヴィン(1993) [6] は、モジュール化組織は「内部の相互コンタクトによる協調及び自己組織化のプロセスを通して、組織柔軟性と学習曲線の効果を満たす新しい組織パラダイムに到達できる」と考えている。モジュール化組織の中で生産は一つの企業のみに限定されず、企業の価値ネットワークの中にある各企業が共同で完成する。このような形態は子供の積み木遊びのように、さまざまな積み木という独立したパーツを選択して組み立てることができ、さらには異なる最終製品を産出することもできるため、各モジュール組織間で柔軟なカップリングを実現できる。上述のモジュール化構造の三大特徴から見て取れるように、モジュール化組織には必ず各サブモジュールとなるパーツ及びパーツを整合し、モジュールを統合させた企業が必要となる。

216

　総じて言えば、モジュール化組織には以下の特徴がある。(1)モジュール化により組織は外部情報をより良く受信できる。各パーツは自主的で独立したシステム構成であるため、独立して外部情報とリンクすることができ、これにより組織全体が環境情報と最大限接触し、環境の変化により適応できる。(2)モジュール化組織は開放性を有する。各モジュールはエネルギーのインプット・アウトプットインターフェースを有するため、外部環境とのエネルギー交換を行うことができる。また、組織全体の再構築可能性から、環境に対する包容性を組織にもたらしており、より多くのメンバーが組織の構築過程に参加できるようになる。したがって、組織の最終産出またはパフォーマンスが変わる。(3)モジュール化組織はイノベーションをより好ましく推進できる。各モジュール間の「バックトゥーバック」競争体制は、各サブモジュールが改善とイノベーションを常に追い求め、システム全体における重要なポジションでさらなる利益獲得に尽力するよう促している。さらに、組織全体がより大きな損失を受ける前に、欠陥のあるサブモジュールをシステムからはじき出すこともできる。(4)モジュール化組織では、メンバー間の協力関係を強調している。それは、各モジュールのリンクには必ずサブモジュールの直接的な協力が必要となるためである。協力的な相互動作が確保されてこそ、モジュール化組織が無秩序の状態から秩序のある状態へと進化を遂げられるためである。(5)モジュール化におけるメンバー間の地位には不平等性がある。一部メンバーはより重要なポジションに立って自己のコア・コンピタンスを発揮することで徐々にシステムのコアポジションを占めていくが、もう一部のメンバーはサブモジュールの代替可能性及び「ブラックボックス」操作の簡便化により比較的低い階層にとどまってしまう。

　以上の特徴を鑑みれば、モジュール化組織はメンバー間の競争と協力関係を活性化することができる。というのも、コア企業はシステム内でより多くの利益を獲得でき、また、各モジュールは中核へ近づきたいがためにグレードアップさせる努力をするからである。

4.　モジュール化組織のイノベーション

　各モジュールにおけるサプライヤーは、共同インターフェースの標準化された規格を順守することを前提に独立して内部活動を展開していくため、各モジュールは「ブラックボックス」となり、参与者は相手方の産出のメカニズムは見られず、「明示的情報」の部分と最終提示製品しか見えない。そのため「バック

トゥーバック」競争は動機付けの効果を果たしており、サブモジュールのイノベーション能力を活性化させることができる。

　モジュール化組織により形成されたネットワークシステムの中で各サブモジュールが互いに完璧なカップリングを果たすには、一定の情報共有が必要である。さらに、システムにおけるコア企業、すなわちモジュール統合者は、システムの運営をより好ましくコントロールするためには、資源と情報の共有と相補により資源の不適切な利用を避け、資源の配置効率を向上させる必要がある。各モジュールは情報チャネルを通して資源を増加させ共有することでイノベーションの試行錯誤にかかるコストを削減することができ、寄り道せずにイノベーションの実行可能性を向上させられる。さらに、サブモジュールのイノベーションはシステム全体に有利であるため、コア統合者は必然的に支援を行うことで、イノベーションを実益に転換しようとするのである。

　サブモジュールのイノベーションは自然とシステム全体のイノベーションにつながり、牽引の役割を果たす。すなわち、モジュール化は組織のイノベーションの可能性を向上させるのに有利であり、また、可能性から現実的へと変わる確率を引き上げる。各モジュールの分業・協力は組織イノベーションの成功率を高めており、ひいてはイノベーション成果を効率よく転換させることができる。また、イノベーションの全プロセスから組織イノベーションを促し、独自の競争優位の構築と維持を図ることにより市場での地位を獲得する。

　学者たちの研究もこれを十分実証しているが、現時点でのモジュール化組織またはその研究は主にシステム論、モジュール化の思想などの領域に集中しているため、学術領域を跨いだ交流やインタラクションに乏しく、モジュール化思想を企業のイノベーションや内部イノベーション活動などと関連付けた研究はまだなされていない。企業のイノベーションの動機、内部イノベーション活動などは企業がより好ましいモジュール化の発展を実現するのに有利であり、企業イノベーションと創業行動を推進できるのである。

第二節　社内ベンチャー

一．創業の内在的意味

　創業は現在学術研究において一番ホットな領域であり、創業の概念自体の自主性、イノベーション及びリスクテイクなどは、いずれもイノベーションにおいて

強調している現状を打破し、突破口を追い求め、製品とプロセスのイノベーションを推進するなどといった事柄と密接に関係している。

　創業は極めて豊かな内在的意味を持っている。企業の組織全体、各部門、従業員が創業意識を備える必要があるだけでなく、企業内部で良好な創業の気風を営み、さらに創業活動を保証し支援できる規格に準拠したプロセスのフレームワークや制度などを提供する必要がある。ここでわれわれは、主に統合された企業組織の社内ベンチャーとモジュール化の観点について一つの理論体系を提起する。これは、イノベーション研究の理論を拡張し、管理実践に寄与できることを目指すものである。

二．社内ベンチャーの内在的意味

　　経済のグローバル化と技術イノベーションの加速に伴い、企業の生存と発展の問題はさらに顕在化しており、企業の大型化はグローバル発展の必然的な趨勢となっている。ところが、大企業には効率低下や反応の鈍さ、従業員の積極性の低下などの問題があるのに対し、これらの領域において小企業はかえって優位性をもつ。大企業が自身の優位性を維持しながら、まだ小企業であった頃に持ち合わせていた柔軟性とチャンスに敏感な創業能力をいかに継承していくかが、学術界と実践界が討論してきた難題の一つである。また、それにより社内ベンチャーという考え方も生まれたのである。

　社内ベンチャーの研究は創業領域における研究の中核となるが、学者たちのそれに対する見解はまちまちである。社内ベンチャーの定義についてピンコット氏は会社内部の創業精神であると考えているのに対し、バーゲルマン(1983)[7] は既存の組織内部における創業資源または従業員に対して行われる新しい業務の構築活動であると考えている。また、キャリア(1994)[8] は、社内ベンチャーは主に組織が利益獲得能力と競争能力を向上させるために、すでに構築されている企業内部で新しい業務を創造する過程であるとしている。さらに、モーリスなど(2001)[9] は社内ベンチャーを、個人または団体が既存の組織内部で新しい部門またはプロジェクトを構築することにより形成される創業またはイノベーション活動に関するものであると指摘している。

　我が国の学者である李洋(2005)[10] は、社内ベンチャーは個人創業と区別すべきであり、それは企業内部の従業員が組織の支援の下で創業経営活動を行うことであり、このような活動では既存の企業とリスクテイクや成果の享受を共にすべ

きであると指摘している。このような創業モデルは個人創業と企業創業の有機的な結合であり、創業者と企業がより大きな共同経済利益を実現できる制度的取り決めである。また、企業にさらなる価値をもたらすことが社内ベンチャーの目標でもある。

事実、社内ベンチャーは諸企業が内部イノベーションの活力不足などの問題を解決するためにとった措置であり、多くの場合には企業の全体的発展戦略の必要性から内部従業員を奨励して創業活動を促し、従業員と企業はリスクテイクや創業の成果の享受を共にするものである。

総じて言えば、社内ベンチャーは大企業の鈍重化、マンネリズムなどの通弊を解決し、企業の新たなイノベーション活力をかきたてることができる。

三．社内ベンチャーとイノベーション

目下、社内ベンチャーと企業イノベーションに関する学術界の実証研究は比較的乏しいが、それは主に社内ベンチャーが定量化されにくく創業とイノベーションの内在的意味が近接していることに一因する。

しかしながら、両者はいずれも現状に満足せず常識を打ち破るという特徴を強調する面においては、直接的で正の相関関係を有しており、これもまた社内ベンチャーとモジュール化の思想の統合が実現可能であることを示している。

四．社内ベンチャー、モジュール化及びイノベーション

モジュール化は一種の思想でありイノベーションを実現する手段でもある。また、モジュール化の実現については学術界で深く討論されているが、社内ベンチャーの思想とモジュール化をイノベーションに関連付けた研究はまだなされていない。

社内ベンチャーの思想はモジュール化に応用することで、モジュール化プロセスは従業員の自主性と能力を発揮させる点により関心を払ったものになれる。また、制度と規定の遵守を強調した枠組みの下で、厳格でルールに則った業務処理を行うことを強調している。図13-1に示したように、われわれの理論モデルは主に以下の特徴を有する。

図13-1 企業イノベーションの新ルート：社内ベンチャーとモジュール化の統合モデル

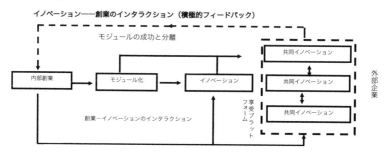

　まずは、モジュール化リソース中の社内ベンチャー意識を発掘することである。このような思考と対応する行動パターンは、モジュール化を介してイノベーションを積極的に促す役割をもつ一方で、直接企業組織のイノベーションに「イノベーションと創業のインタラクション」を生み出すことができ、企業イノベーションの実現を促進できる。

　次に、外部企業に対して細心の注意を払うことである。現在の企業発展は、自己の発展のみ、または産業チェーンや運営プロセスなどにおける企業間の協力及びウィン・ウィンの関係だけにとどまっていては進まなくなっている。企業発展は、インターネットのネットワーク思考を備えて、全面的で多元的かつ立体的な開放を追い求め、さらに各領域が融合された統一プラットフォームを構築し、なおかつ周囲の外部企業との共同イノベーションを実現することで、強大で堅実な利益共同体を形成していくことが求められる。

　さらに、成功したイノベーションの社内ベンチャーやモジュール化に対する積極的なフィードバック効果を強調している。これにより持続的な良性インタラクションを実現し、企業はさらなる発展を遂げられる。成功したイノベーション成果とその成果の転化は、その行為自体と政策の企業組織に対する影響力を強化させることができる。さらに業績を牽引する役割を果たし、既存の仕組みを打ち破って、より開放的で活発なイノベーション環境を営むことができる。

　最後に、このような統合理論の視点から示されるイノベーション性は、現在の学術研究に不足しているものである。また、このような統合理論モデル体系には豊かで深い内在的意味をもっている。それは理論と実践を有機的に結合させて、体系化された思考を通してインタラクションと多面的協力が実現させた共同享受

第四部　インターネット時代における企業イノベーション編　　221

プラットフォームの構築を促す。

第三節　事例分析

　本節では、いくつかの成功事例を紹介するが、それぞれ事例の成功はそのすべてが上記モデルの完全展開によるものではない。とはいえ、モデル中の特定のまたは一部の部門において上記モデルの価値が実践されているのは明らかであり、事例分析は主にモジュール化構造の分離、会社のリスク投資モデル及び産業チェーンの加入などに関するものである。

一．モジュールの再構築と分離

　モジュールの再構築と分離は主に、すでにモジュール化運営を行っている組織に焦点を当てている。組織内部に複数のモジュールがすでに存在しており、内部の従業員の新しいイノベーション意志が企業の製品またはサービスの効能を向上させることができる場合、企業はモジュールを追加する。このサブモジュールが成熟した後に、既存の企業内で機能するだけでなく、より大きな市場で役割を果たすことができると企業が判断したら、同モジュールを企業から独立させて、企業化し、市場競争に投入することができる。同時に、元の企業母体と利益享受プラットフォームを構築して、共に発展することもできる。

　このような状況の下、企業の各部門はより大きなシステム中の一独立モジュールとして機能することができ、かつ利益と損失を自己制御でき、システムの中では他のサブモジュールと資源競争して立ち位置を獲得することができる。こうすることで、部門の創造能力と競争心、そしてそれにより刺激されたイノベーション精神を維持することができ、さらに母体となる企業はシンプルな組織構造を保つことで組織の冗長性を減少させ、より多くの利益ポイントを創出することができる。

　このような例は、イーストマン・コダック社の段階的管理モデルと類似する。コダックの内部規定では、従業員が提案するイノベーション性のある業務に1割の成功の見込みがあれば、メイン業務と合致しなくても新業務開発部門から2.5万米ドルの資金援助を得られることになっている。コダック社はこの段階を企業構想の開発段階と称しており、発起人はこの段階で2割の勤務時間をイノベーション構想に割くことができる。構想が実行可能である場合、プロジェクトは開

発段階に進む。このとき発起人は元の仕事から離れることができ、さらに7.5万米ドルのプロジェクト資金を得られる。さらに、このとき発起人は必ずプロジェクトチームを作り、プロジェクト計画書を作成し、製品モデルを開発する必要がある。プロジェクトチームは新業務開発部門のインフォメーションサービスとその他支援を得られる。開発が順調に進めば、プロジェクトは運行起動段階に進む。この段階では25万米ドルの資金援助が得られ、さらに厳格なプロジェクト評価を得た後により多くの資金が得られる。しかし、プロジェクトはこの段階でもコダックに属する。プロジェクトの運営が順調であれば、数年後公開上場と譲渡が可能となり、キャピタルゲインを実現できる。

　コダック社のやり方はモジュール化発展のイノベーションにおける成功と分離を具現化している。まず、モジュール化の組織ユニットが成功へと進めば一定の制度配置の下で徐々に母体と分離することができる。しかしこのような分離は完全な離脱を意味するのではなく、情報交流と業務連係を保持しながら高効率な共同享受プラットフォームを形成し、ともに進歩することを意味する。

　二．ベンチャーキャピタル

　「エンジェル投資連結」とは、企業が内部従業員の独自の創業を推奨し、会社に投資資金の専門部署を設けて、従業員のイノベーション・プロジェクトを対象に支援を行うことである。企業は部門を独立させるわけではなく、このようなモデルで従業員が企業を離脱して自分の企業を設立させ、かつ企業のニーズにマッチするサービスを行う。このような組織は、一般的に母体となる企業の業務の補充やサービスの周辺業務を担っているため、母体となる企業は資源や情報をモジュールと共有することで新モジュールをサポートすることができる。新設モジュールが十分成長したとき、または成果が出たとき、母体となる企業は市況に基づいてそれを完全に企業内部の運営枠組みに取り込むか完全に独立させて生産経営を行うことで、初期投資を回収することができる。

　ハイアール社も内部従業員の良いアイディアを実践に移してプロジェクトチームの形で新奇なスマート化製品の開発をサポートしている。これらプロジェクトは「社内ベンチャー」チームが独立運営しており、ハイアールはプロジェクトの初期に「エンジェル投資」、ブランド、材料、製造及び物流などの支援を提供し、プロジェクトチームは一定の株式権利を獲得できる。現在このようなモデルを通してすでにエアボックスやオーブンなどの製品を開発している。ハイアール

のこの行為は企業がイノベーション能力を解放するのに大変有利である。

　パナソニック社もこのような方式をとっており、同社は企業内部に「パナソニック・スピンアップファンド(PSUF)」制度を設けて従業員の創業をサポートしている。パナソニックは、創業者の創業初期の出資率が3割以下であっても良く、その後パナソニックから株式を買い戻すことができるが、従業員が創業した企業でパナソニックの持株比率は51％を超える必要があると規定している。それだけではない。創業した従業員はパナソニックの契約社員として働くことができ、創業に失敗しても五年以内であれば会社に戻ることができる。

　富士通も社内ベンチャーを推し進めるために専門基金を設立している。富士通は三年以上務めている従業員の創業基金の申請を奨励している。創業計画書を提出する形で、会社は半年ごと「大会」を行うが、主に二つの面で評価を行う。一つは、従業員に創業の素質があるかどうかに対する評価であり、もう一つは創業分野、計画書の実行可能性とリスクの低さ、安定した収益が得られるかでどうかに対する評価である。富士通はそのための創業評価機関を設けており、選ばれた従業員には会社から起業基金が与えられる。これを会社からの資金投入とし、従業員のアイディアと技術をもって共に新会社を成立させるが、富士通の新会社での持ち株比率は5割を超えないことになっている。つまり、富士通は創業者である従業員との労働契約を解除するが、資源や業務及び技術などの面でサポートするということである。

　これは社内ベンチャーの観点とモジュール化理念に対する初期的な統合であり、企業は力強い社内ベンチャー文化の構築を奨励しサポートしていることの現れである。また実際の行動でこれらを実施し進展させていくことにより、大企業の発展をも促している。

　三．産業チェーンの加入

　産業チェーンの加入は、企業が指定した一定範囲内で内部従業員が企業を離れて会社に有利な創業を行い、かつ従業員の職務は一定期間保留され、従業員がイノベーションの形で関連サービスを会社に提供するよう推奨することである。

　このようなモデルでは、母体となる企業は新モジュールに何ら資金投入も行わず、新モジュールで創出された製品またはサービスに対して優先的に取り上げることを約束するのみである。しかし、優遇政策には期限がある。このようなモデルは、企業における余剰人員問題を解決することができ、さらに組織の非コア業

務を新モジュールにアウトソーシングする機会を作ることで、母体となる企業は自己のコア業務に集中することができる。

ファーウェイはこのようなモデルを自己の企業運営に運用している。2000年、ファーウェイは社内ベンチャーによる会社に一連の製品を最低一年以上提供し支援を行うという社内ベンチャーを奨励する政策を打ち出した。同政策の推奨範囲は主にマーケティングセールス及び設置、または周辺技術のアウトソーシングの面であり、会社のコア業務に関する部分は推奨範囲に入らず、また主に会社に対し比較的大きな貢献を果たしている古参社員に推奨している。これはファーウェイが企業の中で「ショック魚」現象(ここでは古参社員が、企業の中で新しい状況についていけず硬直状態になっていること)が起こり内部技術のイノベーションが欠乏している状況で打ち出した政策である。

社内ベンチャーを奨励することで、ファーウェイは能力のある従業員の進路問題を緩和しただけでなく、戦略的パートナーシップを迅速に構築することで利益共同体を形成したのである。例えば、広州市鼎興通信技術有限公司はファーウェイの社内ベンチャーによる会社であり、湖南、江西及び広東におけるファーウェイのプロジェクト設置と調整の三分の一を担っている。このような会社の存在によりファーウェイは多くの後顧の憂いをなくし、市場運営コストを削減することで多方面における利益獲得を実現したのである。

以上の事例はいずれも社内ベンチャーとモジュール化発展の統合思想を具現化しており、後続する理論研究と実践発展に一定の指導的意義を提示している。

おわりに

イノベーションは一企業が発展するための魂であり、学術界と実践界が永久に探求するテーマでもある。本章では、企業組織の社内ベンチャーとモジュール化思想を統合することで、起業イノベーションと発展を推進する新たなルートを提示し、さらにいくつかの事例について説明している。上述で指摘したように、このモデルは理論と実践においていずれも一定の価値を実現しているが、同時に一部欠点も存在する。

まず、このモデルの全体の適用可能性はまだ検証段階にあり、従来の研究または企業の中での具体的な実践は、完全でシステマティックな分析と検証が行われていない段階にある。そのため、このモデルの枠組みは引き続き検証する必要が

第四部　インターネット時代における企業イノベーション編　　225

ある。

　次に、本章での主な研究テーマは大企業であり、このモデルに対しても大企業におけるイノベーションを主な研究対象としているため、中小企業のイノベーションに当てはめる場合はその適用効果がやや薄れる可能性がある。

　最後に、モデル自体が簡素化及び汎用化による結合が成されていない点であるが、後続の研究では、この点について集中的に補填をしていく予定である。

　われわれは、学術的思考と実践界の管理がつねに交流しぶつかり合うことで、双方の優秀な人材とアイディアがうまく結合して、学者たちが実践に踏み出して企業の現状を深く理解し、経営陣は疑問点を深く掘り下げて理論の根源を探し求めることを望む。このような結合によりイノベーションの研究が進歩し、事例や論文及び実証などの学術研究の価値が体現でき、ありきたりの循環に陥らずに具現化できるのである。

　当然ながら、われわれはこれらの理論の枠組みが最終的に理論界と実践界に貢献し、企業のイノベーションと発展を推し進めることを望んでおり、また、われわれの役割が微々たるものであるにしても、国内企業がグローバル化の背景下で発展を遂げてほしいと切に願うところである。

【参考文献】

　[1]Baldwin C Y, Clark K B. (1997).Managing in an Age of Modularity.Harvard Business review, 5(75), 84-93.

　[2]Simon H A. (1962). The Architecture of Complexity.Proceeding of the American Philosophical Society, 1962(106), 467-482.

　[3]青木昌彦、安藤晴彦．(2003)．模块时代:新产业结构的本质．上海:远东出版社．

　(日本語版：『モジュール化——新しい産業アーキテクチャの本質』、東洋経済新報社、2002)

　[4]孙晓峰．(2005)．模块化技术与模块化生产方式．中国工业经济，(6)，60-66.

　[5]Sanchez R, Mahoney J T. (1996). Modularity, Flexibility, and Knowledge Management in Product and Organization Design.Strategic Management Journal, 17(S2), 63-76.

　[6] Daft R L, LewinA Y. (1993). Where are the Theories of the "New" Organizational Forms? An Editorial Essay.Organization Science, 4(4), 1-5.

　[7]Buegelman R A. (1983). A process model of Internal Corporate Venturing in the Diversified Major firm.Administrative Science Quarterly, 28(2), 223-244.

[8]Carrier C. (1994).Intrapreneurship in Large Firms and SMEs: A Comparative Study.International Small Business Journal, 12(3), 54- 61.

[9]MorrisM H, KuratkoD F. (2001).Corporate Entrepreneurship: Entrepreneurship Development within Organization. New York: Harcourt Press.

[10]李洋. (2005). 员工内部创业研究综述. 商场现代化(学术版), (1), 65-65.

【主編】
伊 志宏 (いしこう)

1965 年生まれ。中国人民大学財政金融学院卒。経済学博士。現在、中国人民大学副学長、同大学ビジネススクール教授、同大学企業イノベーション・競争力研究センター学術指導委員会委員。専門は財務管理、資本市場、消費経済。

教育部商工管理専門指導委員会副主任、第四回全国商工管理修士 (MBA) 指導委員会委員。

EFMD 理事会理事、AACSB 認証委員会委員などを兼務。「国家級優秀教育団体」(2010)、「北京市優秀教育成果賞　一等賞」(2000)、「国家優秀教育成果賞　二等賞」(2001)、霍英東教育基金「大学優秀青年教師賞　三等賞」(2002)、「中国人民大学優秀教育成果賞　一等賞」(2008) などの受賞歴がある。

【編著者】
RCCIC(Research Center for Coporate Innovetion and Competitiveness)

企業イノベーション・競争力研究センター。中国人民大学の企業管理研究機構に属し、2011 年12 月に設立。主に中国人民大学ビジネススクールの研究に基づき中国企業の成長・発展過程における重大な管理問題を調査・研究し、企業・政府及び関係学者などのための支援を行っている。同センターの理念は、国際的知名度を誇る開放式研究プラットフォームを設立し、ハイレベルな商工業管理研究を推し進め、中国特有の企業管理の実情を分析かつ関連管理理論に貢献すると同時に、中国の企業管理と戦略に応用し発展を促すことにある。

【訳者】
森永 洋花 (もりなが ようか)

1976 年中国吉林省生まれ。中学校教員を経て 2002 年日本留学。プロ出版翻訳家を養成する日中翻訳学院で学び、産業翻訳を中心に活躍。中国語講師として企業の語学研修を兼務する。訳書に第 4 回翻訳新人賞を受賞した『目覚めた獅子：中国の新対外政策』(日本僑報社) がある。

中国企業成長調査研究報告 —最新版—
2016 年 10 月 1 日　初版第 1 刷発行
主　編　　伊 志宏（いしこう）
編著者　　RCCIC（Research Center for Coporate Innovetion and Competitiveness）
訳　者　　森永 洋花（もりながようか）
発　行　　段 景子
発 行 所　株式会社 日本僑報社
　　　　　〒171-0021 東京都豊島区西池袋 3-17-15
　　　　　TEL03-5956-2808　FAX03-5956-2809
　　　　　info@duan.jp
　　　　　http://jp.duan.jp
　　　　　中国研究書店 http://duan.jp

2016 Printed in Japan.　ISBN 978-4-86185-216-9　C0036
Survey Report On China Enterprises Growth © Yi Zhihong 2015
Japanese copyright © The Duan Press
All rights reserved original Chinese edition published by China Renmin University Press Co., Ltd.
Japanese translation rights arranged with China Renmin University Press Co., Ltd.

目覚めた獅子
中国の新対外政策

急激な成長を背景に国際社会での発言力を増す中国。
今後この大国はどのように振る舞うのか？
中国の新しい対外政策が分かる一冊。

見えてきた「中国」の新対外政策

覇権主義、経済崩壊論など中国を警戒する声があがり、今後の中国の対外政策が注目を集める。13億5千万を越える人口を抱え、その巨大さゆえに恐れられてきた中国。

しかし発展途上国とも先進国ともいわれるこの巨龍は、グローバル化の進んだ現代において、そのような脅威論で単純に語れるものではない。

本書は黄衛平氏をはじめとする経済のプロフェッショナルが具体的な数字を示しつつ、中国が世界経済の一員として歩むべき未来を提示する。先入観を捨てページをめくれば、中国の新しい対外戦略がみえてくる。

著者　黄衛平
訳者　森永洋花
定価　2800円＋税
ISBN　978-4-86185-202-2

日本僑報社好評既刊書籍

日中中日翻訳必携　実戦編 II

武吉次朗 著

日中翻訳学院「武吉塾」の授業内容を凝縮した「実戦編」第二弾!
脱・翻訳調を目指す訳文のコツ、ワンランク上の訳文に仕上げるコツを全36回の課題と訳例・講評で学ぶ。

四六判 192 頁 並製　定価 1800 円 + 税
2016 年刊　ISBN 978-4-86185-211-4

現代中国カルチャーマップ
百花繚乱の新時代

孟繁華 著
脇屋克仁／松井仁子（日中翻訳学院）訳

悠久の歴史とポップカルチャーの洗礼、新旧入り混じる混沌の現代中国を文学・ドラマ・映画・ブームなどから立体的に読み解く1冊。

A5 判 256 頁 並製　定価 2800 円 + 税
2015 年刊　ISBN 978-4-86185-201-5

中国の"穴場"めぐり

日本日中関係学会 編

宮本雄二氏、関口知宏氏推薦!!
「ディープなネタ」がぎっしり!
定番の中国旅行に飽きた人には旅行ガイドとして、また、中国に興味のある人には中国をより深く知る読み物として楽しめる一冊。

A5 判 160 頁 並製　定価 1500 円 + 税
2014 年刊　ISBN 978-4-86185-167-4

春草
～道なき道を歩み続ける中国女性の半生記～

裴山山 著、于暁飛 監修
徳田好美・隅田有行 訳

2500 年前に老子が説いた教えにしたがい、肩の力を抜いて自然に生きる。難解な老子の哲学を分かりやすく解説し米国の名門カールトンカレッジで好評を博した名講義が書籍化!

四六判 448 頁 並製 定価 2300 円 + 税
2015 年刊　ISBN 978-4-86185-181-0

中国の百年目標を実現する
第 13 次五カ年計画

胡鞍鋼 著
小森谷玲子（日中翻訳学院）訳

中国政策科学における最も権威ある著名学者が、国内刊行に先立ち「第 13 次五カ年計画」の綱要に関してわかりやすく紹介した。

四六判 120 頁 並製　定価 1800 円 + 税
2016 年刊　ISBN 978-4-86185-222-0

強制連行中国人
殉難労働者慰霊碑資料集

強制連行中国人殉難労働者慰霊碑資料集編集委員会 編

戦時下の日本で過酷な強制労働の犠牲となった多くの中国人がいた。強制労働の実態と市民による慰霊活動を記録した初めての一冊。

A5 判 318 頁 並製　定価 2800 円 + 税
2016 年刊　ISBN 978-4-86185-207-7

和一水
―生き抜いた戦争孤児の直筆の記録―

和睦 著
康上賢淑 監訳
山下千尋／濱川郁子 訳

旧満州に取り残され孤児となった著者。1986 年の日本帰国までの激動の半生を記した真実の書。
過酷で優しい中国の大地を描く。

四六判 303 頁 並製　定価 2400 円 + 税
2015 年刊　ISBN 978-4-86185-199-5

中国出版産業
データブック　vol. 1

国家新聞出版ラジオ映画テレビ総局
図書出版管理局
段 景子 監修
井田綾／松山明音 訳

デジタル化・海外進出など変わりゆく中国出版業界の最新動向を網羅。出版・メディア関係者ら必携の第一弾、日本初公開!

A5 判 248 頁並製　定価 2800 円 + 税
2015 年刊　ISBN 978-4-86185-180-3

日本僑報社好評既刊書籍

新中国に貢献した日本人たち

中日関係史学会 編
武吉次朗 訳

元副総理・故後藤田正晴氏推薦!!
埋もれていた史実が初めて発掘された。
登場人物たちの高い志と壮絶な生き様は、今の時代に生きる私たちへの叱咤激励でもある。
——後藤田正晴氏推薦文より

A5判 454頁 並製 定価2800円＋税
2003年刊 ISBN 978-4-93149-057-4

同じ漢字で意味が違う
日本語と中国語の落し穴
用例で身につく「日中同字異義語100」

久佐賀義光 著
王達 中国語監修

"同字異義語"を楽しく解説した人気コラムが書籍化！中国語学習者だけでなく一般の方にも。漢字への理解が深まり話題も豊富に。

四六判 252頁 並製 定価1900円＋税
2015年刊 ISBN 978-4-86185-177-3

若者が考える「日中の未来」Vol.1
日中間の多面的な相互理解を求めて
——学生懸賞論文集——

宮本雄二 監修
日本日中関係学会 編

2014年に行った第3回宮本賞（学生懸賞論文）で、優秀賞を受賞した12本を掲載。若者が考える「日中の未来」第一弾。

A5判 240頁 並製 定価2500円＋税
2016年刊 ISBN 978-4-86185-186-5

若者が考える「日中の未来」Vol.2
日中経済交流の次世代構想
——学生懸賞論文集——

宮本雄二 監修
日本日中関係学会 編

2015年に行った第4回宮本賞（日中学生懸賞論文）の受賞論文13点を全文掲載。若者が考える「日中の未来」シリーズ第二弾。

A5判 225頁 並製 定価2800円＋税
2016年刊 ISBN 978-4-86185-223-7

中国式
コミュニケーションの処方箋

趙啓正／呉建民 著
村崎直美 訳

なぜ中国人ネットワークは強いのか？中国人エリートのための交流学特別講義を書籍化。職場や家庭がうまくいく対人交流の秘訣。

四六判 243頁 並製 定価1900円＋税
2015年刊 ISBN 978-4-86185-185-8

アメリカの名門CarletonCollege発、全米で人気を博した
悩まない心をつくる人生講義
——タオイズムの教えを現代に活かす——

チーグアン・ジャオ 著
町田晶（日中翻訳学院）訳

2500年前に老子が説いた教えにしたがい、肩の力を抜いて自然に生きる。難解な老子の哲学を分かりやすく解説し米国の名門カールトンカレッジで好評を博した名講義が書籍化！

四六判 247頁 並製 定価1900円＋税
2016年刊 ISBN 978-4-86185-215-2

新疆物語
～絵本でめぐるシルクロード～

王麒誠 著
本田朋子（日中翻訳学院）訳

異国情緒あふれるシルクロードの世界
日本ではあまり知られていない新疆の魅力がぎっしり詰まった中国のベストセラーを全ページカラー印刷で初翻訳。

A5判 182頁 並製 定価980円＋税
2015年刊 ISBN 978-4-86185-179-7

新疆世界文化遺産図鑑

小島康誉／王衛東 編
本田朋子（日中翻訳学院）訳

「シルクロード：長安－天山回廊の交易路網」が世界文化遺産に登録された。本書はそれらを迫力ある大型写真で収録、あわせて現地専門家が遺跡の概要などを詳細に解説している貴重な永久保存版である。

変形A4判 114頁 並製 定価1800円＋税
2016年刊 ISBN 978-4-86185-209-1

華人学術賞 受賞作品

●中国の人口変動——人口経済学の視点から
第1回華人学術賞受賞　千葉大学経済学博士学位論文　北京・首都経済貿易大学助教授 李仲生著　本体 6800 円+税

●現代日本語における否定文の研究——中国語との対照比較を視野に入れて
第2回華人学術賞受賞　大東文化大学文学博士学位論文　王学群著　本体 8000 円+税

●日本華僑華人社会の変遷（第二版）
第2回華人学術賞受賞　廈門大学博士学位論文　朱慧玲著　本体 8800 円+税

●近代中国における物理学者集団の形成
第3回華人学術賞受賞　東京工業大学博士学位論文　清華大学助教授楊艦著　本体 14800 円+税

●日本流通企業の戦略的革新——創造的企業進化のメカニズム
第3回華人学術賞受賞　中央大学総合政策博士学位論文　陳海権著　本体 9500 円+税

●近代の闇を拓いた日中文学——有島武郎と魯迅を視座として
第4回華人学術賞受賞　大東文化大学文学博士学位論文　康鴻音著　本体 8800 円+税

●大川周明と近代中国——日中関係のあり方をめぐる認識と行動
第5回華人学術賞受賞　名古屋大学法学博士学位論文　呉懐中著　本体 6800 円+税

●早期毛沢東の教育思想と実践——その形成過程を中心に
第6回華人学術賞受賞　お茶の水大学博士学位論文　鄭萍著　本体 7800 円+税

●現代中国の人口移動とジェンダー——農村出稼ぎ女性に関する実証研究
第7回華人学術賞受賞　城西国際大学博士学位論文　陸小媛著　本体 5800 円+税

●中国の財政調整制度の新展開——「調和の取れた社会」に向けて
第8回華人学術賞受賞　慶應義塾大学博士学位論文　徐一睿著　本体 7800 円+税

●現代中国農村の高齢者と福祉——山東省日照市の農村調査を中心として
第9回華人学術賞受賞　神戸大学博士学位論文　劉煒著　本体 8800 円+税

●近代立憲主義の原理から見た現行中国憲法
第10回華人学術賞受賞　早稲田大学博士学位論文　晏英著　本体 8800 円+税

●中国における医療保障制度の改革と再構築
第11回華人学術賞受賞　中央大学総合政策学博士学位論文　羅小娟著　本体 6800 円+税

●中国農村における包括的医療保障体系の構築
第12回華人学術賞受賞　大阪経済大学博士学位論文　王崢著　本体 6800 円+税

●日本における新聞連載 子ども漫画の戦前史
第14回華人学術賞受賞　同志社大学博士学位論文　徐園著　本体 7000 円+税

●中国都市部における中年期男女の夫婦関係に関する質的研究
第15回華人学術賞受賞　お茶の水大学大学博士学位論文　于建明著　本体 6800 円+税

●中国東南地域の民俗誌的研究
第16回華人学術賞受賞　神奈川大学博士学位論文　何彬著　本体 9800 円+税

●現代中国における農民出稼ぎと社会構造変動に関する研究
第17回華人学術賞受賞　神戸大学博士学位論文　江秋鳳著　本体 6800 円+税

第13次五カ年計画

中国の百年目標を実現する

中国の「国情研究」の第一人者であり政策ブレーンとして知られる有力経済学者が読む「中国の将来計画」

胡鞍鋼・著、小森谷玲子・訳
判型 四六判二二〇頁
本体一八〇〇円+税
ISBN 978-4-86185-222-0

おかげさまで20周年
日本僑報社

華人学術賞応募作品随時受付！！

〒171-0021 東京都豊島区西池袋 3-17-15
TEL03-5956-2808　FAX03-5956-2809　info@duan.jp　http://duan.jp